U0458767

The Psychology of Revolution

革命心理学

Gustave Le Bon

〔法〕古斯塔夫·勒庞 著

佟德志 刘训练 译

山西出版传媒集团 山西人民出版社

图书在版编目（CIP）数据

革命心理学 /（法）古斯塔夫·勒庞著；佟德志，刘训练译 . -- 太原：山西人民出版社，2020.9
ISBN 978-7-203-11504-5

Ⅰ.①革… Ⅱ.①古… ②佟… ③刘… Ⅲ.①法国大革命—政治心理学—研究 Ⅳ.① K565.41

中国版本图书馆 CIP 数据核字（2020）第 121097 号

革命心理学

著　　者	（法）古斯塔夫·勒庞
译　　者	佟德志　刘训练
责任编辑	郭向南
复　　审	武　静
终　　审	李广洁
出 版 者	山西出版传媒集团·山西人民出版社
地　　址	太原市建设南路 21 号
邮　　编	030012
发行营销	010-62142290
	0351-4922220　4955996　4956039
	0351-4922127（传真）　4956038（邮购）
E-mail	sxskcb@163.com（发行部）
	sxskcb@163.com（总编室）
网　　址	www.sxskcb.com
经 销 者	山西出版传媒集团·山西人民出版社
承 印 者	鸿博昊天科技有限公司
开　　本	850mm×1168mm　1/32
印　　张	14.5
字　　数	400 千字
版　　次	2020 年 9 月　第 1 版
印　　次	2020 年 9 月　第 1 次印刷
书　　号	ISBN 978-7-203-11504-5
定　　价	68.00 元

如有印装质量问题请与本社联系调换

"德性的暴政"是如何炼成的？

萧延中

完美的理性并不能改变人性，因而，没有一个社会能够根据立法者的意志进行重建，哪怕他们拥有绝对的权力。（本书正文第 349 页）

人们不能把社会当作实验室中的仪器用来做实验。我们所经历的政治剧变向我们表明，为这样的社会错误所付出的代价是极其惨重的。（本书正文第 351 页）

现在不是过去的重复。虽然在历史发展的细节中充满了不可预见的因素，但其发展的主线却遵循着永恒的法则。（本书正文第 352 页）

2004 年年底，勒庞《革命心理学》中译本初版成稿时，当时的青年学者——现在已成为知名专家的两位译者把书送给了我。也许是出于对勒庞名著《乌合之众》的一些偏见，我觉得与弗洛伊德《性学三论》以及同期关于"教会"和"军队"的群体心理研究相比，勒庞的概括性描述与后者根本不在一个段位上，读起来不过瘾，于是粗略浏览了一遍就束之高阁了。

时过境迁，2020 年 4 月，出版社又把修改后的书稿发给我，命我谈谈感想，写篇类似于"导读"性质的文字。时隔 16 年，这次疫情期间重读《革命心理学》，使我对勒庞著作的学术评价发生了很大的变化。

长话短说，我对勒庞《革命心理学》的阅读感想，可以简单地概括为"一个框架"和"三把钥匙"。"一个框架"是指勒庞面对法国大革命议题时所做的分析准备；"三把钥匙"则分别指我从勒庞著作中"读出"的关于"革命理论是一种'新宗教'""雅各宾悖论之'德性的暴政'"和"'没有身体的人民'与'失去头脑的大众'"三项议题。下面我就野叟献曝，按这个顺序逐一陈述。

一　问题、结构、思路

问题意识

勒庞开宗明义，在作为首篇的"导论：历史的修正"

中说，对于法国大革命中发生的一切，如"恐怖的统治"期间，革命法庭不加审判就草菅人命，杀人如麻，其中甚至包括妇女和儿童。对于这些用日常思维难以理解的恐怖暴行，仅从理性的视角入手是解释不通的，所以必须另辟蹊径，用其他方式——他自己把这种方式定义为心理学方式——去剖析这些充满悖谬的史实，揭示其中潜在或隐蔽的内在逻辑，才能使大革命得到合理的解释与澄清。

首先请读者预读勒庞在本书第二卷第五章所引证的历史资料，然后再设想自己处理和解释此类政治现象的主要思路。

泰纳指出："当时法国一共有 178 个法庭，其中有 40 个巡回法庭，它们可以在法国任何一个地方宣判死刑，而且往往是就地执行。在 1793 年 4 月 16 日到共和二年热月 9 日之间，巴黎的革命法庭共处死了 2625 人。而外省的法官们几乎和巴黎的法官们一样忙碌，在奥林奇小镇一地，有 331 人被送上断头台；在阿拉斯市，299 名男子和 93 名妇女被处死；……在里昂市，革命专员们批准了 1684 宗死刑；……所有这些数字加起来大约是 17000 人，其中有 1200 名妇女和一些 80 多岁的老人。（本书正文第 230 页）

其中不仅包括天才的拉瓦锡（Lavoisier，1743—1794，法国著名化学家，氧的发现者）、温厚的卢茜娅·德穆兰（Lucile Desmoulins，法国记者，主张温和统治）、以美德著称的马尔泽布（Malesherbes，是主动要求为路易十六辩护的贵族）等一类精英，而且大约4000名农民和3000名工人，他们也都成了铡刀下的冤魂。

这些屠杀的细节记录在热月反动之后的《政府通报》（Moniteur）上："……在攻占努瓦尔穆捷后，许多男人、妇女和老人被活活烧死……妇女、十四五岁的女孩遭强暴后被残杀；稚弱的婴儿被刺刀挑来挑去；他们把幼儿从母亲身边拉开，并当场绞死。"……卡里埃强迫受害者自掘坟墓，然后把他们活埋。（本书正文第233页）

勒德斯尼号舰长受命将41名受害者沉到海里溺死，"在他们当中，有一名78岁的盲翁、12名妇女、12名女孩和15名儿童，这些儿童有10人在6岁到10岁之间，其余5人还未断奶。"（本书正文第233页）

富歇在里昂杀害了2000多人；在土伦那么多人遇害，以至于几个月里该地人口从29000锐减为7000。（本书正文第234页）

"每天有150名或200名囚犯被枪毙，但那都是委员会的命令，我只不过是奉命行事而已。我告诉国民公会，数以百计的匪徒被击毙，他们对这一数字叫好，并命令把它载入公告。为什么当初这样做的代表们现在却对我如此愤慨激昂呢？为什么他们当时会拍手叫好，并继续让我执行任务呢？难道因为那时我是国家的救世主，而现在却成了一个嗜血的人？"（本书正文第234页）

面对法国大革命雅各宾专政时期震惊世界的"恐怖统治"（the reign of terror）的历史实情，勒庞直截了当地说："实事求是地说，本书所使用的这些科学方法迄今尚无先例。……从我最初研究历史开始，某些基本现象中令人费解的方面就让我感到困惑，尤其是那些有关信仰起源的现象。"（本书正文第3页）

《革命心理学》原书名 *La Révolution Française et la Psychologie des Révolutions*，1912年法文版面世，1913年即以 *The Psychology of Revolution* 为题出版了英译本，1980年又恢复原书标题 *The French Revolution and the Psychology of Revolution* 出版新版英译本。

从勒庞的经历可知，《乌合之众》出版时，他54岁，《革命心理学》出版时，他71岁。在《革命心理学》出版的前一年和后一年，勒庞分别出版了《观点与信仰》（*Les Opinions et les Croyances*）和《生命的真理》（*La Vie des vérités*），这段时间勒庞处于 54—72 岁，这是一位成熟学者的创作黄金期。

勒庞的这段创作经历给我们留下了几点可供参考的启示：第一，从《乌合之众》到《革命心理学》，勒庞的研究主题从某种社会现象的广角描述，转变到更具实证倾向的历史事件的研究。如果说《乌合之众》更多的是概括出某类人群的集体行为的一般规则，那么，《革命心理学》则介入某一具体历史事件的过程，从"虚"落到"实"。第二，从这两部原创性著作的比较中，读者也会明显地看到，同样是用心理学视角观察政治社会现象，但勒庞的研究重心有所改变，在《革命心理学》中，"革命者"的道德和信仰问题，被突出地提高到《乌合之众》所不曾达到的理论层级。第三，与《乌合之众》相比，《革命心理学》从宽泛的社会领域深入到更加具体的政治领域，所谓"大众心理"的分析框架与法国大革命这场划时代的激烈政治运动有了更加紧密的结合，或者说，革命运动的激进现实，刺激勒庞进一步发展和深化了他先前的对群体心理状况的探究。我们甚至可以说，《革命心理学》已成为政治心理学和历史心理学具有先驱意义的奠基性著作。

《乌合之众》出版并获得成功后，勒庞急于把研究领域扩展到法国大革命上来，这有着学理上的内在驱动力，因为这场前所未有的大革命，其激进和激烈程度，其所展现出来的不可思议的怪异景观，每一个事件和每一个人物几乎都需要给出超出常识的解释，用勒庞自己的话说，"思想家还在追问，在文明的进程中，革故鼎新之举难道就不能自然而然地建立起来，而非得通过流血的冲突与暴力吗？然而，革命的后果似乎既与革命者当初付出生命以求得的希望相去甚远，亦与由革命引发的深远后果风马牛不相及"。（本书正文第2页）

今天，无论人们怎样看待用心理学这把手术刀去拆解法国大革命这个谜，勒庞这部开拓之作都功不可没，尽管随着时代的发展，其中值得赞叹的方面与值得商榷的方面一样多。

全书结构

我特别郑重地提醒读者，阅读一本书，首先要给全书的目录"相面"，而且要来回、反复地"相"。这绝非废话，因为浏览和体味目录，既可以在初次接触时迅速把握全书的叙述逻辑和整体布局，也有助于在随时阅读中明确自己的体味在整体结构中的具体位置，进而加深对作者意图和逐次推进的思想之理解。

本书"导论：历史的修正"提出问题。缘何提出这样的问题？作者如何提出问题？提出这些问题将引发哪些思想后果？这些是有心的读者绝不可省略的重要环节。

紧跟着，作者把全书划分成三大部分，分别以"编"

相区分。第一编讲理论，第二编串史实，第三编再扩展。而在每一"编"下又设"卷"与"章"。虽然本书的整体结构比较均衡，但粗略浏览以后我们就会发觉，其实作者的安排是有所侧重的。如我们上面已提到的，在"第一编：革命的心理因素"的"第一卷：革命的一般特征"中，作者共安排了四章，按其论述内容，"第一章：科学革命和政治革命"与"第二章：宗教革命"完全可以合并，因为作为对革命类型的划分，科学革命、政治革命和宗教革命是并列的关系。这样与后面的"革命中的政府行为"和"人民在革命中扮演的角色"搭配在一起，起码更符合内容分类的逻辑。可勒庞在此把"宗教革命"提炼出来单独成章，这暗示读者，如此安排突出地显示出他的研究主旨和重要意图。再有，进入"第二编"的实施部分时，作者用了3卷14章的篇幅，对大革命的各个政治层面展开了分析，可谓不厌其烦。其中我们可以体会到作者从群体政治心理的泛论到涉及具体史实时的认真和细腻。最后一"编"则不设"卷"而直接进入"章"，显示出溢出全书主题的"推论"特征，是作者借题发挥，讨论《革命心理学》所引发的重要政治后果。

我反复建议，在阅读此书，也包括其他书籍时，要对照目录仔细琢磨，随时与作者反复"对话"，不断设问。一般来说，这是阅读事半功倍的捷径之一。劝君一试。

论述路径

如果用一句话概括勒庞本书的研究思路，那就是："四套逻辑"和"三种革命"。

基于其学识和视野，勒庞与众不同的地方在于，首先明确提出了研究事物的四种不同逻辑，即理性逻辑（rational logic）、情感逻辑（affective logic）、集体逻辑（collective logic）和神秘主义逻辑（mystic logic）。

理性逻辑：作为自然科学和社会科学齐头并进的学者，勒庞拒绝把"理性逻辑"视为观察和分析事物的"唯一指南"，认为"这三种逻辑常常能够颠覆理性，而成为我们行为的深层动机"。（本书正文第5页）此洞见本身，在一定程度上就具有"革命"的性质。勒庞之所以会有这样的认识，其理论上的预设是："法国大革命是信徒的事业，它很少为信徒之外的人所理解"，而"信仰源于无意识，并且独立于一切理性之外，它从来不会受到理性的影响"。理性的逻辑自有其限制，就是"当任何一个问题在观点上引起激烈冲突时，我们都可以确信，它属于信仰的范畴，而不是知识的范畴"，（本书正文第7页）"理性既不能创造信仰，也不可能改造信仰。"（本书正文第93页）当"历史的狡诈"超出常规的范围时，理性则显示出无可奈何的乏力和苍白。

情感逻辑和集体逻辑：在勒庞的群体心理学系统中，

这两种逻辑是理性逻辑所无法直接概括的重要社会心理现象。前者主要涉及仇恨、恐惧、野心、嫉妒、虚荣和狂热等属于人性自身无法避免的心理要素；后者就是他在《乌合之众》中反复强调的"匿名免责""情绪感染""暗示模仿"三大定律。综合而论，"一个人只要成为有组织的群众的一分子，他的文化水平便降低了几级。独自一个人，也许是一个有修养者，但加入了群众就可能变成一个野蛮人，一个受本能支配的人"。在此无论"高尚"还是"残忍"都达到了常人难以企及的程度。勒庞的这些洞见几近常识，这里就不再一一论述。勒庞自信地说："我们可以把现代心理学中的那些发现运用到我们必须论及的历史中来，尤为重要的是，我们更加深入地理解了古代的影响、支配人类群体行为的规律、集体行为中个性的消解、大众心理的精神传染、无意识的信仰以及各种形式的逻辑之间的区别等心理因素。"（本书正文第2—3页）

神秘主义逻辑：这是勒庞本书最为关键的分析范式，遗憾的是，它也是勒庞最需要说清楚，但却最没说清楚的一个部分，甚至他对神秘主义逻辑并未给出规范的定义。我个人推测，正如勒庞本人在书中所说，在《革命心理学》出版的前一年，他发表了题为《观点与信仰》（*Les Opinions et les Croyances*）的小册子，并希望读者在阅读本书时对此有所参考。由于各种原因，笔者没来得及查找这本小册子，但凭直觉，我觉得其中极可能会对神秘主义逻辑有完整界定。鉴于神秘主义逻辑对于勒庞透视法国大革命的重要性，为了理解和叙述方便，根据全书逻辑，我在此冒昧地"替"勒庞对他所使用的神秘主义逻辑的核心内涵做简要概括：

第一，神秘主义所追求的目标是建立一个绝对至善的理性社会，这一目标不是人为的，而是"天启"的，是"冥冥之中某种神秘力量的支配"，它已经"预定"（predestination）了秩序和安排。这一秩序的本质是追寻某种绝对、纯粹之崇高伦理目的，尽管世俗之人暂时对此懵懂无知，难以理解，但对其神圣的本质必须敬而仰之。

第二，神秘主义是一种"信仰体系"，这种逻辑体系以"创建一个梦寐以求的新世界"为宗旨，因而必须"对历史来一次大扫除"，"与过去的一切遗迹彻底决裂"。为此它将不惜以破坏和毁灭为代价，甚至"随时准备牺牲自己"。

第三，这一"预定"的崇高伦理目的之主宰者，是超越了人间世俗法则之外在的正义真理，而革命者，特别是革命领袖则是这一正义真理的人间使徒和人格代表，因此，逃离黑暗，"救赎"（salvation）苦难，实施革命行动，是他们内在的和义不容辞的责任和使命。

由于这样的崇高秩序和伦理目的是超世俗的，"它属于信仰的范畴，而不是知识的范畴"，"独立于一切理性之外"，所以它才能被称为"神秘"的。（本书正文第6—10页、第 17—19 页、第 29—31 页、第 88—98 页、第 166—174 页等。）

总而言之，这样一套逻辑是以"无意识幻象"为支撑的非理性信仰体系，用勒庞自己描述性的话说就是："信仰源于无意识，并且独立于一切理性之外，它从来不会受到理性的影响。"（本书正文第 7 页）

在对四种逻辑进行概括以后，勒庞又针对本书主题，对革命这一重大主题做出了科学革命、政治革命和宗教革命的广泛分类，而且在具体谋篇时，他把科学革命和政治革命放在一章中，而专门为宗教革命开出新的一章，给予其在叙述方面的重要性。

对于科学革命，勒庞只有寥寥几笔，认为科学革命带来了文明的进步，如天文学的革命，其重要的后果改变了人们的宇宙观，使人们想象宇宙是受永恒规律支配的，也就不再求助于上帝之类的怪诞了。这类科学革命的"唯一起源就是理性因素"，在观念领域内，它是"纯粹知识性的"，人类必须无条件地服从它们，由于它们的结果受到实验控制，所以它们可以免除一切批评。

至于政治革命，由于涉及《革命心理学》的重要主题之一，所以，勒庞稍加铺陈，但也着墨不多。在他并不完整的表述中，所谓政治革命就是国家支配权力的更迭和转移，其观察的角度也不外乎阶级、阶层、利益的切割与分配，诸如王权、教士、贵族、新兴资产所有者的关系与平衡；法律、党派；工会和政治制度的重要作用；政策颁布与实施中的技术和问题，还有军事力量在政治权力分配中的特殊角色。关于政治革命的主体，勒庞看得很清楚。他说："大的革命通常都是由上层人士而不是下层人民引发的。但是，一旦人民挣脱了枷锁，革命的威力就属于人民了。"（本书正文第21页）在勒庞眼中，政治革命源于"不满"，终于"利益"，其直接目标就是获取权力。其中展示、放大和传播那种被剥削，受压迫，遭遇欺辱、霸凌、蔑视和边缘化的感觉，是一个必要的动员环节；阶级、阶层、党派、种族、性别之间的无休止竞争是生活常态；进而在人际关系的角度呈现出威逼、利诱、陷害、妥协等五花八门的"技巧"，永不歇息。突然的政治革命虽然能给历史学家强烈的震撼，但它通常是无足轻重的；真正伟大的革命是行为方式的革命和思想的革命。因此，变换政府的名称并不会改变一个民族的精神状态，推翻一个民族的制度也不会重塑它的灵魂。（本书正文第15—16页）

至于宗教革命，勒庞不仅用了完整的一章篇幅，而且从"宗教革命与政治革命""宗教改革的开始和它的第一个信徒""宗教改革教义的理性价值""宗教改革的传播""不同宗教信仰间的冲突：宽容的不可能""宗教革命的结果"六个方面，做出了详细论述，可见他对宗教革命的重视。"虽然，宗教的或政治的革命在其刚刚兴起之时，很有可能得到理性因素的支持，但革命只有借助神秘主义或情感要

素的力量才能继续发展，而这些要素同理性却是风马牛不相及的。"（本书正文第7—8页）

思想是概念运动，宗教则是信仰运动，概念运动与信仰运动是完全不同的。思想往往是纯精神的，并且是个体的。但宗教却是一种实践，是一种必须有广泛参与的社会实践。换言之，在哲学发展中所广泛出现的由多而一的逻辑进程在宗教生活中并不具有普遍必然性，因为宗教的一神教进程并不是一个纯粹的认识论问题，而是基于社会层面的具有真正意义的革命。以为哲学的就是宗教的，概念运动中的由多而一的进程会在信仰活动中自然或必然再现，这一判断其实是虚假的，此两者间没有必然联系。

最后，勒庞感叹地指出："……宗教革命所扮演的重要角色和信仰的巨大力量，虽然它们的理性价值微乎其微，但它们却塑造着历史，为各民族提供凝聚力或力量，使他们不再是一盘散沙。人类在任何时候都需要宗教和信仰来指导自己的思想，引导自己的行为，至今还没有哪一种哲学能够替代它们。"（本书正文第40页）

二　革命理论是一种"新宗教"

革命理论与神学预设

此次读书，我欣喜地发现，勒庞学术神经的敏锐绝不仅仅限于对社会群体现象的观察，他那不受拘束的眼睛还有穿透现象、发现隐蔽实质的潜能。勒庞明确地指出，透视法国大革命，通常采取的理性分析将有诸多不便，若干历史曲径和行为表现，运用理性逻辑就解释不通。例如，明明高举着人道的旗号，却又杀人如麻，嗜血如命；革命的目的之一本来是要揭露和废止骗人的宗教，但革命的理论和行动却又对冥冥中的超越命运敬畏再三。这样，勒庞认为，只有通过神秘主义逻辑的路径，上述诸多悖谬现象才能有解。毫不夸张地说，自觉或不自觉地试图触摸大革命理论背后的神学预设，是《革命心理学》超出本题而做出的最大胆的分析尝试。

如上所述，勒庞在本书中并未对神秘主义逻辑的内涵给出精确定义，在把法国大革命看成是一种"新宗教"的问题上，严重缺少论证环节，以至于让对神学理论相对陌生的读者如云里雾里，不知所云。但是，勒庞的确在书中断断续续地提及革命者思维与加尔文宗之间的暧昧关系，并明确认定加尔文宗"预定论"教义是神秘主义逻辑的神学基础，因此，这里要首先对这一基础教义做一简单勾画。

最为简略地说，加尔文宗教义有两个基本前提，一是"预知论"（foreknowledge），二是"预定论"（predestination）。"预知论"是说"上帝无所不知，预先知道人类所做的每一件事情的结果"，而人对这个结果未必懂得，"隐秘的事，是属于耶和华我们的上帝，惟有显明的事，是永远属于我们和我们的子孙的，好叫我们遵行这律法上一切的话"。[1] 而"预定论"则是说"上帝依据他的永恒旨意，来决定在永恒的拣选中预定一些人蒙救恩，赏赐他们永生的盼望；也预定其他人灭亡，判他们永死的结局"。[2] 对此，人本身也无从做出自主的选择。这两项"不可知"就成为所谓具有某种超越力量之"神秘主义"的神学依据。

　　如果一个人有幸得到神的"召唤"（call of duty, vocation），蒙选将要得到救赎，那么，他就同时获得两项特别的嘉许，一是作为"上帝选民"的优越身份，拥有荣耀救赎之恩的特权；二是作为"上帝选民"，他也被赋予了某种神圣的责任，他要"为神打仗"，义不容辞。这时，他的行为及其结果，就不再是其一己的私意，而变成了一种超越肉身的指令，去完成一种不以人的意志为转移的、神圣的"使命"（mission）。按照这项"预定论"教义，"一些人将受火刑而死，另一些人则得救，这在全能的、永恒的上帝那里是注定的"。为什么会有如此天壤之别呢？原因只有一个，那就是"上帝的意志"。但是没有什么能使新教徒退缩，反而让他们觉得烈火的考验是一种解脱。（本书正文第30—32页）这种神圣的超越指令就是"神秘的真理"，

[1] 《申命记》29：29。
[2] 加尔文：《基督教要义》第二十一章。

它不仅规定了宇宙的结构，而且主宰了人的命运，顺之者昌，逆之者亡。这样，作为"蒙召"的信徒，其生命过程就被赋予了与凡夫俗子不同的意义，虽然他的言行只是成就神意所导演的生命历史戏剧中的一个零星的组件和一个微小的片段，但是这种"质地"的变化也决定了他们在世俗眼中不可思议的言行，具有了"成义"的崇高正当性。

具有科学训练背景的勒庞对此十分不解，他困惑地说："如此令人厌恶的思想显然是精神错乱之作，但它却在这么长的时间里使这么多人为之折服，实在叫人匪夷所思。更不可思议的是，甚至时至今日，此种情况仍有过之而无不及。"（本书正文第 30 页）

致力于"人类新生"的政治拯救

基于对这样一个神秘主义神学框架的认知，勒庞十分赞同并在书中部分引述了研究大革命的先驱托克维尔在《旧制度与大革命》一书中所做的判断："翻遍全部史册，也找不到任何一次与法国革命特点相同的政治革命；只有在某些宗教革命中才能找到这种革命。……法国大革命，是以宗教革命的方式、罩着宗教革命的外表进行的一场政治革命。"法国大革命在社会与政府问题上追溯到更具普遍性的，也可以说更自然的东西，正因为如此，法国大革命能为一切人所理解，它仿佛致力于人类的新生，而不仅仅是法国的改革，所以它燃起一股热情，在这以前，即使最激烈的政治革命也不能产生这样的热情。大革命激发了传播信仰的热情，掀起了一场宣传运动。由此，它终于带上了宗教革命的色彩，使时人为之震恐；或者不如说，大革命本身已成为一种新宗教，虽然是不完善的宗教，因为既无上帝，又无礼拜，更无来世生活，但它却像伊斯兰教一样，使它的士兵、使徒、受难者充斥整个世界，又能到处为人仿效。[1]

而勒庞自己则比托克维尔更为断然地认为，革命者实际上是把他们自己的行为视为一种"神召"的圣业，大革命"这座伟大的纪念碑应该被视为一种新宗教的奠基"：

> （大革命）与其说归功于它所建立的一个新的政府体系，不如说归功于它所建立的一个新的宗教。……像所有使徒一样，革命者为了传播他们的信仰，创造一个梦寐以求的新世界，随时准备牺牲自己。（本书正文第8—9页）

> 大革命最为重要的要素或许就是其神秘主义成分，因此，我们只有把大革命视为一种宗教信仰的构成，才能清晰地理解它，这一点怎么强调也不为

———————
[1] 托克维尔《旧制度与大革命》，冯棠译，桂裕芳、张芝联校，商务印书馆，2012年版，第51—53页。

过。……信仰可以迫使人们与理性分离，并且能够将人的思想和情感推向一个极端。纯粹的理性从未有过这样的力量，因为人们从来不会对理性充满热情。（本书正文第 181 页）

勒庞认为，大革命的原生动力并非发端于对权力的欲望，也并非源于对经济利益的直接需求，因为大革命爆发时法国国势并非处于最糟糕的低谷，而是来源于实现神召真理的命定追求。这些被"真理"之光揭示出来的种种丑相，诸如王权专制、贵族骄横、等级森严、贫富不均等现实世界的种种不公，归根结底发端于人性自身的"堕落"和"罪性"，这些重大的问题绝非法国的个案，而是一种"人类通病"。大革命的根本目的就是铲除此类"人间罪恶"，与污秽的旧灵魂和黑暗的旧社会一刀两断、彻底决裂。用克蓝·布林顿（Crane Brinton）在《革命解剖学》中的话说，大革命就是要摧毁"过去的所有污浊之物"，建立一个崭新的社会秩序。[1]大革命是对真理召唤的回应，

---

[1] Crane Brinton, *The Anatomy of Revolution*, revised and expanded, New York: Vintage Books, 1965, P174. 参阅高毅《情感时代——读克蓝·布林顿〈革命解剖学〉》，《二十一世纪》，1993 年 2 月号，第 75—81 页；李鹏涛、王泽壮《革命的"病理学"——布林顿对"革命"的开拓性研究及其影响》，《安徽史学》，2006 年第 5 期，第 5—11 页。

是一项跨民族、超国界的神圣使命，具有普世意义。因此，勒庞说，"更准确地讲，这些革命人物服从某种不可避免的逻辑进程，这一进程甚至连他们自己也不能理解。所以，尽管他们是当事人，然而，对于这一进程，他们的惊讶程度一点儿也不亚于我们。他们甚至从未察觉冥冥之中有一种力量，鬼使神差地左右着他们的一举一动。狂怒无以自制，弱质不能自持，皆源于此。他们以理性标榜，声称受理性支配，但实际上，推动他们行为的却根本不是理性"。（本书正文第6—7页）

进一步说，既然宗教植根于人性本身，那么便能被所有人接受，放之四海而皆准。因此，政治宗教的根本关怀与其说在于政治变革，不如说在于拯救人类。所以托克维尔强调，宗教把人看作一般的、不以国家和时代为转移的人，法国大革命与此相同，也抽象地看待公民，超脱一切具体的社会。它不仅仅研究什么是法国公民的特殊权利，而且研究什么是人类在政治上的一般义务与权利。宗教的惯常特征是把人本身作为考虑对象，而不去注意国家的法律、习俗和传统在人们的共同本性之上加入了什么特殊成分。宗教的主要目的是要调整人与上帝的总体关系，调整人与人之间的一般权利和义务，而不顾社会的形式。

那么，这个新世界的新图景，或者说，这一革命新宗教的"新教义"又是什么呢？勒庞说：

这一教义由一些不那么协调的要素糅合而成，自然、人权、自由、平等、社会契约、对暴君的憎恨以及人民主权等等，构成了在它的信徒们看来是不证自明的福音书。新的真理俘获了这样一些使徒：他们拥有某种权力，并最终和世界上所有的信徒一样，试图通过武力推行这些真理；异教徒的观点和意见不必加以考虑，他们被消灭乃是罪有应得。……新的使徒对布道充满热情。为了使外省皈依，在铡刀的护卫下，他们往那里派遣了热诚的使徒。有新信仰的检察官对谬误丝毫不含糊，正如罗伯斯庇尔所说："共和国就是摧毁一切反对它的事物。"如果国家拒绝获得新生又有什么要紧呢，无论它愿意与否，它必须再生。卡里埃说："如果我们不能以我们自己的方式改造法兰西，我们将成为它的掘墓人。"（本书正文第207—208页）

勒庞在本书各处反复提到，诸如"人类平等""人类与生俱来的善良本性""通过法律手段重建社会"等等"空洞的幻想"，就是"神秘主义的信仰"的主要内容。对这些未来美景的幻想、渴望、钦慕与追求，将大大超过"理性的无声力量"，而这正是"人类目前已知的最有力的行为动机"。所以勒庞说了这样一种观点："假设理性的无声力量可以胜过神秘主义的信仰，那么讨论革命思想或政治思想的理性价值就毫无意义了。"（本书正文第95页）换言之，正因为理性战胜不了人们的心理幻觉，人们才需要对追求理性滔滔不绝。勒庞的这本书在很大的意义上，正是要解释大革命之强悍冲击力的信仰动力源泉。正是"那些无法被证明的信仰却常常为历朝开一代风气的精神领袖所确信不疑"。（本书正文第5页）"现在，历史业已向我们证明，一个坚定的信仰是何等强悍有力：战无不胜的罗马人不得不拜倒在游牧部落的军队面前，那是因为这些牧羊人为穆罕默德的信仰所指引；同样的原因，欧洲的君主们无法抵抗法国国民公会派出的装备极差的军队。"（本书正文第8页）

当然，此处我们无意绝对否定大革命政治宗教真诚性的一面，因为我们面对的是一个巨大的"问题意识"的深渊；甚至我们也不能轻率地绝对认定大革命的操刀手们自身就直接试图替代神的角色，因为在他们的意念中，自身只是某种神圣事业的渺小工具。如罗伯斯庇尔就曾真诚地信奉某种"永恒的理性"，试图以革命的超验性信仰救赎普遍腐败的现实政治。他时时念兹在兹的是："最高主宰和灵魂不灭的思想，是对正义的一种持续的召唤，因此，它是社会的和共和主义的。""如果神的存在、灵魂不灭只是一些幻想，它们将仍然比人类智慧的一切概念更加卓越。"[1]

---

[1] 王养冲、陈崇武选编：《罗伯斯庇尔选集》，华东师范大学出版社，1989年版，第257页。

换言之，只有把政治变革上升到追求真理的高度，只有把建构制度深化到改换人心（洗涤灵魂）的层次，只有用新世界的灿烂光明彻底替代旧社会的黑暗污浊的时候，所谓"政治宗教"才能成立。这里，"政治"是指途径和手段，而"宗教"则是指真理的目的；其中，"上帝"被"超人"替代，超越的天国要被具体地落实到世俗的人间。正是在这种意义上，也只有在这种意义上，反人性常识的所作所为才能堂而皇之、理直气壮地大行其道，并以追求真理、创造美好大和谐之新世界（The Good Cosmos）的缘由，把人间的"残忍"视为神圣的"义举"，把践踏世俗的"道德"（出卖、陷害、杀戮）转化为实现超越的"准则"（无私、忠诚、奉献），以至于"像所有使徒一样，革命者为了传播他们的信仰，创造一个梦寐以求的新世界，随时准备牺牲自己"。（本书正文第8—9页）正如米兰·昆德拉后来的那句政治名言："罪恶的制度并非由罪人建立，而恰恰由那些确信已经找到了通往天堂的唯一道路的积极分子所建立。"[1]

占有真理的自负、狂妄与霸蛮

对于致力于建立一种新宗教的法国大革命，其独占真

---

[1] 米兰·昆德拉：《不能承受的生命之轻》，许钧译，漓江出版社，2003年版，第133页。

理的内在气质决定了自身具有某种一神教（monotheism, belief in a single God）的突出特征，而这一特质又决定了其一神教规则之下的残酷性和不宽容。

这些狂热的宗派主义者以使徒自居，自以为掌握了绝对真理，并且同所有的信徒一样，他们无法容忍异端的见解。神秘主义或浪漫主义的信念总是伴随着一种将自己的信仰强加于人的需要，它不可能被说服，而一旦大权在握，大屠杀就如同箭在弦上。（本书正文第80—81页）

历史告诉我们，这是宗教的伴生物。因此，大革命必然要导致暴力和不宽容，这是取得胜利的神灵对其信徒发出的指令。大革命在整个欧洲肆虐了20年，它使法兰西成了一片废墟，数百万人失去了生命，国家也多次遭到侵犯。但是这是一项铁律，即不付出灾难性的代价就不足以改变人们的信仰。（本书正文第182页）

勒庞分析道：大革命的"恐怖统治"，它的极端、绝对不宽容，对异教徒所实施的迫害乃至无情的杀戮，"绝不是出于他们对异教徒的恐惧……不宽容首先源自心灵产生的义愤"，信徒们"坚信自己掌握了绝对的真理，在他们看来，这些真理是显而易见的，并且它们的胜利必然会使人类实现再生"。既然信徒们"深信自己掌握着最确凿无疑的真理。对于那些否认这些真理，因而必定不会根据良善的信仰行事的人，怎么能保持宽容呢？当一个人拥有足够的力量剪除谬误的时候，他怎么可能容忍谬误呢？"因此，"恐怖是所有信徒都视为必然的一种手段，因为历代的宗教法典从一开始就建立在恐怖的基础之上，为了强迫人们遵守他们的规定，信徒们试图用永恒的炼狱来威吓他们。"（本书正文第228页）

大革命的政治宗教实践表明：

政治的或宗教的信仰构成了一种精微的无意识信仰行为，不管其外表如何，理性对这种信仰无从施加控制；我同时也证明了信仰往往强烈到这样一种程度，以至没有任何事物可以阻挡它。人一旦受到信仰的催眠，就会变成一个信徒，随时准备为了信仰而牺牲自己的利益、幸福，乃至生命。至于他的信仰是否荒谬绝伦，那已无关紧要；对信徒来说，信仰就是明摆着的事实。对信仰的神秘主义起源坚信不疑使它有了一种神奇的力量，以至于它竟可以完全地控制人们的思想，对于这种力量，也只有时光的流逝才会使它发生改变。（本书正文第18页）

正是由于信仰被视为绝对真理这一事实，使它必然变得不宽容。这就解释了为什么暴力、仇恨和迫害常常是重大的政治革命或宗教革命的伴生物，其中又以宗教改革和法国大革命最为典型。

"任何一种宗教信仰或政治信仰一旦取得了统治地位，非但理性对它起不了任何作用，反而是它会寻找理由来迫使理性为这种信仰做出解释和合理性证明，并企图把它强加于人。"（本书正文第 39 页）"在其信仰的催眠作用下，信徒们可以变得完全无所畏惧。"（本书正文第 32 页）雅各宾派对吉伦特派和山岳派的恐怖是"**胜利的信徒**用来消灭其可恶对手的普遍做法"。即使可能容忍"思想上有分歧"的人，也不能容忍"信仰上的差异"。（本书正文第 81 页）勒庞指出，加尔文的心理与罗伯斯庇尔的心理并非没有亲缘性，同后者一样，加尔文自以为掌握了绝对真理，对于那些拒不接受其教条的人，他毫不怜悯地将其处死。对此，加尔文声称，上帝要求"我们在捍卫上帝的荣光时，哪怕毁掉所有人都在所不惜"。（本书正文第 31 页）

容忍荒谬就是犯罪，而且所犯的是"欺骗真理"的弥天大罪。勒庞举例，在古代，摩洛神流行的时代，大概也会有不少神学家和布道者大谈特谈以人为祭的必要性，这与其他时代的人们盛赞宗教裁判所、圣巴托罗缪之夜大屠杀以及大恐怖时期的屠杀如出一辙。（本书正文第 40 页）而到大革命时期的现代，从割断两百多名罗马元老院议员的喉管、屠戮了五六千名罗马人的苏拉，变成镇压巴黎公社之后，枪毙了两万多人的暴徒。此外，为了阻止异端的"敌人"向人群布道，在被烧死之前他们都被割掉了舌头；为了加强对他们的折磨，行刑时还给他们缚上一条铁链，这样在把他们投入烈火中后，行刑的人还可以再把他们拖出来，反复施虐……这些血腥的法则屡试不爽。过去的历史一次又一次地证明了这一法则，恐怕未来也难逃其铁律。

原则与行为之背离源自一切信仰都不可避免地所具有的不宽容性，一种宗教或许充满了人道主义和自制精神，但它的信徒总是想通过武力把它强加给别人，于是，暴力和虐杀就成了必然的结局。"一切其他的要素都不得不屈从于这种神秘主义的力量。正如我们将要指出的，它们的作用甚至达到这样一种危险的程度，以至于它们可以在形式上的国家之外，构成一个权力更为强大的无名的国家。因此，可以说法兰西实际上是由各部的首脑以及政府职员所统治的。我们越是深入地考察革命的历史，我们就越会发现除了标签之外，它们所引起的变化事实上根本就无从说起。发动一场革命容易，但要改造一个民族的精神却是难上加难。"（本书正文第54页）具有远见的勒庞甚至做出了这样的预测："我们将看到同样的行为会一而再、再而三地出现，如果一种新的信仰明天取得了胜利，那么它将会采用类似于宗教裁判所和大恐怖的布道方式。"（本书正文第229页）

神圣内核被机会主义者所包裹和附庸

　　最后，勒庞没有忘记冷静地提醒读者，仅仅把这种政治恐怖看成革命宗教信仰的结果，特别是对现代政治宗教而言，并不是全景式的，因为实际情况是，"在一种取得了胜利的宗教信仰周围，聚集着许多个人的利益，这些个人利益附着于这一信仰。大恐怖是由几个狂热的使徒所指挥的，但是除了这少数几个一心梦想改造世界的热诚皈依者之外，还有一大帮只想从中肥己谋私的人，他们欣然地追随那些首先获得胜利的领导人，因为这些领导人允诺他们可以享受掠夺的成果"。（本书正文第229页）"一伙大约150人的匪徒，领着每天24里弗的津贴，在几个社团成员的指挥下，4天之内消灭了1200人，这就是众所周知的九月屠杀。"（本书正文第200—201页）

　　勒庞引述索列尔的说法以支持自己的判断，"大革命时期的暴徒之所以求助于恐怖政策，是因为他们希望保持自己的权力，而这是其他手段所无法做到的。他们使用恐怖政策是为了拯救自己，但在事后他们却声称自己是为了挽救国家。在恐怖成为一种制度之前，它仅仅是一种统治手段，而制度只不过是使手段合法化而已"。在这个意义上，"大恐怖首先是一场暴动，一场合法化的抢劫，一场纠合了各种罪行的规模浩大的盗窃"。（本书正文第229页）

　　以今天政治哲学的研究水平衡量，勒庞关于大革命之政治宗教的论述无疑显得肤浅和粗糙，甚至他把实质性宗教本体与感觉上的宗教感混为一谈。但这些都无损于他开创性的天才预测和定位贡献。这些外溢的理论突破实际上已大大超出了勒庞本人的原初构想。

三 "平等原则构成了大革命的真正遗产"

如果把大革命视为一种"新宗教"，那么，被勒庞称为"雅各宾心理"（Jacobin Mentality）的政治精神形态，就是其深刻的经典体现了。如何破解大革命史中最为悖谬的雅各宾专政之"恐怖统治"之谜，显然也是《革命心理学》一书试图突破的分析焦点之一。对此，勒庞并不认同"恐怖统治"只是"少数几个人的自发冲动"的说法，而是认为"大恐怖时期的暴行源自一种机制"，并按照自己的概括方式，以"强烈的信仰必然会导致最恶劣的暴行"（本书正文第235—236页）的内在心理逻辑，给后人留下了耐人寻味的描述性分析。

平等为第一原则

大革命"新宗教"之所以能吸引人，与其"革命教义"炽热激进的许诺有直接关系。自由、平等、博爱，这些敲响黑暗旧世界的丧钟、指向明媚新宇宙光明的诱人口号和境界，是激进革命者真诚追寻，甚至为之献身的理想

（illusion）。勒庞写道：

> ……资产阶级代表们确实想过建立一种宗教。他们试图彻底毁灭一个旧世界，并在它的废墟上建设一个新世界。没有什么比这一诱人的幻想更能打动人们的心灵了。新教义宣称，平等和博爱将把所有的民族都带到永恒的幸福之境；未来的新生世界将沐浴在纯粹理性的光芒之中。人们依据最光辉、最雄辩的原则，翘首企盼黎明的到来。（本书正文第86页）

在精神领域，无视这种信仰的真实存在，既不符合史实，也有失厚道。为传播这种旨在救赎世界的革命信念，雅各宾派革命者以虔诚而疯狂的布道精神，不厌其烦地宣讲"新宗教"动人的教义，搭建起神圣的"讲演台"。站在高高的"讲演台"上，罗伯斯庇尔在1794年2月5日"关于政治道德的各项原则"的著名讲演中激情豪迈地宣称："我们追求的目的是什么呢？这就是和平地享受自由与平等，这就是永恒正义的王国。"[1] 具体地讲，这个"永恒正义的王国"的"第一教义"就是强调"平等优先"的精神原则，认定人类生存状态的严重"不平等"不仅是社会不

---

[1] 罗伯斯庇尔：《革命法制和审判》，赵涵舆译，商务印书馆，2009年版，第120页。

公的现实明证，更是人性罪恶的黑暗渊源。革命，就是要从根本上挖掘这一滋生"压迫"和"苦难"的罪恶根基，颠覆和扫除这个数千年来人们熟视无睹和习以为常的"黑暗"。

请听罗伯斯庇尔的讲演原声：

> 不用经过任何革命就可以向世界证明，财产的极端悬殊是许多灾难和犯罪的根源。但是我们坚决相信，财产的平等只是一种空想。至于我，我认为财产平等对于个人幸福还不如对于社会幸福那么需要。**迫使人们尊重贫穷**，比起销毁财富重要得多。[1]

> 因为共和政体或民主的实质是平等，所以应当得出这样的结论：热爱祖国必须包括热爱平等在内。[2]

据此，法国学者弗洛朗斯·戈蒂埃直接将罗伯斯庇尔归结为一个"反自由主义的平均主义者，而且完全和他所处时代的'平民'地位相符合"。[3]

---

[1] 参阅罗伯斯庇尔：《革命法制和审判》，第 133 页。也有学者把这句话译为："导致道德沦丧的财富，给拥有财富的人带来的危害，要比没有财富的人大。"（卢金：《罗伯斯庇尔》，吕式伦等译，商务印书馆，1963 年版，第 98 页。）
[2] 罗伯斯庇尔：《革命法制和审判》，第 184 页。
[3] 王养冲、陈崇武选编《罗伯斯庇尔选集》，第 359 页注释②。

平等吞噬了自由和博爱以后

勒庞进一步分析，自由、平等、博爱固然是大革命耳熟能详的基本原则，而在"雅各宾派的头脑中充满了对浮光掠影的空幻追求"（本书正文第97页）的背后，真正具有吸引力的"意志的幻象"，不在于抽象虚幻的自由和博爱，而在于能够带来直接实际利益的平等。勒庞直截了当地说："大革命所弘扬的博爱和自由从未对人们形成多大的吸引力，但它所倡导的平等却构成了他们（革命者）的福音：平等是社会主义的支点，是整个现代民主思想演进的枢轴。"（本书正文第9页）

直接继承了其心目中所敬重的思想先驱托克维尔之思想，勒庞把实质的平等从自由、平等、博爱的抽象整体中剥离出来，从而突出了大革命精神原则的真正来源，这是本书的重要的知识贡献。对于自由、平等、博爱这三项革命宗教所宣称的基本理念的实际历史发展轨迹，勒庞的概括十分精当，也十分精彩。其英译原文是"But while liberty has become very doubtful and fraternity has completely vanished, the principle of equality has grown unchecked"（规范中译见本书正文第311页），民间翻译高手则把这句似乎并不起眼的概括翻译为精彩的令人拍案叫绝的12个字，我则把它视为勒庞的警世格言：

自由成疑，博爱无踪，平等疯长。

的确，即使以今天的研究水准衡量，勒庞对大革命的这个概括，在一定意义上也已熔铸进"革命"普遍议题分析的永恒序列之中了。正如勒庞自己所说，"在上一个世纪法国所发生的一切政治变革中，平等原则取得了至高无上的地位，……平等原则构成了大革命的真正遗产。对平等的渴求……正是民主的最新产物即社会主义运动的枢轴"。（本书正文第311页）

为什么说绝对地强调"平等优先"原则，或者说舍弃了与自由和博爱相平衡的平等原则，在思想上和政治上高度危险？最为重要的原因是作为利益渴望的平等具有变动不居的特征：只要自身利益得到满足，至于由谁来赋予这些利益？这些利益由何而来？由此失去利益的是哪些人群？这些曾至关重要的关键考量，瞬间统统变得毫无意义。正如尼采冷酷揭示的那样："他们叫嚣'平等'时，他们说的是欲望。第一种欲望是将他人降低到和自己同等的水平；第二种欲望则是将自己提高到和他人相同的水平。"[1]若欲扭转这一人性的现实，硬要赋

[1] 尼采：《人性的，太人性的》，《尼采的心灵咒语》，江苏文艺出版社，2011年版，第62页。尼采对"平等"实质的这一犀利透视，一如他的"爱情只不过是一种占有欲望的表达"（见《快乐的科学》）一样坦率和毫不留情。

予平等利他的动机，那么，只会维持一时的"乔装的虚伪"，毕竟这种人性的扭曲是绝不会长久的。因为从本质上说，"博爱的核心在他人，而平等的核心在自己"（With brotherhood the focus is on others，with equality the focus is on oneself）。[1]

特别是当"平等诉求"转化为"道德义愤"的时候，当"不平等"与"压迫""剥削""欺负""蔑视"等带有强烈心理暗示的道德字眼相联系时，革命的火焰就将点燃。这时，一切社会问题和经济问题，就一股脑地转化为政治问题。套用勒庞的心理学表述就是，倡导"平等优先"的欲望，经一系列有序的推理链条，便构成了一条革命的政治逻辑：

不公［痛苦］→不满［怨恨］→革命［报复］→惩戒［宣泄］→平等［平衡］

前一半是政治词汇，［ ］里是心理学术语，两套话语其实说的是一套逻辑。所以，每当人强调"苦难"为先（无论是个体的不幸，还是民族的羞辱）的时候，其潜意识

---

[1] 丽贝卡·拜纳姆：《平等的神话》，吴万伟译，发表日期：2008-12-29。Rebecca Bynum, *The Myth of Equality*, In New English Review(June 2008）.

里都隐藏着强调暴力行动的正当性、伸张恐怖合法性的内在动机。

一旦"追求平等"的渴望攀上了"道德正义"的高枝，"破坏秩序"的怒涛就会一泄而不可止。

"对平等的酷爱始终占据着人们的内心深处"，"荒谬可笑的特权泛滥，使人们越来越感到沉重，越来越认为特权没有存在的理由"，"凡是受到不平等的军役税摊派损害的纳税人，无一不为人人均应平等的思想感到振奋；遭贵族邻居的兔子祸害的小所有者，听说一切特权概应受理性的谴责，无不为之雀跃"。"他们不仅憎恨某些特权，分等级也令他们厌恶；他们热爱平等，哪怕是奴役中的平等。"[1]人们变得反复无常，自相矛盾，难以理喻。一会儿桀骜不驯、肆意破坏，一会儿又逆来顺受、俯首帖耳，瞬间从一个极端走向另一个极端。从理性的角度讲，其结果一如米尔顿·弗里德曼所言：

> 一个社会把平等——即所谓结果均等——放在自由之上，其结果是既得不到平等，也得不到自由。使用强力来达到平等将毁掉自由，而这种本来用于良好目的的强力，最终将落到那些用它来增进私利的人们

---

[1]　托克维尔：《旧制度与大革命》，第240页、177页、194页。

的手中。[1]

　　总之，一个人一旦把平等视为优先价值，甚至唯一道
德理想，他就成了一个革命宗教的信徒。勒庞多次预言，
"由新信仰产生的雅各宾主义的政策非常简单，即在一种不
容忍任何反对意见的专政之指导下，实现一种平均主义的
社会主义。（本书正文第208页）

四　雅各宾悖论："德性的暴政"

　　当把"不平等"与"罪恶"联系在一起的时候，"德
性"问题就自然地被提上了议事日程，令人惊奇的是，此
时，"恐怖的统治"与"德性的统治"（the reign of virtue），
这两种相反的形式合二为一了。

大革命关注"群众灵魂的运作"

　　遵循托克维尔的思路，勒庞明确认为，大革命新宗
教的根本指向，不在制度，而在人。确切地说，雅各宾专
政的精神底蕴是改换和重建人的灵魂。恐怖统治的原因不
是统治者的权力，而是群众灵魂的运作。"那些无法被证

---

[1]　米尔顿·弗里德曼、罗斯·弗里德曼：《自由选择：个人声明》，胡
　　骑等译，朱泱校，商务印书馆，1982年版，第135页。

明的信仰却常常为历朝开一代风气的精神领袖所确信不疑。……当任何一个问题在观点上引起激烈冲突时，我们都可以确信，它属于信仰的范畴，而不是知识的范畴。"（本书正文第5—7页）

要改造人的灵魂，雅各宾主义的路径是以国家法令的形式建立"最高主宰崇拜"的国家政治仪式。罗伯斯庇尔解释说："最高主宰是大自然。他的殿堂是宇宙；对他的崇拜是美德；他的节日是聚在他眼前的、以普遍的友爱之情紧密团结的伟大人民的欢乐，并以纯洁和激动心灵的方式向他表示敬意。"[1]在攻占巴士底狱一周纪念日的1794年5月7日（花月18日），罗伯斯庇尔在"关于宗教、道德思想与共和国各项原则的关系，关于国家节日"的著名讲演中说："道德败坏是专制的基础，正像共和国的本质是美德一样。"而同时发布的《关于最高主宰崇拜和国家节日法令草案》规定：（第一条）"法国人民承认最高主宰的存在和灵魂不灭论"；（第二条）"法国人民认为，完成每一个人的应尽责任，是崇拜最高主宰的最好的方法"；（第三条）"法国人民认为，在那些应尽的责任中，最重要的是痛恨背信弃义和专制统治，惩罚暴君和叛徒，帮助不幸者，尊重弱者，保护被压迫者，为自己的邻人尽力做好

<hr>

[1] 陈崇武:《罗伯斯庇尔评传》，华东师范大学出版社，1989年版，第248页。

事，并以正直态度对待所有人"。[1]当时就有人称他是一位思想传播者、一个宗教创始人、一个除了自己具备纯洁政治信仰外还能唤起人类内心深处的感情的人。"您把人类的尊严还给了他们，您是强大的创造者，您使人类在人间重获新生，您的美德是我生活的支柱，只有您的友爱能够满足我全部的欲望"，并赞美罗伯斯庇尔是革命新宗教的"伟大教主"。[2]

在笔者看来，区区罗伯斯庇尔何能承载"教主"重负？只有卢梭才堪称现代革命政治宗教的精神象征和创始教主。

这里，我们不得不不厌其烦地再次引证卢梭《社会契约论》中关于"改造人性"的经典论述，以此印证被罗伯斯庇尔尊崇为"伟大导师"的现代革命思想轨迹。

敢于为一国人民进行创制的人——可以这样说——必须自己觉得有把握能够改变人性，能够把每个自身都是一个完整而孤立的整体的个人转化为一个更大的整体的一部分，这个个人就以一定的方式从整体里获得自己的生命与存在；能够改变（"改变"在《日内瓦手稿》作"抽出"。——译注）人的素质，使

[1] 参见王养冲、陈崇武：《罗伯斯庇尔选集》，第253页、262—263页。
[2] 转引自陈崇武《罗伯斯庇尔评传》，第288页。

之得到加强；能够以作为全体一部分的有道德的生命来代替我们人人得之于自然界的生理上的独立的生命。总之，必须抽掉人类本身固有的力量，才能赋予他们以他们本身之外的、而且非靠别人帮助便无法运用的力量。这些天然的力量消灭得越多，则所获得的力量也就越大、越持久，制度也就越巩固、越完美。从而每个公民若不靠其余所有的人，就会等于无物，就会一事无成；如果整体所获得的力量等于或者优于全体个人的天然力量的总和，那么我们就可以说，立法已经达到了它可能达到的最高的完美程度了。[1]

从宏观理念的角度看，雅各宾主义者是卢梭"公民宗教"的直接继承者和实践者，罗伯斯庇尔所宣传的"最高主宰教"既是一种道德的宗教，又是一种政治的宗教。它正是意欲以尘世俗人充当超越神明，实际上是人的神化，是至圣革命领袖的神化，是其意志的教义化。通过宣传教义，规定思想准则，培养教士和信徒群体，进而统制唯一意志和纯净灵魂，最终实现革命者所渴望的《启示录》式的人间天堂。

因此，勒庞自信地指出，大革命"恐怖统治"混乱现

---

[1] 卢梭：《社会契约论》，何兆武译，商务印书馆，2005年版，第50—51页。

象的背后，其精神灵魂则是直指"人性"，意欲用一个真正的宗教来代替过去的宗教。

疯狂的虔诚和真诚的残暴

1794 年 5 月 7 日（花月 18 日），罗伯斯庇尔在"关于宗教、道德思想与共和国各项原则的关系，关于国家节日"的讲演中说："道德败坏是专制的基础，正像共和国的本质是美德一样。"[1] 在这次被学术界称为罗伯斯庇尔一生中最重要的演讲中，他充满激情地勾勒出了共和国未来"德性统治"的美好前景：

> 在我们国家，我们希望以美德代替自私，以诚实代替名声，以原则代替习俗，用坚强的责任代替僵化的礼仪，用理性思维代替时髦的风尚，以对恶习的憎恶代替平庸的恐惧；我希望用尊严代替傲慢，用慷慨代替虚荣，用荣誉感代替贪婪心；我们希望把良好的品德当作最好的伙伴，注重美德而不是阴谋诡计，注重天才而不是一时的机智，追求真理而不是外表的华丽，体味普通的幸福而不是沉湎于低俗的趣味。我们希望用真实的人性取代那些曾被人们误认为伟大实际上琐碎无聊的观念；我们希望培养出快乐、坚毅、勇

---

[1] 王养冲、陈崇武：《罗伯斯庇尔选集》，第 253 页。

敢的公民，而不是软弱、轻浮、只会抱怨的小市民；我们将用共和国的美德和伟大成就取代君王制的愚蠢和罪恶。

总之，我们希望实现自然的愿望，完成人类的使命，履行哲学的诺言，证实在犯罪和暴政的长期统治下将来的必然归宿。要使曾在奴隶国家中占显著地位的法兰西胜过任何时期所有存在过的自由人民的荣誉，成为各民族仿效的榜样，成为压迫者的灾难和被压迫者的安慰，成为宇宙的装饰品，并使我们在用自己鲜血巩固我们的事业以后，至少能够看见普遍幸福的曙光……这就是我们的野心，这就是我们的目的。[1]

罗伯斯庇尔宣称，如此纯粹的美德，绝不允许遭到"敌人"的破坏，必须用恐怖予以捍卫。在他看来，恐怖是把双刃剑，在暴君手中，恐怖是压迫人民的武器，而一旦恐怖与美德结合在一起，它便将成为穷人的救星。

如果在和平时期，人民管理的工具是美德，那么在革命时期，这个工具就同时既是美德又是恐怖：没有

[1] 罗伯斯庇尔：《革命法制和审判》，第182—183页。引文参照露丝·斯科尔：《罗伯斯庇尔与法国大革命》，张雅楠译，商务印书馆，2018年版，第366页，调整较大。

美德，恐怖就是有害的，没有恐怖，美德就显得无力。恐怖是迅速的、严厉的、坚决的正义，因而它是美德的表现，与其说它是特殊原则，毋宁说它是从祖国在极端困难时期所采用的民主一般原则得出的结论。[1]

从演讲台直通断头台

于是，美德就与恐怖合乎逻辑地勾连在一起，"以美德引导人民，用恐怖震慑敌人"[2]，构成了一种超越常识之革命理论的思想根基。正如加尔文的那句残酷名言："我们在捍卫上帝的荣光时，哪怕毁掉所有人都在所不惜。"[3]

罗伯斯庇尔强调，"共和国是在所有反共和主义者的尸体上建成的"，凡是触犯（一、同情政治犯；二、反对美德的统治；三、反对恐怖政策者），均可以"反对共和的重罪"绳而法之，立送断头台。[4]有过之而无不及，罗伯斯庇尔甚至发起了中国传统意义上的"诛心"罪，认为，"仅仅鼓励爱国热情是不够的，还应彻底消除人们对国家的麻木态度；仅仅发展正确的道德是不够的，还需要铲除所有的堕落行为。因此，在他看来，欢乐的至高无上者节和可

---

[1] 罗伯斯庇尔:《革命法制和审判》，第188—189页。
[2] 同上。
[3] 斯蒂芬·茨威格:《异端的权利》，赵台安、赵振尧译，三联书店，1986年版。
[4] 露丝·斯科尔:《罗伯斯庇尔与法国大革命》，张雅楠译，第368页。

怕的牧月法令是并行不悖的。这两者都是为了实现罗伯斯庇尔理想中的道德共和国"。

为彻底实现"革命美德",进一步强化革命法庭的法律,罗伯斯庇尔制定了代表恐怖统治顶峰的"牧月22日法令",把"那些企图以任何方式妨碍革命的进步事业以及阻碍共和国壮大的人——不管他们以怎样的面具伪装自己",统统定义为"人民的敌人",其罪名包括试图重建君主制、攻击国民公会、背叛共和国、勾结外敌、妨碍粮食供应、包庇阴谋者、诋毁爱国主义、贪污腐化、误导民众、传播虚假消息、辱骂美德、败坏公众的良知、盗取公共财产、滥用公职、反对自由以及国家团结和安全,等等。对"人民的敌人",不再允许有律师为其辩护,仅凭"道德证据"就可处决。这项法令甚至规定,有过诸如生产了发酸的葡萄酒、囤积居奇,甚至试图用英语写信等行为的人,就被认作一个"对国家毫无价值的东西",可随时直接处以死刑。[1]

据研究者统计,雅各宾派统治时期,巴黎的死亡人数是2639人,整个法国是16594人。这些人为何死、何时死、如何死等历史信息,都在雅各宾派保存的死刑记录里有详细记载。

历史的悖谬在于,鉴于以往宗教惩罚的残酷性,如

---

[1] 露丝·斯科尔:《罗伯斯庇尔与法国大革命》,第403—404页。

受刑者被烧死之前都被割掉了舌头；行刑时还给罪人缚上一条铁链，把他们投入烈火中之后，再将其拖出，反复施虐……为了更好地体现大革命的"人道主义精神"，1791年6月的议会宣布以后所有死囚一律执行斩首。据学者考证，斩首设备断头台的设计，实际出于国王路易十六的"智慧"。这一被"敬称"为"国家剃刀"的断头台，砍掉一个人的脑袋只需百分之二秒，而被砍下的人头大约需要30秒才完全失去知觉。出于"迅速而免痛苦"的人道考虑，新断头台很快得到了国会认可，并立刻成为法国大革命恐怖统治的象征。历史的无情恰恰在于：最后所有这些人，无论是吉伦特派还是雅各宾派，全都和路易十六一样上了断头台。而把路易十六、丹东、罗伯斯庇尔送上断头台的都是同一个人：刽子手夏尔·桑松。[1]

令人唏嘘不已的是，"让你死得更爽！"竟成为恐怖统治期间革命人道主义所能达到的顶点。

勒庞关于大革命风暴从演讲台到断头台的论述，精彩、醒目、深刻，入木三分地展现出了雅各宾派革命精神的巨大分裂：

一方面，雅各宾主义者怀有一种拯救人类的崇高道德责任感，他们为自己能成为推动这一道德进程的实施者而

---

[1] 参阅郝晓东：《罗伯斯庇尔：暴君还是替罪羊》，《科学大观园》，2008年14期。

自豪，凭借同时占据真理与道义双重优势的新先知，他们理直气壮，他们发号施令，他们趾高气扬。在政治布道的演讲台上，他们演绎推理，他们真诚呼吁，他们声泪俱下。他们要用真理唤醒人，用逻辑说服人，用道德感化人，用殉道的范例激励人。在一般意义上讲，他们为自己"弘道"与"救赎"之信仰付出的是真诚。

另一方面，正是由于雅各宾主义者认为自己代表真理，但代表得太确定；拥有道德，但拥有得太崇高；关切"救赎"意识，但关切得太真诚；宁肯奉献生命，但奉献得太悲悯，"他们借助语言和口号的魔力，用新的神祇取代了旧的上帝"。于是，凭据真理和道德的名义，他们对于愚昧、自私、亵渎、背叛等黑暗的"魔鬼"，就义无反顾、理所当然地下狠手，就必须肃清，严惩不贷，暴力压迫，斩尽杀绝。残酷的血洗杀戮承载和成就的恰恰正是高尚的道德责任！罗伯斯庇尔的墓志铭据说是裴多菲《自由与爱情》的诗句："过往的人啊，不要为我的死悲伤，如果我活着，你们谁也别想活！"（Passant，ne pleure pas sur ma mort：Si je vivais，tu serais mort.）真是恰如其分得令人唏嘘深思。

雅各宾派所建立的这种从演讲台到断头台的"革命直通车"，其逻辑轨迹跟其情感态度一样悖谬，以至于丹东、罗伯斯庇尔等雅各宾革命者在断头台上都一样慷慨激昂，死不瞑目。可怜的是，他们始终不清楚其逻辑和道义方面究竟在哪一点上出了问题。

勒庞在本书中曾不止一次地预言，雅各宾信仰的"使徒逻辑"，不仅与他们的前辈如出一辙，"如果类似的事件再次发生，我们将看到同样的行为会一而再、再而三地出现，如果一种新的信仰明天取得了胜利，那么它将会采用类似于宗教裁判所和大恐怖的布道方式"。（本书正文第228—229页）

人的智力随着时代的发展而不断取得进步，也就为人类开拓了一个光明的前景；然而，人的性格、精神的真实基础及其行为的真实动机却很少发生变化。虽然可以暂时将它压制住，但它很快又会再次出现。我们必须接受人类本性原来的样子。

大革命的始作俑者不甘心接受人类本性的事实，在人类历史上，他们第一次试图以**理性**的名义来改造人和社会。

任何一项以此为使命的事业，从一开始就注定要失败。那些声称能够改变人性的理论家们，必然要动用一种超过以往任何一位暴君的权力。

然而，纵使他们拥有了这种权力，纵使革命军队取得了胜利，纵使他们用尽了严刑酷法和接连不断的镇压，大革命留给人们的却依然是一堆又一堆的废墟，并且最后不得不以独裁统治而告终。（本书正文第348—349页）

本书中，勒庞留下的最后一句话是："现在不是过去的重复。虽然在历史发展的细节中充满了不可预见的因素，但其发展的主线却遵循着永恒的法则。"（本书正文第352页）今天，我们通过勒庞的著述反思这一革命的思想构成和实践过程，清醒地认识到，以俗人之一己之力充当或承担上帝超越的角色，试图通过建构一种"新宗教"的途径拯救这个黑暗破碎的世界，不仅得不到光明，反而因人性的有限性，必定堕入"德性暴政"的悲剧陷阱。

勒庞《革命心理学》的一个重要论述是他最为得手的关于大众政治心理和由此引发大革命政治民主的思想。本文把这部分内容概括为"没有身体的人民"与"失去头脑大众"。冯克利教授为《乌合之众》一书的中译本馈赠了精彩的"导言"，本书译者之一佟德志教授也为本书做出了长篇分析，推荐读者精读这些文献，此处不再赘述。

目 录

第二编　法国大革命

第一卷　法国大革命的起源

译者导言

佟德志

一、轻与重：文字的历史与血火的革命

译罢勒庞的这本《革命心理学》，有一种莫名的感觉。也许那革命的血与火离我们这代人已经久远了，只有文字的鸿毛扫在心头，痒痒的。

对于法国大革命，相信我们很多人都曾有过那种"为之神往，心魂飘荡"的感情经历，激情的演讲、革命的事业常常使人无以自持，血迹的鲜红逐渐为骚动的狂热所淹没，暗淡为懦夫的脸色。

以前读过米兰·昆德拉的《不能承受的生命之轻》，有一段话是这样的：

> 如果法国大革命永无休止地重演，法国历史学家们就不会对罗伯斯庇尔感到那么自豪了。正因为他们

涉及的那些事不复回归，于是革命那血的年代只不过变成了文字、理论和研讨而已，变得比鸿毛还轻，吓不了谁。

早期研究法国大革命历史的托克维尔与基佐师生二人在家庭史上有着大致相同的经历。基佐的父亲被送上断头台，使 7 岁的基佐成为孤儿。托克维尔的父母曾被捕入狱，幸亏热月政变，才得以死里逃生。沐血浴火的经历让他们深知文字之重。当我们坐在书桌旁冷静地审视法国大革命那段历史时，就像在观看动物世界：歌唱的小鸟栽倒在枪口下，它带给我们的不是同情的战栗，而是捕获猎物时的快感。置身事外的冷漠已经让人们很难将那革命的血与火融入文字所记录的历史了。

1. 血火与文字

法国革命后的一天，落日的余晖洒在塞纳河上，两个人正沿着河边散步。突然间，其中一人对另一人喊道：

看，那么多的血！塞纳河在流血！唉！流的血太多了！

说话的人就是丹东，法国大革命时期著名的革命家。一次晚餐，曾将伏尔泰推崇的"己所不欲，勿施于人"用法语写入宪法的罗伯斯庇尔就坐在他对面，丹东这位"铁面"司法部部长哭谏道：

> 假如你不是个暴君，那末为什么你用己所不欲的方式对待人民呢？如此狂暴的情况是不会持久的，它与法国人的脾性格格不入。[1]

革命如火如荼，1794 年 3 月 31 日深夜，丹东及其同党被捕，等待他们的是断头台。

丹东在人民法庭上指控罗伯斯庇尔和圣茹斯特：

> 他们使自由的每一个足音都变成一座坟墓，这种情况要继续到什么时候？你们要面包，他们掷给你们人头！你们口干欲裂，他们却让你们去舔断头台上流下的鲜血！[2]

革命法庭没有时间听这个想"让革命的骏马停在妓院门前"的"卑鄙小人"啰里啰唆。4 月 5 日，丹东被冠以"乱党""叛国"的罪名被送上断头台。本来有机会提前逃走的

---

[1] 朱学勤：《道德理想国的覆灭：从卢梭到罗伯斯庇尔》，上海三联书店，1994 年版，第 253 页。

[2] 刘小枫：《沉重的肉身：现代性伦理的叙事纬语》，上海人民出版社，1999 年版，第 10 页。

丹东在断头台上对刽子手大声地吼道：

> 把我的头拿去给人民看看吧，它是值得一看的！

然而，人民看得太多了！

继法国国王路易十六被送上断头台后，断头台的工作越来越繁忙。从牧月法令通过到热月政变之间不到 50 天的时间，仅巴黎一地就处死了 1376 人，平均每周达 196 人，杀人最多时每天达 50 人。[1] 到罗伯斯庇尔被处死时，刽子手夏尔·桑松已经连续不断地砍死了 2700 人。人们曾经景仰的面孔越来越少，断头台的"荣誉"也平民化了：据勒庞的描述，"在大恐怖时期，受到惩罚的不仅仅是特权阶级，有大约 4000 名农民和 3000 名工人也成了铡刀下的冤魂"。

有人曾经做过比较，以绞首刑杀死一个人需要 7—15 分钟，用电刑需要 4 分钟。相比之下，断头台的速度是惊人的，"21 名吉伦特派成员用了 30 分钟，31 名税务官用了 35 分钟，54 名红衫党甚至只用了 28 分钟"。尽管断头台的效率绝不亚于那些最为现代的执行死刑的方式，但是，激动的"巴黎人民"还是围着上街视察的

---

[1] 朱学勤：《道德理想国的覆灭：从卢梭到罗伯斯庇尔》，上海三联书店，1994 年版，第 265 页。

罗伯斯庇尔抱怨"断头台的工作太慢了",吵嚷着要加速杀人。

孟子曾言:"恻隐之心,人皆有之。"[1]难道人们在目睹这一桩桩死刑时就没有一点同情吗?勒庞深有感触地指出:

> 实际上人们所拥有的感觉是如此迟钝,以致对这样的场面最后见怪不怪、不以为然了。那时候母亲们带着孩子去看刽子手行刑,就像今天她们带孩子去看木偶戏一样。

"人民"成了希腊神话迷宫里那只嗜血的米诺牛了吗?人们不仅要问:为什么杀戮会如此盛行?革命中的大众又是如何变得如此残忍?是什么让那些"散布于30000多个街区社团之中的2500万人行动起来步调一致、形同一人"呢?

勒庞认为,评判历史有两种完全不同的立场,即伦理学家的立场和心理学家的立场。伦理学家只能根据社会利益来评判人物,而心理学家却可以做到不偏不倚。勒庞认为:

---

[1]《孟子·告子上》。

这就是他观察任何现象的立场。读到卡里埃命令将其受害者掩埋至脖颈，使之失明并承受可怕的折磨时，我们显然无法无动于衷。但是，我们如果希望理解这些行为，就必须像博物学家看着蜘蛛在慢慢地享用一只苍蝇一般，不必义愤填膺，怒火中烧。一旦理性受到鼓动，就不再是理性了，它将解释不了任何东西。

就这样，勒庞试图以文字的刀切开血肉模糊的尸体，以大众心理学的研究成果来分析血火交映的法国大革命。勒庞认为，人民[1]具有大众的特征。一方面，他们听凭感情的冲动，而不是理性的指引。另一方面，他们轻信领袖的煽动而不是独立做出判断。勒庞从大众对领袖的盲从以及情感加速度两个方面解释了法国大革命中的暴力行为。

从某种意义上说，勒庞是"法国的柏克"。尽管一个多世纪过去了，这位比柏克更有发言权的"柏克"对于法国大革命的分析依然显得清新。以法国资产阶级革命和宗教改革等历史事件为主线，勒庞透视了大众的政治心理，并对法国大革命后大众心理的演进做了独具特色的描述。毕竟一个多世纪过去了，人类知识的发展使勒庞能够更超脱

---

[1] 勒庞将人民分为两种，"第一类包括农民、商人和各种各样的工人……第二类包括那些具有破坏性的社会渣滓，这一群人受到犯罪心理的支配，是国家动荡不安的主要根源"。

地看待过去，而他独特的心理学研究方法成为他手中的一把利刃，帮他划破那层若有若无的面纱，引领我们更沉重地看清历史。从这个意义上讲，勒庞更是"血淋淋的柏克"。

2. 集体与领袖

现代心理学的研究认为，多数人缺乏自我实现的强烈意识，甚至不知道想要些什么，他们非常容易受别人影响，宁愿追随一个自信的领导者，而不愿意自己决定自己的命运。马斯洛在加州做管理咨询时就得出了与陀思妥耶夫斯基、弗洛姆和其他思想家一样的结论："许多人都害怕做出自由选择，情愿别人替他们做出决定。"[1]

事实上，在勒庞的时代，持此观点的人就已不在少数了。帕累托认为，所有的个人从出生起就具备一种性情，要么是"统治者"（ruler），要么就是"随从"（follower），而大众注定会成为"随从"，因为大众既不能表达自己，又冷漠无情，不适合做统治者。

勒庞则将这一原理应用于对法国大革命的研究。他认为，尽管人民通过追随，夸大了其所受到的刺激，从而在革命中发挥了相当重要的作用，但是如若没有了领袖，人民会

---

[1]　[美]A.H.马斯洛:《领导、下属以及权力》，载《洞察未来：A.H.马斯洛未发表过的文章》，[美]爱德华·霍夫曼编，许金声译，改革出版社，1998年版，第236页。

无所作为，他们从来就不能引导自己的行动。在勒庞那里，领袖成为大众情感与意志的源头，"如果没有一个领袖，大众就是一盘散沙，他们将寸步难行"。正是领袖赋予群众一个同一的意志，并且要求他们无条件地服从这一意志。

勒庞认为，那些高明的政治家凭直觉洞察了这一点。他们知道，大众过于敏感、轻信，缺乏远见，只需要以断言、传染、重复和威信就可以说服他们。这样，为了达到某种目的，那些领袖首先要做的一项工作就是把"人民"抬到无以复加的至高位置。他指出：

> 不管是大革命时代的雅各宾派，还是今天的雅各宾派，无一不把人民这一大众整体奉若神明，它不必为其所作所为负责，并且它从不会犯错误，人民的意愿必须得到满足。人民可以烧杀劫掠，犯下最为可怕的罪行，他们今天把自己的英雄捧上天，明天又会把他贬得一文不值，他们就是这样。政客们一刻也没有停止过吹嘘人民的崇高美德、非凡智慧，并对他们的每一个决定俯首帖耳。

勒庞认为，人民主权原只是一句空话，那些革命者正是借重"人民主权"的原则将他们的教条强加于人。就像米诺牛是国王米诺斯展现强权的工具一样，"人民"只不过是一个工具，是人为制造出来以达成某种目的的工具。

勒庞指出，罗伯斯庇尔主义者就是这个嗜血之神的制造者，他们制造了一个摩洛神，需要不断地以活人作为祭品。这些罗伯斯庇尔主义者只要一有机会就会把自己的思想强加于人，他们试图通过武力推行这些真理；异教徒被消灭乃是罪有应得。为了传播他们的信仰，这些罗伯斯庇尔式的人物"完全沉溺于演讲和断头台"。

勒庞认为，革命的领袖就像一颗燧石，他们利用大众的盲从和轻信点燃了激情之火。在乌托邦的革命理想的刺激下，大众的情感开始以加速度冲向强度的最高峰，成为暴力机器的发动机。

3. 激情与暴力

从情感因素分析人们的非理性行为，成为19世纪末20世纪初保守主义分析政治与社会的一种重要手段。与勒庞同时代的帕累托认为，尽管有"逻辑行为"（logical action），但是，人们的行为大多受到人性中"固有的情感和情感的表现"，即"剩遗物"（residue）的支配。[1]

勒庞则从心理学的角度出发，将情感因素融入对人们政治行为的分析中。他断言："迄今为止支配人类行为的还

---

[1] 参见［意大利］帕累托:《普通社会学纲要》，田时纲等译，生活·读书·新知三联书店，2001年版，第六章等处。另见［法］雷蒙·阿隆:《社会学主要思潮》，葛智强等译，华夏出版社，2000年版，第274页。

是感情和信仰……"在描述大革命中人们的心理特征时，勒庞抽去了理性，反而以仇恨、恐惧、野心、嫉妒、虚荣和狂热等情感特征代之。

勒庞认为，一旦受到某种持续的刺激，大众的情感强度就会像自由落体的重力加速度一样，不断攀升。勒庞试图用曲线表达这样的变化，他指出：

> 如果能够对集体情感进行准确测量的话，我们或许可以通过一条曲线来解析它们：这条曲线一开始是比较缓慢地上升，然后便急速攀升，接下来则几乎直线下降。这一曲线的方程式可以被称为集体情感变化的方程式，它反映了集体情感受到持续的刺激而发生变化的过程。

勒庞认为，在整个大革命的过程中，革命理想的刺激不断地被夸大，并产生了向行动转化的要求。然而，自然的进程却跟不上思想的激流勇进，成了革命进一步发展的难以逾越的障碍。然而，这种障碍为狂热的革命思想不可思议地攻破，革命也达到了高峰。原有的平衡被打破，在强有力的道德感和令人窒息的权力的约束下，一种新的平衡于内部产生，然而，这是一种不稳定的平衡。

当大众情感的强度不断攀升时，它是受到那些革命领袖控制的，那种为了推行某种信仰的杀戮常常是唯革命领袖的长剑所指。然而，在这一革命过程中，暴力的水平不断冲高，断头台的纪录一再刷新，领袖的长剑开始无法满足革命大众的狂热。暴力以加速度升温，制造暴力的人也无法阻止它，直到被激起的狂热终于达到再也无法攀升的限度。革命几起几伏，每个人都如惊涛骇浪中的一叶扁舟，无以自持，即使是那些投身革命的人也受到情感因素、神秘主义因素以及集体因素的影响而"身不由己"，甚至一个接一个地被送上断头台。

情感的加速度带来了暴力的加速度，法国大革命成了一支失去控制的导弹，没有什么人，也没有什么一贯的目标支配它。人们只能眼睁睁地看着它飞来飞去，等待废墟和鲜血的降临。对于革命暴力的这种加速度现象，托克维尔曾感到无以言状的恐怖。他指出："人们无法阻止它，它也绝不会自动停止，它将把人类社会推向最终的彻底崩溃。"[1] 潘多拉的盒子一被打开，人们就只剩下绝望了。

然而，人的情感毕竟不像自由落体那样简单，它不可能总是以加速度发展。勒庞引进了心理学的因素来解释革命突然停止的原因，他指出：

　　快乐就像痛苦一样，不能超过一定的限度，而且，

[1]［法］托克维尔：《旧制度与大革命》，冯棠译，商务印书馆，1992年版，第43页。

所有的情感如果过于激烈，都会导致感觉麻木。我们的有机体只能支持一定极限的欢乐、痛苦或努力，并且它也不能长时间地承受这种极限。就像紧握着一个测力计的手掌一样，它很快就会耗尽能量，最后不得不突然松开。

这样，以加速度方式成长的革命文化最终突然断裂，带来巨大的失落感，在信仰自身张力的冲击下，一些人开始铤而走险。尽管情感的加速度发展开始盛极而衰，但是，暴力的加速度并没有停止。勒庞认为，那些长久地沉醉在梦幻中的人们一旦觉醒，就开始拒绝改造。这时，大众的激情已经渐渐消退，甚至出现相反的情感。那些"革命者"被抽去了群众的基础，步履维艰，更加依赖暴力手段，强制推行他们的主张。尽管暴力已经走向尾声，但强度却丝毫没有减少，暴力加速度的曲线下落滞后于情感加速度的曲线，为革命者最后的热情做了一个总结。

二、民主与宪政：革命的民主与民主的革命

在法国大革命中，"无宪法，毋宁死"成为一句最为响亮的口号。这让人想起了北美殖民地要求独立的年代弗吉尼亚州的亨利（Patrick Henry）喊出的"不自由，毋宁死"的名言。两者似乎有异曲同工之美，但却反映了两种不同

的政治文化。自由是现实的、生动的，而且是直接的，没有过多的限制；而宪法则不同，它是制度化的产物，是一个手段，还远不是一个目标。法国大革命将民主视为一种可以追求的目标，而不是一种用以追求的手段；与之恰恰相反，美国独立战争的最终结果则是将民主追求作为一种工具，而将自由作为民主追求的目标。

1. 大革命的民主

诚然，像托克维尔承认的那样，平等、民主等信条"不仅是法国革命的原因，而且……是大革命最经久最实在的功绩"。[1]法国大革命是一场民主的革命，但是，它并没有完成民主的制度化，即宪政革命。没有民主的支持，宪政就是"恶法"体系的领头羊，宪政的建立是民主革命的结果；然而，没有宪政的约束，民主亦是脆弱的，常常成为一群人的一时冲动，甚至沦落为暴政的工具。

对民主，勒庞并不是一概地承认。他指出，以独裁形式存在的民主屡见不鲜，它同自然的法则并不协调。勒庞在回顾了法国大革命的历史后指出：

> 民主的暴政所导致的无政府状态、独裁、扩张以

[1]［法］托克维尔：《旧制度与大革命》，冯棠译，商务印书馆，1992年版，第46页。

及最终独立的丧失，不只是在古希腊才会发生；个人的暴政常常产生于集体的暴政。在伟大的罗马，它完成了第一轮循环，在野蛮人的统治下，它完成了第二轮循环。

勒庞用"集体的暴政"称呼法国大革命一个世纪的暴乱和革命后发生的巨大变化："个人的暴政为集体的暴政所取代，前者是弱小的，因而是容易推翻的；而后者是强大的，难以摧毁的。"

勒庞指出的集体的暴政即"多数人的暴政"。柏克曾经指出民主政体中多数对少数的压迫：

> 我能肯定的是每当一个民主制的政体出现像它所往往必定要出现的分歧时，公民中的多数便能够对少数施加最残酷的压迫；这种对少数人的压迫会扩大到远为更多的人的身上，而且几乎会比我们所能畏惧的单一的王权统治更加残暴得多。在这样一种群众的迫害之下，每个受害者就处于一种比在其他任何的迫害下更为可悲的境地。[1]

---

[1] [英]柏克：《法国革命论》，何兆武、许振洲、彭刚译，商务印书馆，1999年版，第165—166页。

然而，对不平等的认同突然断裂，而平等却成为一种追求，受到长期等级压迫的法国人甚至认为"个人的专制似乎是难以忍受的，而集体的专制则可以接受，尽管它导致的后果一般来说要严重得多"。

　　当罗伯斯庇尔真诚地呼喊"我就是人民！"时，对权力的自信终于使这位"不可腐蚀者"落入了"朕即国家"的窠臼。当那些人民对他们鼓过掌的人反过来以是不是对他鼓掌来判定是不是人民时，人民作为一个目的就再也不存在了，人民被当作个人野心的手段，成为掩盖罪行的遮羞布、招摇撞骗的护身符。法国这种自称的"纯粹民主制"正在"沿着一条笔直的道路迅速地变成一种有害而不光彩的寡头政治"。[1]

　　马斯洛凭直觉发现，那些追求权力的人既可以是好人，也可以是坏人，但权力一旦到手，"往往使人向坏的方向发展，而不是往好处变"。[2]勒庞亦持此观点，他指出："任何一个阶级——不管是贵族、教士、军人还是普通老百姓，一旦大权在握，它很快就会奴役其他人。"

　　正是因为纯粹的民主制使那些拥有权力的人可以大权

[1] ［英］柏克：《法国革命论》，何兆武、许振洲、彭刚译，商务印书馆，1999年版，第164页。

[2] A.H.马斯洛：《领导、下属以及权力》，载《洞察未来：A.H.马斯洛未发表过的文章》，［美］爱德华·霍夫曼编，许金声译，改革出版社，1998年版，第233页。

独揽，因此，纯粹的民主制为西方的保守主义所摒弃。柏克认为："完美的民主制就是世界上最无耻的东西。因为它是最无耻的，所以它也是最肆无忌惮的。"[1]柏克不承认绝对的民主制，认为绝对的民主制像绝对的君主制一样，"都不能算作政府的合法形式"。[2]托克维尔亦对"纯粹民主"的社会不以为然，认为尽管纯粹的民主社会能够繁荣昌盛，但是，"在此类社会中绝对见不到伟大的公民，尤其是伟大的人民"。[3]正是缺少一场对民主的革命，大革命产生托克维尔认为的那种更专制的"民主专制制度"。[4]

勒庞并不认为民主制度来源于启蒙哲学家的启示，恰恰相反，他认为这些哲学家"对古希腊历史上的民主暴政印象极深……并没有忽视破坏以及暴力之类民主的必然伴生物"。后来的批评者倾向于认为卢梭是民主暴政的始作俑者。贡斯当指出，卢梭"尽管为纯真的对自由的热爱所激励，却为多种类型的暴政提供了致命的借

[1] [英]柏克：《法国革命论》，何兆武、许振洲、彭刚译，商务印书馆，1999年版，第125页。
[2] [英]柏克：《法国革命论》，何兆武、许振洲、彭刚译，商务印书馆，1999年版，第165页。
[3] [法]托克维尔：《旧制度与大革命》，冯棠译，商务印书馆，1992年版，第36页。
[4] [法]托克维尔：《旧制度与大革命》，冯棠译，商务印书馆，1992年版，第197页。

口"[1]，罗素甚至认为是卢梭造就了希特勒。[2]勒庞认为其中有夸张的成分，他认为，"这些冲动绝不是哲学可以鼓动的"。既然民主革命的冲动并非来自那些深思熟虑的思想家，那么它的根基在哪里呢？

像我们在上一节中所论述的那样，勒庞将民主暴政的冲动归因于那些雅各宾主义者。他指出："大革命中的种种事件并不是不可逆转的必然性之结果，它们与其说是环境的结果，远不如说是雅各宾主义的产物，并且事情本来应该发生的与实际上所发生的有天壤之别。"勒庞借用泰纳的话评价这些"革命家"：

> 从不提及事实，除了抽象的事物之外一无所有，一长串的句子都是关于自然、理性、人民、暴君、自由等，如同许多吹得大大的气球，一升到高空就统统破裂。我们如果不知道所有这一切在实践中都以可怕的灾难而告终的话，可能还以为他们是在做逻辑游戏、学校作业、学术证明或思想实验呢！

勒庞认为，法国大革命是资产阶级发起的，但很快转

[1]〔法〕邦雅曼·贡斯当：《古代人的自由与现代人的自由》，阎克文、刘满贵译，商务印书馆，1999年版，第33页。
[2]〔英〕罗素：《西方哲学史》上卷，何兆武、李约瑟译，商务印书馆，1976年版，第225页。

化为一场大众的革命。因此革命的民主实际上就是大众民主，它不以产生统治者为目标，完全为平等的精神和改变工人命运的渴望所左右。因此，大众民主拒绝博爱的观念，对自由亦不冷不热，却对独裁制度情有独钟。事实上，在勒庞眼里，革命的民主就是大众的民主，而大众的民主正是"暴政"的民主。

勒庞分析了大众民主的"教义"，认为这一教义虽是革命家们创造出来的，但它杂糅了人权、自由、平等、社会契约、对暴君的憎恨，以及人民主权等内容，被用来作为不证自明的"福音书"。

对这一教义的枢轴——平等，勒庞更是极力攻击。他竭力反对那种超出法律面前人人平等的"地位和财产的平等"，认为这种渴求"与一切生物学和经济学的法则相背离"，不平等是习惯的产物，是符合自然的，而平等则是自然法则的对立物。个人之间差距的拉大是文明进步的必然表现，只有法律与制度还在试图讨好那些不合时宜的习惯，倾向于拉近个人之间的差距。

然而，这样一个混乱的理论根本不是革命的民主想要达到的目的。勒庞指出：

> 在大革命开始的时候，自由、平等、博爱之类的格言确实表达了人们的真实希望和信念。但是，随着革命的发展，嫉妒、贪婪以及对优越者的仇恨到处泛

滥，而这些格言则很快地成了人们为此进行辩护的合法借口，沦为这些邪恶情感的遮羞布。在自由、平等、博爱这些口号的背后，大众要摆脱纪律的限制才是真正的动机。

2. 民主的革命

在谈到对大革命前途的认识时，勒庞指出：

> 更为理智的人们在寻求楷模和榜样时，并没有追溯得那么远，他们仅仅打算采用英国的宪政体制，这种体制正是孟德斯鸠和伏尔泰所大加赞赏的。事实证明，最终仿效这一体制的国家没有一个出现暴力危机。

从这里我们可以看出，勒庞并不是一般地反对民主，他心目中的理想民主制度正是英美的自由民主制度。在这样的国家里，宽容、平等、个人努力、对能力的肯定等等构成了勒庞的民主图景。他指出：

> 在谈到真正的民主国家时，我们实际上仅仅是指英国和美国。在那里，民主以不同的形式存在，但它们都遵循着相同的原则——尤其是对各种不同观点的完全宽容；在那里，宗教迫害是闻所未闻的；在各种

职业中，真正的优越性很容易显示出来，只要具备必要的能力，任何人无须论资排辈就可以得到某个职位。在这两个国家中，没有什么能够对个人的努力构成障碍。

实际上，民主革命解决了一个权力由谁行使的问题，而宪政革命则解决了如何来行使的问题，这两个革命是衔接的。在革命的民主之后，还存在一个民主制度化的过程，即以民主的法制化为目标的过程。在这一过程中，民主的要素同民主制度化的要素之间存在一种动态的博弈过程。

政治科学家爱克斯罗德曾在美国密歇根大学做过这样的实验：游戏者被要求玩 200 次"囚徒困境"的游戏。这种"重复的囚徒困境"反映了一种典型的多重动态博弈。最终的结果却令人吃惊，竞赛的桂冠属于多伦多大学心理学家阿纳托·拉帕波特提交上来的最简单的策略：一报还一报（TIT FOR TAT）[1]。

反观法国大革命制宪的历史，我们发现，这种"一报还一报"的博弈模式陷入的是一个恶性循环的怪圈：民主制度化的结果违背了民主，而它不可避免地遭到"民主"的背叛，违背"民主"的"宪政"反过来遭到"民主"的背叛。

这种恶性循环的结果就是一个接一个的宪法出台。早

---

[1] 即博弈的参加者根据对话的反应做出报复性的选择。

在 1843 年，恩格斯就指出："法国最近五十年来，接二连三发生暴力革命，形形色色的宪法——从激进民主主义到赤裸裸的专制主义，各式各样的法律，实行很短一个时期以后，就被抛到一边，而为新的宪法和法律所代替。"[1]

这准确地描述了法国大革命的历史。法国大革命期间，先后制定了 1791 年宪法、1793 年宪法、1795 年宪法、1799 年宪法等宪法，其变化之频繁令人目不暇接。从 1789 年到 1875 年间，法国制定过 12 部宪法，平均 7 年左右就有一部新宪法。法国成了宪法的试验场，有的宪法甚至未经实施就被抛弃，这在任何其他国家的历史上是找不到的。

革命的民主如山呼海啸，又转瞬即逝，在十个春秋变幻之间留下了人们激动的眼泪和奔流的热血。但是，革命所激发的民主狂热却并没有为民主的制度化提供一个必要的空间，而是把一切踩在脚下，为个人专制提供了君主专制所无法具备的力量。宪政制度的建立如此之难，对"民主"的革命在一次又一次的复辟和起义中流产。

三、刚与柔：大陆文化与英美精神

法国大革命汹涌澎湃，相比之下，美国革命则表现

---

[1]《马克思恩格斯全集》第 1 卷，中共中央马克思格斯列宁斯大林著作编译局编译，人民出版社，1975 年版，第 581—582 页。

出一种出奇的平静。正像戈登·伍德所认为的，美国人抛弃了"太理想化、太不切实际的"民主理论之后，将"普通人的平凡行为作为社会的基础"。[1]最激动人心的宪法讨论是秘密进行的，要不是当年麦迪逊留下了那本弥足珍贵的日记的话，人类第一部宪法如何通过可能会永远是一个谜。即使这部宪法的通过也没有多少人关心。据斯凯勒（Schuyler）估计，共有不到5%的美国人参加了批准宪法的投票。[2]

反观近代资产阶级革命所走的道路，我们可以看到两条明显不同的模式：英美模式和大陆模式。通过不断演进，英美模式完成了国家的现代化，而大陆国家则通过激进的革命追求国家的发展。在这两条道路后面，存在两种不同风格的政治文化，即大陆文化和英美精神。政治认知的模式——对个人、集体、国家等政治体的认知，以及政治态度——对于自由、民主、平等、法治等价值的追求，成为西方两种政治文化传统区分的标准。勒庞将这两种文化归为刚性和柔性两种，并认为只有在刚、柔之间达成均衡，文化才会实现自身的创新。

---

［1］［美］戈登·伍德：《美国革命的激进主义》，傅国英译，北京大学出版社，1997年版，第1页。

［2］参见 R.L.Schuyler：*The Constitution of the United States*，New York：Macmillan Co，1922，p.138.

1. 刚性之失与大陆型政治文化

高毅认为，法国大革命对人类历史的主要贡献其实是文化方面的，即创造了一种人类历史上前所未有的新政治文化。[1]如果非要给这种文化起一个名字的话，"大陆型政治文化"恐怕还勉强可以说得过去。那些历史悠久、有着漫长封建传统的大陆国家似乎均在此列。不仅勒庞对中国革命进行评价时认为其与法国革命"有点类似"，[2]而且陈寅恪也颇认同中、法两国人习性的相似。[3]黄仁宇将法国大革命、俄国的十月革命和中国的长期革命归为一类，并从长时间、远视角来看待这三次革命，认为这三种运动"皆发生于具有大陆性格的国家"[4]。

就法兰西而言，自罗马帝国末期法兰克人入侵以来，它在几个世纪之后最终形成了自己的民族精神。但是，在

---

[1] 高毅:《法国革命文化与20世纪初中国革命崇拜的确立》,《历史教学问题》,2000年第1期,第15页。

[2] 勒庞将中国的辛亥革命与法国大革命进行对比,认为中国人接受的共和观念"或多或少地有点类似于大多数法国人在大革命期间接受的那种共和观念"。

[3] 陈寅恪认为,西方各国"以法人与吾国人习性最相近。其政治风俗之陈迹,亦多与我同者"。参见吴学昭:《吴宓与陈寅恪》,清华大学出版社,1992年版,第7页。

[4] 黄仁宇:《资本主义与二十一世纪》,生活·读书·新知三联书店,1997年版,第363页。

数个世纪的演化过程中，这种精神变得过于僵化。勒庞认为，这为法国大革命的悲剧埋下了祸根。因为勒庞认为，那些精神极为稳固、持久的民族难以通过不断演进来适应环境的变化，一旦它们必须适应环境，它们不得不在猝然之间被迫激烈地改变自身，通常会爆发激烈的暴力革命。勒庞指出：

> 如果她再多一点柔韧性的话，古代的君主政体或许就会像其他地方那样慢慢地转变过来，而我们也就能够避免大革命及其破坏性的后果了，重塑民族精神的任务也就不至于如此艰难了。

在法国大革命中，将革命信仰制定为原则的冲动支撑着革命者的事业。人们相信，一旦这一信仰被制定为宪法，一切都会迎刃而解。勒庞指出："在整个大革命期间，各种议会的首要任务就是制定、推翻或重修宪法。当时的理论家与今天的理论家一样，赋予了宪法改造社会的权力……"然而，就在这一宪法还没有制定出来之前，人们就开始对它产生了一种怀疑。每一部宪法的修改都十分复杂，然而，人们却绕过了对宪法的修改，直接重新制定宪法。

这是为什么呢？戴雪在考察了法国宪法后指出，在十二部宪法中，"除了两次宪法外，每次法兰西宪法均显然具有'硬性的性质'"。[1]宪法所具有的刚性使法国的宪法很难做出渐进的改进，宪政建设也就显得举步维艰。这是刚性文化在宪政建设中失败的一个例证。

诚然，像康有为看到的那样，"近世万国行立宪之政，盖皆由法国革命而来"[2]。然而，法国宪法几个世纪以来屡战屡败，动荡不居亦是有目共睹的。实际上，我们从不太严格的猜测角度来看，法国大革命之后，西班牙、意大利等国的失败似乎将这次失败定在"欧洲大陆失败"的位格上，甚至它同其他一些大陆国家现代化的失败亦多有关系。后来的一系列革命，如俄国革命、土耳其革命、伊朗革命，包括中国的辛亥革命在内，这些发生在大陆国家的革命纷纷走上了法国革命的道路，并且都在某种程度上失败了。实际上，这肯定同民族文化刚性太过而缺乏柔性的特征有某种内在的关系。

2. 传统文化的创新——刚柔相济

勒庞认为，只有一个民族的精神拥有某种程度的刚性时，作为一个精神集合体的民族才有可能稳定地建立。然而，刚性又不能超出一定的限度，它还应该具有某种程度

---

[1]［英］戴雪:《英宪精义》，雷宾南译，中国法制出版社，2001年版，第462页。

[2]《康有为政论集》上册，汤志钧编，中华书局，1981年版，第310页。

的柔性。对于传统文化的创新，勒庞持一种"中庸"的态度，以刚柔相济为最高追求。

> 没有刚性，先辈的精神就无法继承；而没有柔性，则先辈的精神就不能适应由于文明的进步所带来的环境的变化。

然而，刚性与柔性又不能超出一定的限度，过犹不及。勒庞指出：

> 一个民族的民族精神如果过于柔韧，就会导致革命的不断发生；而民族精神如果过于僵化，则会导致这一精神走向没落。同人类一样，普通物种也遵循这一规律，如果固守原来的形态，无法适应新的生存环境，就要灭亡，所谓物竞天择，适者生存。

勒庞认为，只有古代的罗马和当代的英国是文化创新的完美典型，这两个国家能够在刚性与柔性这一对相互矛盾的品性之间达到一种恰当的平衡。他盛赞英国革命：

> 英国经历了两次革命，并且还把一位国王送上了断头台，但仍可称得上一个稳定的国家。情况之所以如此，是因为其民族精神既稳固得足以守成传

统，取其精华，又柔韧得足以修正自身而不逾规矩。英国人从来没有像我们大革命中的革命者那样，梦想以理性的名义彻底打破古代的传统，建立一个全新的社会。

保守主义的思想家，像帕累托、奥尔特加等人都推崇一种平衡。他们认为，在社会中，精英与大众之间应保持一种平衡，而大众革命无情地打破了这种平衡。帕累托以"精英的平衡"为其社会学的主要目标。奥尔特加则认为，一个文明的社会不但应该是贵族制的，而且应该是平衡的，尤其是在精英与大众之间应该有一种"动态平衡"。[1]勒庞则将平衡视为自然界的一种状态，是自然规律所要达到的一种状态。他指出：

> 我们只能说，这是一种需要，它最终会为各种冲突的事物带来平衡。世界平和地按着它自己的道路运行，而不管我们那些振振有词的豪言壮语。或早或晚，我们都得设法使自己去适应环境的变化。困难是如何尽量地避免更多的摩擦，尤其重要的是要摆脱那些空

[1]［西班牙］奥尔特加·加塞特：《大众的反叛》，刘训练、佟德志译，山西人民出版社，2020年版，第7页。（原注为英译本信息，为方便读者查阅，改为新近中译本——编注）

想家们的白日梦。他们虽然没有力量重新建设世界，却总是竭力颠覆世界。

　　勒庞追求一种多样的平衡，他所谓的平衡不仅包括逻辑的平衡、政党间的平衡、乐观与悲观之间的平衡，而且包括精英与大众之间的平衡。

　　勒庞认为，人们的政治认知受多种逻辑支配，不但有理性逻辑，还有情感逻辑、集体逻辑以及神秘主义逻辑等逻辑。他认为，这些逻辑之间"或多或少能够达到一种完美的平衡"。但在大变革时期，这些逻辑之间的平衡被打破了：理性逻辑被抬上王座，却只是傀儡；情感逻辑虽受到压抑，却依然是行为的真正动力。

　　勒庞对法国未来的认识也是不偏不倚的。他认为，人们应该放弃那些不切实际的主张，"乐观主义和悲观主义都是我们必须避开的"。正是从这一点出发，他认为法国不可能永远地处于一种无政府状态。他相信，在这些众多的政党之间存在着一种"类似于平衡的东西"。

　　勒庞强烈地反对大众民主和人民主权，主张精英与大众之间的平衡。他认为，群众与精英之间的斗争在人类历史上绵延不绝。精英从事创造，而平民则倾向破坏；精英一旦失势，平民就开始破坏性的工作。在勒庞眼里，人民主权的胜利使这种平衡毁于一旦，成为"一种文明行将结束的显著特征"。

四、传统与现代：挥之不去与召之不来

无论如何，法国大革命的发生及其后法国的命运都带有让人琢磨不透的传奇色彩：大革命的硕果就是共和国，而建立这一共和国的人很快又去欢庆第一帝国皇帝的加冕仪式，继之而来的是笨拙的路易十八再度登上王位，波旁王朝复辟；接下来又是革命，第二共和国让人们重温阔别已久的共和之梦，梦醒之后却是新一轮的称帝；接下来，再次的革命上演帽子戏法，试图再度为人们找回共和国的感觉……正像勒庞所说的那样，"自由之花并不会因专制制度被替代而绽放"。法国的历史成了一座围城，人们以血流漂橹的代价冲出围城；然而，逃出围城的人却又变得无所适从。

传统，挥之不去；现代，召之不来。

1. 必然性之链

勒庞在考察大革命之后认为，大革命期间，接二连三发生的事件有内在的、不可避免的因果关系，有因为果，果又为因，因果循环，构成了一连串的"必然性之链"。对于这一必然性之链，他认为，"我们有时可以选择其中的第一环，但是随后的发展就由不得我们了。我们可以自由地做出一个决定，却无力改变它的结局"。

勒庞以"必然性之链"阐释现代与传统之间的关系，将人们的选择限于最初的偏好，这就绕开了柏克和潘恩等人关于代际约束的争论。[1] 勒庞认为，一旦历史的机器隆隆作响，其中就充满了种种不可知之结果。情况之所以如此，是因为：

> 任何一个社会都不是由一个哲学上的立法者根据一定的原则来建立的，而是由人们多样而多变的需要经年累月不断进化而成的。它不是逻辑的产物，而是历史的产物。

在历史发展的"必然性之链"中，传统居于这一"链"的源头，它在事实上形成了一个民族文化创新的重要维度，那些由"历代祖先建立起来的道德架构"成为"人类的真正指导原则"。要理解一个民族在特定时期的历史，就一定

---

[1] 以柏克和潘恩为代表的关于社会契约会不会在代际形成约束的一个争论。柏克认为，国家"不仅仅是活着的人之间的合伙关系，而且也是在活着的人、已经死了的人之间的合伙关系"，因而，传统的改变应该是这一契约变化的结果，而不是当代人的为所欲为。而潘恩则认为，"每一个时代和人在任何情况下都必须像它以前所有的时代和世代的人那样为自己自由地采取行动"。参见［英］柏克：《法国革命论》，何兆武、许振洲、彭刚译，商务印书馆，1999年版，第129页；［美］潘恩：《潘恩选集》，马清槐译，商务印书馆，1997年版，第117页。

要理解它所处的环境，尤其要理解它的过去。

解铃还须系铃人，由历史产生的，也需要由历史来解决。传统的建立绝非一日之功，其演进亦非一蹴而就。从这个意义上，勒庞极端地反对革命，甚至反对任何改革。他指出：

> 对改革的狂热，尤其是对通过法令突然地强加改革的狂热，是雅各宾精神中最具危害性的思想之一，也是法国大革命最可怕的遗产之一。它是上一个世纪法国接二连三地发生政治剧变的主要原因之一。

勒庞认为，革命，或是那些"不亚于一次小规模的革命"的改革成为法国和其他欧洲民族"没有进步多少"的原因。革命造成的破坏往往是极其严重的，热衷于重大变革对于一个民族来说，有着"致命危险"。[1]正因为如此，勒庞推崇渐进的改良，他认为：

> 富有成效的改革不是革命性的改革，而是那些点滴积累起来的渐进改良。伟大的社会变革，同巨大的地质变化一样，是通过经年累月的积聚来实现的。德

---

[1] [法]古斯塔夫·勒庞：《乌合之众：大众心理研究》，冯克利译，中央编译出版社，2000年版，第2页。

国最近 40 年的经济发展史雄辩地证明了这一规律的正确性。

2. 传统：挥之不去

托克维尔通过比较研究法国大革命，独具慧眼地发现了这样一个吊诡现象："革命并不是在那些中世纪制度保留得最多、人民受其苛政折磨最深的地方爆发，恰恰相反，革命是在那些人民对此感受最轻的地方爆发的。"[1]

对这一现象，托克维尔给出的解释是：

> 封建制度已不再是一种政治制度，但它仍旧是所有民事制度中最庞大的一种。范围缩小了，它激起的仇恨反倒更大；人们说得有道理：摧毁一部分中世纪制度，就使剩下的那些令人厌恶百倍。[2]

这向我们传达了这样一个信息：整体地摧毁传统只能是乌托邦式的幻想，当革命面对的是完整的传统之墙时，它所受到的抵抗绝不是暴力所能撼动的，激进的革命与

---

[1] ［法］托克维尔：《旧制度与大革命》，冯棠译，商务印书馆，1992年版，第 64 页。

[2] ［法］托克维尔：《旧制度与大革命》，冯棠译，商务印书馆，1992年版，第 72 页。

顽强的传统常常落得两败俱伤；相反，传统一旦打开了一个缺口，其体系就变得残缺不全，加快了走向消亡的脚步。

一方面，就法国的整体而言，法国大革命遇到的就是这样一面缺口还太小的墙；[1]另一方面，那些作为撼墙者的革命领袖又是如此雄心勃勃而又激情万丈。在一次又一次血与火的斗争之后，法国革命只是在两败俱伤之后给人们留下长长的思考。

勒庞认为，大革命在由资产阶级革命转向大众革命的同时"演化为一场以本能对抗理性的斗争，试图颠覆那些使我们脱离野蛮而进入文明社会的种种清规戒律"。革命者们"唯一要做的就是改变几个世纪以来根深蒂固的传统心理状态的发展方向"。

对于这群疯狂反对传统的"革命者"，托克维尔曾有过一段论述：

> 人类精神完全失去了常态，不知道有什么东西可以攀附，还有什么地方可以栖息。革命家们仿佛属于一个陌生的人种，他们的勇敢简直发展到了疯狂，任何新鲜事物他们都习以为常，任何谨小慎微他们都不

———————————

[1] 法国大革命中，外省在革命情绪上与巴黎形成对比，大多数法国地区的革命时机并未成熟。旺代的起义就是例证。

屑一顾。[1]

大革命对传统的颠覆达到了让人难以置信的程度，然而，同这种对中世纪传统的颠覆相对照的却是对古希腊和古罗马传统的回归。勒庞指出，人们对来库古、梭伦等等这样的古代立法者非常熟识，对他们如痴如醉，崇拜至极。勒庞对比了人们对18世纪哲学和古代哲学的态度，指出：

> 18世纪的哲学家似乎并没有得到大革命时代的人们的高度评价，他们很少引用这些哲学家的论述。由于受到希腊和罗马这些古典记忆的蛊惑，新的立法者们重新阅读了柏拉图和普鲁塔克。他们希冀复兴斯巴达的政治及其生活方式、朴素的习惯和法律。

在勒庞看来，雅各宾派浴血追求的正是那些古老的梦想。勒庞在提到议会的那些议员时，认为这些议员在希望破坏传统方面是革命的，但在主张回到古希腊和古罗马时，他们又显得"极端反动"。在大革命中，中世纪的传统确实已经风雨飘摇，但古希腊与古罗马的阴影却借尸还魂。贡

---

[1] [法]托克维尔:《旧制度与大革命》, 冯棠译, 商务印书馆, 1992年版, 第191页。

斯当通过一生的反思[1]将法国大革命的罪恶归因于对古代人的自由与现代人的自由认识不清。他指出："在我们那场旷日持久且充满风暴的革命中，不少怀着良好意愿的人们由于未能分清这些区别而引发了无限的罪恶。"[2]也就是说，法国大革命仍然倾向于"在有共同祖国的公民中间分离社会权力"而不是"享受有保障的私人快乐"。[3]事实上，法国大革命正是因为追求更高"纯度"的希腊式民主，才与民主的制度化失之交臂。法国大革命之失败反而在于过度而广泛的公共参与，任由公共生活淹没了个人的权利空间。托克维尔曾经指出："公共繁荣在大革命后任何一个时期都没有大革命以前二十年中那样发展迅速。"[4]对传统的自由、民主不切实际的追求正是大革命的一个致命伤，它向人们表明，传统常常挥之不去。

---

[1] 李强指出，"从某种意义上讲，贡斯当一生的理论活动都是对法国大革命的不断反思"，李强：《贡斯当与现代自由主义》。参见［法］邦雅曼·贡斯当：《古代人的自由与现代人的自由》，阎克文、刘满贵译，商务印书馆，1999年版，第4页。

[2] ［法］邦雅曼·贡斯当：《古代人的自由与现代人的自由》，阎克文、刘满贵译，商务印书馆，1999年版，第33页。

[3] 两个目标均可参见［法］邦雅曼·贡斯当：《古代人的自由与现代人的自由》，阎克文、刘满贵译，商务印书馆，1999年版，第33页。本处引文并非贡斯当原话，而是对贡斯当原话的引申。

[4] ［法］托克维尔：《旧制度与大革命》，冯棠译，商务印书馆，1992年版，第208页。

3. 现代：召之不来

人们越来越发现，现代政治文化的形成至少要包含两个方面的内容：一是对传统文化的保持，一是对现代文化的培养。

那么，是谁在坚守着传统之维？又是谁于狂风暴雨式的革命之后，打扫庭院，擦干污迹，把那些风销血染的陈经旧典拿出来晾晒呢？勒庞认为，正是人民。他指出：

> 在革命过程中，这些破坏性的大众行为是主要的，但是，诚如我们已经指出的，除此之外，还存在一个真正称得上"人民"的群体，而他们所要求的仅仅是劳动的权利。有时，他们确实可以从革命中受益，但他们从来就不会发动革命。革命的理论家们对他们知之甚少，亦不信任他们，因为他们知道这些人身上具有传统和保守的基质。事实上，他们才是一个国家的中流砥柱，是他们维持着传统的力量和连续性。在恐惧的作用下，他们表现得极为驯服，甚至在领袖们的蛊惑下一时也会做出过火的行为，但是，民族传统的惯性力量不久就会再次发生作用，这就是他们很快就开始厌倦革命的原因。当革命所导致的无政府状态发展得过头时，他们固有的传统精神将激发他们与之对抗。这时候，他们就会寻求一位能够重建秩序的领袖。

在勒庞看来，不仅拿破仑的帝国是众望所归，而且路易十八也是人民迎回的。革命者越是否定过去，过去就越是挥之不去，反而那些曾经对未来抱有幻想的人们也开始对那种乌托邦式的改造不以为然。革命者开始谋求暴力，却加剧了人们对旧制度的怀念。勒庞认为，在这种情况下，"复辟最后也就不可避免了"。

勒庞指出，现代文化的形成过程是旧的平衡被打破，各种要素在变化了的环境中重新组合从而形成新的平衡的过程。他指出：

> 整体的自我是由难以计数的小我（cellular egos）构成的，它是祖先人格的积淀物。通过组合，这些要素达成了某种平衡，只要社会环境不发生变化，这一平衡就能持久地保持下去；一旦这种环境发生了剧烈的变化，譬如突然爆发了动乱，那么平衡就会被打破，那些分崩离析的要素将通过一种崭新的组合而形成一种全新的人格。

相对一个人来说，民族精神的培养就更加缓慢了。勒庞认为，民族精神的培养"只有通过若干世纪的缓慢积累，思想、情感、惯例乃至偏见才能够汇集成一种民族精神，它赋予了一个种族力量。没有这种民族精神，进步就无从谈起，每一代人将不得不从头开始"。

而在新的文明成长的过程中，社会所做的努力亦是不可或缺的。勒庞指出：

> 社会所做的一切努力——这种努力对于社会的存在来说是不可或缺的——就是依靠传统、习俗以及法律的力量来限制人类的自然本能，这些自然本能是人类原始兽性的遗传。控制这些原始本能是可能的——一个民族越是能够克服这些本能，这个民族就越是文明；但它们却不会彻底根除，有各种各样的因素可以轻而易举地把它们激活。

勒庞更倾向于泰纳学派的观点。他认为，"至高无上的人民一旦放纵自己的本能，摆脱一切社会约束，就会蜕化为原始的野蛮人"。在勒庞的眼里，纪律可以改造人，一旦摆脱了纪律的约束，"任何民族和军队都可能蜕化为野蛮的游牧部落"。

历史的修正

当前不仅是一个发现的时代，而且还是一个应该对知识的各种要素加以修正的时代。人们已经意识到，没有什么现象仍然可以沿用原来的解释。有鉴于此，人们还得继续考察那些陈知旧识，推翻那些经不起推敲的东西，从而形成科学的认识。当今，科学眼巴巴地看着那些古老的法则一个一个地寿终正寝。陈旧的力学公理为人所摈弃，而以前曾被视为世界永恒基础的物质，现在也已经成了各种力量昙花一现的简单聚合。

历史学有其推测性的一面，这就使它在某种程度上可以逃避最严格的批判。然而，它同样也面临这种从头到脚的修正。再也不会有哪个阶段我们敢说确定不疑了，那些表面上看起来极为明确的东西再度变得模糊而疑窦丛生了。

对历史上有些事件的研究看起来似乎穷尽了，比如法国大革命。经过几代学者的把脉，人们或许认为对它的研究已臻至境、完美无缺了。除了一些细枝末节，人们还能提出什么新东西呢？

不过，即使是大革命最积极的辩护者，在做出判断时也开始变得犹豫起来。早先的证据被证明远不是无懈可击的，一度被奉若神明的教条开始动摇。试翻一下有关法国大革命的最新著述，我们就会发现，其中包含很大的不确定性，人们在下结论时表现得越来越谨慎。

现在，人们不但可以毫无顾忌地评判这场伟大革命中的英雄人物，而且，思想家还在追问，在文明的进程中，革故鼎新之举难道就不能自然而然地建立起来，而非得通过流血的冲突与暴力吗？然而，革命的后果似乎既与革命者当初付出生命以求得的希望相去甚远，亦与由革命引发的深远后果风马牛不相及。

有几重原因引导我们重温那个悲剧的时代：一是时间磨平了激情的棱角，人们能够更加清醒地看待那个时代；二是越来越多的原始材料从档案中被挖掘出来，并且，历史学家们现在可以不受限制地解释这些材料。

不过，在这些原因中，对我们的思想产生了最显著影响的或许正是现代心理学的发展，借助现代心理学的方法，我们可以对人类及其行为动机有更加深刻的了解。

我们可以把现代心理学中的那些发现运用到我们必须论及的历史中来，尤为重要的是，我们更加深入地理解了古代的影响、支配人类群体行为的规律、集体行为中个性的消解、大众心理的精神传染、无意识的信仰以及各种形式的逻辑之间的区别等心理因素。

实事求是地说，本书所使用的这些科学方法迄今尚无先例。历史学家们常常浅尝辄止，只停留在对资料的研究上，不过，即使是这种研究也足以激发我刚才提到的那些疑问。

塑造了人类命运的那些重大事件——比如说革命以及宗教信仰的产生，有时是如此难以解释，以致我们只能局限在纯粹的叙述上。

从我最初研究历史开始，某些基本现象中令人费解的方面就让我感到困惑，尤其是那些有关信仰起源的现象。我深信，肯定是某些对于理解这些现象来说至关重要的因素，我们还不得而知。理性已尽其所能，我们不能对它再有更多的奢望了。要是真想让那些未能得到阐明的因素释然于心，我们就得另辟蹊径。

很长一段时间里，那些最重要的问题对我来说仍是雾里看花。我遍游名山大川，勤勤恳恳，考察那些逝去文明的残砖剩瓦，对这些问题仍然不能释然于心。

通过对这些问题的进一步反思和探索，我最后不得不承认：这些问题是由其他一系列问题构成的，对于这些问题，只能分开来逐一加以研究。20多年来，我一直遵循着这一研究方法，所取得的成果已经集成一系列的著作。

一开始，我致力于人类进化的心理法则的研究。我的研究表明，历史上的民族，也就是那些因历史之偶然性而形成的民族，最终会获得一些与他们的生理解剖特征一样稳定的心理特征。我试图揭示一个民族是如何改造它的制度、语言和艺术的；在同一本著作[1]中，我还试图证明，在外界环境发生难以预料的变化时，个体性可能会完全消解。

但是，除了民族这一固定的集体形式之外，还有一些机动的、短暂的集体，这就是大众。现在，大众或者说乌合之众，借助历史上所发生的一些伟大的运动，使自己具备了一些完全不同于组成它的个人之特征的集体特征。这些特征是什么呢？它们又是如何演进的呢？对于这一新的问题，我在《乌合之众：大众心理研究》[2]一书中做了详尽的考察。

只有在做了这些研究之后，我才开始觉察到某些以前尚未了悟的因素。

然而，这并不是全部，在对历史产生重大影响的各种要素中，有一种尤为重要，那就是信仰。这些信仰是如何产生的呢？它们真的像人们一直认为的那样，是理性的、自发的吗？还是毋宁说，它们是无意识的且独立于所有理性之外的呢？在最近出版的《意见与信仰》一书中，我对这一难题做了探讨。

只要心理学还认为信仰是自发的、理性的，人们就无法解释它是如何产生的等一系列问题。正因为我已经证明信仰通常是非理性的，并且总是无意识的，所以我能给出如下这样一个重要问题的解决办法，那就是，那些无法被证明的信仰却常常为历朝开一代风气的精神领袖所确信不疑。

这样一来，那些让人们百思不得其解的历史之谜就会涣然冰释，我的结论是：除了理性逻辑（rational logic）这一向来被我们视为行为之唯一指南的逻辑之外，还存在与之截然不同的其他形式的逻辑：情感逻辑（affective logic）、集体逻辑（collective logic）和神秘主义逻辑（mystic logic）。这三种逻辑常常能够颠覆理性，而成为我们行为的深层动机。

如果上述事实得到确认，那么在我看来，大量的历史事件得不到合理的解释就不足为奇了，那不是因为别的原因，而只是因为我们在试图解释这些历史事件时，据以思考的理性逻辑对它们起源的影响实际上微乎其微。

所有这些研究工作，在这里可能三言两语便能提纲挈领，但是，想真正有所得，非得数年如一日，孜孜以求不可。在对理性逻辑的修修补补中，我绝望了，不止一次地将它们扔在一边，甘愿回到实验室中做一个力工。在那里，你肯定会围绕事实的真相进行研究，尽管可能得到的只是一些断片，但那却是真实的。

尽管发掘现实世界中的物质现象是其乐无穷的，但破解人类行为之谜更加令人神往，正是由于这个原因，我才又回到心理学上来。

虽然从我的研究中所推演出的某些原则看起来似乎可以取得累累硕果，但我还是决定将它们应用于具体的实例。由此，我开始致力于革命心理学的研究，特别是对法国大革命的心理学研究。

在分析这场伟大革命的过程中，大部分纸上得来的观点均被我一一放弃，虽然以前我曾对它们坚信不疑。

同许多历史学家一样，我们在解释这一时期的历史时必须把它视为一个整体。但我们也应该注意到，它虽然是由一系列同时发生的现象所组成，但它们之间却是相互独立的。

法国大革命每一阶段发生的事件都是由心理学的法则所决定的，它们就像时钟那样有规律地运行着。在法国大革命这一宏大的戏剧中，演员们粉墨登场，但其角色却是早就由剧本决定了的。每一个人都说他必须说的话，做他必须做的事。

当然，革命戏剧中的这些演员毕竟不可与按照剧本进行演出的演员们同日而语，因为他们并没有研究过剧本、揣摩过角色，他们的所作所为似乎受着冥冥之中某种神秘力量的支配。

更准确地讲，这些革命人物服从某种不可避免的逻辑进程，这一进程甚至连他们自己也不能理解。所以，尽管他们是当事人，然而，对于这一进程，他们的惊讶程度一点儿也不亚于我们。他们甚至从未察觉冥冥之中有一种力量，鬼使神差地左右着他们的一举一动。狂怒无以自制，弱质不能自持，皆源于此。他们以理性标榜，声称受理性支配，但实际上，推动他们行为的却根本不是理性。

革命者俾约-瓦伦写道："现在备受人訾议和诟病的那些决议，即使在事先一两天前都不是我们所打算或希望做出的；只不过是在危急时刻，为形势所迫，才不得已通过。"

倒不是说，我们非得把大革命中的事件看作一种不可抗拒的天命所做的安排。本书的读者将会看到，我们承认在那些优秀人物身上，具有某种改变命运的能力，但他们只是在少数几件事上能够摆脱命运的束缚，而对于那些一开始其后果就难以控制的事件，他们是回天乏力的。科学家知道如何在细菌感染之前就将它杀灭，但他却不能阻止作为其后果的疾病的发作。

当任何一个问题在观点上引起激烈冲突时，我们都可以确信，它属于信仰的范畴，而不是知识的范畴。

在先前的一本著作中，我们业已证明：信仰源于无意识，并且独立于一切理性之外，它从来不会受到理性的影响。

法国大革命是信徒的事业，它很少为信徒之外的人所理解，对于这一事业，有人切齿痛恨，有人高歌盛赞。时至今日，它依然是一种教条，或是为人所全部接受，或是为人所通盘摒弃，这一切都与理性逻辑毫无瓜葛。

虽然，宗教的或政治的革命在其刚刚兴起之时，很有可能得到理性因素的支持，但革命只有借助神秘主义或情感要素的力量才能继续发展，而这些要素同理性却是风马牛不相及的。

历史学家通常根据理性逻辑来理解法国大革命，结果面对林林总总的革命事件，他们陷入了困惑。为什么呢？这是因为这种逻辑并不能给他们启示。既然连革命的亲历者都无法正确地理解这些事件，那么，这么说就不会离事实太远，那就是：大革命这一现象既为它的发动者所误解，也为它的记述者所误解。这是史无前例的，历史上还没有哪一个阶段像大革命时代这样，人们对当前知之甚少，对过去不屑一顾，对未来盲目崇拜。

法国大革命的力量不在于它试图传播的那些原则——这些原则在实质内容上毫无新颖之处，也不在于它试图建立的制度——人们对制度的关心甚至不如对教条的关心。法国大革命的影响是有目共睹的：它让法国承担了暴力、谋杀以及由一场可怕的内战所带来的毁灭和恐怖；在军事上，它最终成功地对抗了整个欧洲从而捍卫了自己，所有这一切与其说归功于它所建立的一个新的政府体系，不如说归功于它所建立的一个新的宗教。现在，历史业已向我们证明，一个坚定的信仰是何等强悍有力：战无不胜的罗马人不得不拜倒在游牧部落的军队面前，那是因为这些牧羊人为穆罕默德的信仰所指引；同样的原因，欧洲的君主们无法抵抗法国国民公会派出的装备极差的军队。像所有使徒一样，革命者为了传播他们的信仰，创造一个梦寐以求的新世界，随时准备牺牲自己。

由此建立的（革命）信仰如果不看持久性的话，比起其他宗教信仰来，在力量上毫不逊色。非唯如此，只要这一信仰还未能走出历史的怪圈，它的力量就不会减弱。并且，时至今日它的影响依然鲜活有力。

大革命的使徒相信法国大革命是对历史的一次大扫除，对此我们万不敢苟同。我们知道，为了实现他们破旧立新的目的，他们公开声称要与过去的一切遗迹彻底决裂，开创一个全新的时代。

但过去并未因此而消失，它反倒更加真切地融入了我们的血液。与他们开天辟地的意图相反，大革命的改革者们依然沉浸在过去之中，并且君主制的传统在改头换面之后继续保留着，而旧制度中的独裁政治和中央集权甚至变本加厉了。托克维尔轻而易举地就向我们证明了法国大革命除了推翻了行将崩溃的制度之外，几乎乏善可陈。[3]

实际上，法国大革命除了破坏之外几乎无所作为，它对此后继续发展的某些思想成果也贡献甚少。大革命所弘扬的博爱和自由从未对人们形成多大的吸引力，但它所倡导的平等却构成了他们的福音：平等是社会主义的支点，是整个现代民主思想演进的枢轴。因此，我们可以说，大革命并没有随着拿破仑帝国的到来而终结，也没有因为继之而来的一系列复辟而终结。大革命不管是明里还是暗里都在逐渐实现自己的目标，并且依然影响着人们的心灵。

对法国大革命的研究占了本书的大部分篇幅，它将向读者表明，叙述法国大革命历史的书籍实际上包含了大量与事实不符的传闻，这或许会消除读者的一些幻觉。

毫无疑问，这些传闻比历史本身更富有生命力，但对此我们不必过于遗憾，或许还有几个哲学家对了解真相颇感兴趣，但人民总是宁愿选择幻想。由于这些幻想聚合了人们的理想，所以它们常常会成为行为的有力动机。丰特内勒曾经说过，人们如果不为虚幻的理想所鼓舞，则往往会失去勇气。圣女贞德、国民公会之伟人、拿破仑皇帝的伟大事迹等等——所有这些令人眩目的关于过去的形象，在经历失败之后的消沉黯淡的岁月里，常常会成为人们希望的源泉。这些形象是我们的父辈留给我们的诸多幻觉遗产的一部分，这些幻觉通常比事实拥有更为强大的力量：不管是梦想、理想，还是传闻——总之，只要是不真实的东西——才是历史的塑造者。

注释

1 指《民族进化的心理定律》一书。——译注，若无特别说明，本书所有尾注均为译注。

2 《乌合之众：大众心理研究》，勒庞最著名的作品，本书中涉及的许多观点都可以参考此书。

3 参见托克维尔的名著《旧制度与大革命》，冯棠译，商务印书馆，1992年版。

第一编

革命的心理因素

第一卷

革命的一般特征

第一章

科学革命和政治革命

一、革命的分类

我们一般都将"革命"一词用于突然的政治变革，但实际上这一措辞可以用来指一切突然的变化，或者是表面上突然的变化，无论信仰、思想还是学说层面。

我们在其他地方已经考察过，理性的、情感的以及神秘主义的因素在意见和信仰——决定人们行为的正是意见和信仰——的起源中所起到的作用，因此，这里就不再赘述了。

一场革命最终可能会变成一种信仰，但它却常常是在相当理性的动机驱使下发动的：或是对苛刻的暴政的反抗，或是对令人憎恶的专制政府的反抗，或是对某个不得人心的君主的反抗，等等。

尽管革命的起源可能是纯粹理性的，但我们千万不能忘记，除非理性转变为情感，否则革命酝酿过程中的理性不会对大众有什么影响。

　　理性逻辑能够指出即将被摧毁的暴政，但是，如果想用它来引导大众恐怕效果不大；只有情感的因素以及神秘主义的因素才能给人的行为动力，才能影响大众。例如，在法国大革命中，哲学家运用理性逻辑来指责旧制度的弊端，激发人们改革的愿望；神秘主义逻辑依靠一个社团，根据某种原则来发展其成员，激发人们的信仰；情感逻辑则释放了人们多少个世代以来一直受到禁锢的热情，并导致最恶劣的放纵；集体逻辑支配着俱乐部、议会等团体和机构，推动其成员的行动，结果使他们犯下了其他任何一种逻辑都不会导致的暴行。

　　无论一场革命的起源是什么，除非它已经深入大众的灵魂，否则它就不会取得任何丰富的成果。于是，历史事件由于大众的独特心理而获得了特殊的形式，而大众运动也因此具备了如此显著的特征，以至只要描述其中的一个我们就可以理解其他的运动。

　　因此，大众是一场革命的工具，却不是它的出发点。大众象征着一种无组织的存在，如果没有人在前面领导它，它就碌碌无为、一事无成。大众一旦接受了刺激，很快就会超越它，但大众不能自己创造刺激。

　　突然的政治革命虽然能给历史学家强烈的震撼，但它通常是无足轻重的；真正伟大的革命是行为方式的革命和思想的革命。因此，变换政府的名称并不会改变一个民族的精神状态，推翻一个民族的制度也不会重塑它的灵魂。

真正的革命，也就是那些改变民族命运的革命，总是进行得如此缓慢，以至于历史学家们甚至很难指出它是从什么时候开始的，因此，"进化"这一说法比"革命"更为贴切。

当我们深入考察大多数革命的起源时，我们会发现，如果要对它们进行分类，我们前面列举的各种要素就显得有些捉襟见肘了。如果仅仅从革命对象这一角度考虑的话，我们可以把它们分为科学革命、政治革命和宗教革命。

二、科学革命 [1]

到目前为止，科学革命是最重要的革命。尽管科学革命很少引起人们的注意，但它却常常能够产生重大而深远的影响，而这是政治革命所不能做到的。因此，我们对它首先加以考虑，尽管我们在这里不能深入地研究它。

譬如，如果说自大革命时代以来，我们的宇宙观已经发生了深刻的变化，那仅仅是天文学上的发现以及试验方法的应用所产生的革命性后果，人们在描述宇宙现象时，不再求助于上帝之类怪诞的想法，而是认为它是受永恒规律支配的。

由于这样的革命进展得极其缓慢，所以可以恰当地称之为"进化"。但还有一些其他形式的科学革命，虽然有同样的效果，但由于它们进展迅速，所以配得上"革命"之名。例如，达尔文的理论，短短数年就颠覆了整个生物学界；又如，巴斯德[2]的发现，使巴氏在有生之年即给医学界带来了革命性变革；再如，物质裂变理论（theory of the dissociation of matter），它向人们表明，以前被视为永恒的原子亦不能摆脱宇宙万物衰变、消亡的法则。

这些发生在观念领域内的科学革命是纯粹知识性的，我们的情感和信仰对它们几乎没有什么影响。人类必须无条件地服从它们，由于它们的结果受到实验的控制，所以它们可以免除一切批评。

三、政治革命

接下来要说一说宗教革命和政治革命，科学革命带来了文明的进步，而宗教革命和政治革命的作用则远远赶不上科学革命，它们之间也没有任何亲缘关系。科学革命的唯一起源就是理性因素，而政治信仰和宗教信仰几乎完全只受神秘主义因素支配，理性对它们起源的影响微不足道。

在《意见与信仰》一书中，我已经详尽地探讨了信仰的两种起源——情感的起源和神秘主义的起源，它表明政治的或宗教的信仰构成了一种精微的无意识信仰行为，不管其外表如何，理性对这种信仰无从施加控制；我同时也证明了信仰往往强烈到这样一种程度，以至没有任何事物可以阻挡它。人一旦受到信仰的催眠，就会变成一个信徒，随时准备为了信仰而牺牲自己的利益、幸福，乃至生命。至于他的信仰是否荒谬绝伦，那已无关紧要；对信徒来说，信仰就是明摆着的事实。对信仰的神秘主义起源坚信不疑使它有了一种神奇的力量，以至于它竟可以完全地控制人们的思想，对于这种力量，也只有时光的流逝才会使它发生改变。

正是由于信仰被视为绝对真理这一事实，使它必然变得不宽容。这就解释了为什么暴力、仇恨和迫害常常是重大的政治革命或宗教革命的伴生物，其中又以宗教改革和法国大革命最为典型。

信仰有情感的和神秘主义的起源，如果我们对此视而不见，我们就无法理解法国历史上的某些阶段。当人们互相交往时，他们不相宽容，不相调和，这都是神秘主义的信仰作用于情感从而体现出来的力量。

如果我们看不到信仰之情感和神秘主义的起源，看不到信仰必然的不宽容性，看不到人们在交往时不可能实现的和解，看不到神秘主义的信仰对情感所具有的强大力量，那么，大革命历史中的某些阶段就依然得不到理解。

上述概念对历史学家来说显得过于新奇，还不足以改变他们的思想，他们试图继续通过理性逻辑来解释那些显然与理性无关的种种现象。

例如宗教改革，在长达半个世纪的时间里淹没了法国，它就不是由理性的影响决定的。然而，甚至是在最近的著作中，人们仍用理性的影响来对它加以解释。比如，在拉维斯先生和朗博先生合著的《通史》中，我们就读到这样一段关于宗教改革的解释：

> 这是一场遍及全国的自发的运动，人们通过各种形式来参与这场运动，从阅读福音书到个人的自由思考——这一切都表明个人可以拥有极为虔敬的道德心和非常大胆的推理能力。

与这些历史学家的断言恰好相反，我们可以肯定如下几点：首先，诸如此类的运动绝不是自发的；其次，理性在其中并没有起到什么作用。

政治信仰和宗教信仰之所以能够拥有撼动世界的力量，恰恰就在于这样一个事实，即它们源自情感的和神秘主义的因素；它们既不是由理性塑造的，也不受理性的引导。

政治信仰和宗教信仰有一个共同的起源，并遵循同样的法则，它们的形成更多地借助了非理性的力量，而不是理性的力量。佛教、伊斯兰教、宗教改革、雅各宾主义、社会主义等，看起来似乎是迥然不同的思想形式，然而，它们却有着相同的情感基础和神秘主义基础，它们遵循的是一种与理性没有任何关系的逻辑。

政治革命可能是由深植在人们头脑中的信仰所导致的，但革命的产生还有许多其他原因，这些原因可以一言以蔽之曰"不满"。只要不满开始普遍化，一个反对派就会形成，它常常可以强大到足以与政府相抗衡的程度。

不满要想发挥作用，必须经过很长一段时间的酝酿和积累，正是因为这个原因，一场革命通常表现为一种连续的状态，其间它的演化有加速之势，而不会是那种一个阶段结束，另一个阶段接踵而至的现象。但是，几乎所有的当代革命都是突然爆发的运动，它们顷刻之间就导致政府垮台，比如，巴西、葡萄牙、土耳其以及中国的辛亥革命都是如此。

与我们通常的看法相反，那些非常保守的民族往往热衷于最激烈的革命。恰是因为其保守，所以他们才不能接受缓慢的进化，不能适应环境的各种变化，所以，当矛盾变得过于激烈时，他们常常倾向于猝变。这种突然间的进化就成为一场革命。

即使那些适应渐进演化的民族，也并不总是能够避免革命的发生。比如，在英国，君主寻求个人的绝对权力，而人民则主张以代表为媒介实现自主。这场斗争拖拖拉拉近一个世纪，直到1688年，才通过一场革命对此做了一个了断。

大的革命通常都是由上层人士而不是下层人民引发的。但是，一旦人民挣脱了枷锁，革命的威力就属于人民了。

很明显，如果离开了军队中非常重要的那一部分人的支持，革命过去不会发生，将来也不会发生。并不是在路易十六被送上断头台的时候，王权在法国才开始崩塌，早在国王的军队拒绝保护他的那一刻起，王权就已经不存在了。

军队渐生叛意，对现存秩序的存亡无动于衷，正是通过精神传染这种方式达到的。尽管希腊和土耳其这两地制度并无类似之处，但是，当少数军官的联合成功地推翻了土耳其政府时，希腊军官便密谋步其后尘，改组希腊政权。

一次军事行动也许能够推翻政府——比如，在前西班牙殖民地的拉美各共和国，其政府几乎无一例外都是被军事政变推翻的；但是如果革命想取得重大成效，就必须依赖普遍的不满和普遍的希望。

除非不满是普遍而强烈的，否则仅仅是不满还不足以引发一场革命。领着一伙人进行劫掠、破坏和屠杀当然不难，但是，要发动整个民族，或一个民族的大部分人，则非得革命领导人具有坚韧持久的勇气、百折不挠的精神。他们夸大不满，向愤愤不平的人们灌输，当前的政府是一切苦难，尤其是当前的饥馑的唯一根源，并信誓旦旦地向人们保证，他们所提议的新制度将造就一个幸福的时代。借助暗示和传染这两种途径，这些思想得以萌发、传播，一旦时机成熟，革命也就水到渠成了。

　　基督教革命和法国大革命正是通过这种方式酝酿成熟的，只不过后者用了几年时间就完成了，而前者则颇费时日。之所以如此，是因为法国大革命很快就有了一支可供自己支配的军队，而基督教则花费了很长时间才赢得物质权力。开始时，基督教仅有的信徒就是下等人、穷人或奴隶。他们满怀热情，憧憬着自己今生悲惨的生活能换取来世的幸福。历史不止一次地向我们证明，通过自下而上的传染，教义最终扩散到一个国家的上层。但是，在一国之君认为新的宗教信徒众多到足以接受其为国教之前，肯定要经历很长一段时间。

四、政治革命的结果

　　当一个政党取得胜利时，它很自然地就会根据自己的利益来组织社会。至于把社会组织成什么样，这得视革命是受士兵、激进主义者，还是保守主义者等的影响而定。新的法律和制度将取决于获胜党派以及支持它的社会阶级的利益，比如说教士的利益。

　　如果革命是通过纯粹的暴力斗争而取得胜利的——法国大革命就属于这种情况，那么胜利者将全盘否定旧的法律体系，已经倒台的旧制度的支持者将受到迫害、流放或消灭。

获胜的党派除了要保护自己的物质利益之外，还要捍卫自己的信仰，因此，在这些迫害中所使用的暴力就会达到极致，那些被征服者休想得到一丝怜悯。这或许可以解释为什么西班牙要驱逐摩尔人，宗教裁判所要对异教徒施以火刑，国民公会要实行严刑酷法，以及为什么法国最近要颁布法律禁止宗教集会了。

胜利者所拥有的绝对权力有时会导致他们采取极端的措施，例如，国民公会就曾颁布法令用纸币代替金币，对商品进行限价等。不久，它就在生活必需品的限价上碰了壁，对它的非难之声四起，到大革命行将结束的时候，它几乎已经成了一纸空文。同样的事情最近也发生过，澳大利亚的一个几乎完全由工人组成的社会党内阁颁布的法律是如此荒谬，竟一切以工会的特权为准，结果遭到公共舆论的一致谴责，不到三个月，这个内阁就倒台了。

不过，我们所考虑的这种情况一般都属于例外，大多数革命都是以一个大权在握的新元首之确立而告终。这个新元首深知，若要维持他的权力，首先就不能只考虑某一个阶级的利益，而应该折中调和，兼顾各方。为了达到这一目的，他必须在各种势力之间建立一种平衡，以免受制于任何一个阶级。允许某个阶级坐大无异于听任自己大权旁落，卧榻之侧岂容他人酣睡？这是政治心理学中最确凿无疑的定律之一。法国历代的国王都深谙此道，他们励精图治，积极巩固王权，先是抵制了贵族的侵蚀，随后又削弱了教士的势力。只有这样，他们才避免了重蹈中世纪德意志皇帝不幸命运的覆辙，没有像亨利四世，被教皇革出了教门，名誉扫地，最后不得不前往卡诺萨觐见教皇，谦恭地乞求他的宽宥。[3]

同样的法则在历史进程中不止一次地得到印证。在罗马帝国末期，军事集团炙手可热，煊赫一时，皇帝得完全依靠他的士兵，其存亡废立悉取决于他们的意愿。

因此，对法国来说，长期地由一个几乎拥有绝对权力的君主来统治未尝不是一个巨大的优势，由于这样的君主以君权神授为依托，所以他享有极高的威望。没有这样一种权威，他就不可能钳制封建贵族、教士乃至议会的势力。如果波兰在 16 世纪末也拥有一个既具有绝对权力又能受人尊敬的君主，那么，它就不至于日渐衰微以致从欧洲的地图上消失了。

在这一章中，我们业已揭示了政治革命可能伴随的重大社会变革。接下来，我们就要看一看，同宗教革命所带来的变革相比，它们显得多么无足轻重。

注释

1 关于科学革命，可参见［美］科恩：《科学中的革命》，鲁旭东等译，商务印书馆，1998 年版。

2 巴斯德（Louis Pasteur，1822—1895），法国化学家、微生物学家。

3 德意志国王兼神圣罗马帝国皇帝亨利四世（Henry IV，1050—1106）和教皇格列高利七世（Gregory VII，约 1020—1085）是著名的主教叙任权之争（The Investiture Controversy）中的两个主角，1076 年，双方的斗争激化，教皇打算将亨利革出教门，德意志诸侯乘机群起反对皇帝，亨利四世被迫前往卡诺萨觐见逗留在那里的教皇，请求得到宽宥。但其后不久，亨利即东山再起，成功地废黜了格列高利。

第二章

宗教革命

一、宗教革命与政治革命

本书的任务之一就是探讨法国大革命，这场革命既然充满了暴力行为，那么它自然有其重要的心理原因。

那些出人意料的历史事件常常让我们大吃一惊，从何而起，缘何而终，着实让人觉得不可思议。就拿法国大革命来说，如果我们将其视为一种新的宗教，那它就一定遵循所有宗教传播的法则。如果从这点来看，先有群情激奋，后有血腥杀戮，其前因后果就让人恍然而有所解了。

在研究一次重大的宗教革命的历史，比如宗教改革的历史过程中，我们会看到，一些法国大革命中异常活跃的心理因素在这里同样发挥了重要作用。在这两种革命中，我们可以观察到同样的现象：在信仰的传播过程中，理性的价值是多么无足轻重；迫害尽管起不了什么作用，却从未间断；相互对立的信仰之间几乎无法实现宽容；不同信念之间的冲突引发了可怕的暴力和殊死的斗争。我们同时也看到，与信仰完全无关的利益是如何借助一种信仰被掠夺的。最后，我们还会得出一个这样的结论，就是如果不同时改变人的生活状态，就无法改变他们的信念。

通过这些现象的印证，我们就会明白，大革命福音的传播方式何以与一切宗教福音，尤其是加尔文教福音的传播方式毫无二致，它根本就没有其他的传播方式。

不过，虽然像宗教改革这样的宗教革命和法国大革命这样的重大政治革命，在起源上是如此相近，但它们的长远后果却迥然有别，这就可以解释为什么它们会表现出不同的持久力。在宗教革命中，没有任何经验可以向信徒们揭示他们受到了欺骗，因为他们非得进入天堂才能验证；而在政治革命中，一种虚假教条的错误很快就会大白于天下，经验迫使人们不得不抛弃它。

因此，到督政府统治末期，雅各宾主义信仰的实施导致法国陷入了一种毁灭、贫困和绝望的境地，以致最疯狂的雅各宾主义者自己都不得不弃绝他们的那套体系。他们的理论除了少数几条无法得到经验证明的原则——诸如平等会给人类带来普遍的幸福等等——之外，已经荡然无存了。

二、宗教改革的开始和它的第一个信徒

宗教改革对人类的情感和道德产生了深远的影响，然而其朴素的初衷仅仅是为了反对教士的恶习。事实上，宗教改革只是对福音书的回归，它从未奢求那些自由的思想，加尔文并不比罗伯斯庇尔更宽容。实际情况是，在那些实行了宗教改革的国家，仅仅是君主代替了罗马教皇，君主给人们的权利并不比以前多，他所行使的权力也并不比以前少。

在法国，借助宣传和交流的手段，新信仰开始慢慢地传播。大约是在1520年，路德招募了一批专家，而且直到1535年，新信仰才得到广泛的传播，人们认识到了皈依此种信仰的必要性。

遵照人所熟知的心理学规律，这些行为仅仅是有利于宗教改革的传播。宗教改革的第一批信徒包括牧师和地方官员，但是，主要是一些对这些信条含混不清的手工业工人。他们改信新教几乎完全是传染和暗示的结果。

一旦新的信条得到传播，我们就会看到，聚拢在这一信条周围的是一群鱼龙混杂的人物，他们对新教教条漠不关心。但是，这些人都找到了借口或机会以满足他们的热情或贪婪。这种现象在实行宗教改革的诸国比比皆是，而以德国和英国为甚。路德宣称教士没有拥有财产的需要，德国的封建领主则从这一信条中受益，因为这使他

们可以名正言顺地攫取教会的财产。亨利八世更是以同样的手段发家，那些常受教皇骚扰的君主们则对那些政教分离的教义窃喜。宗教改革并没有削弱统治者绝对专制主义（absolutism of rulers）的影响，反而增强了它。

三、宗教改革教义的理性价值

宗教改革颠覆了整个欧洲，法兰西也就跟着倒了霉。在接下来的50年中，它成了一个战场。从理性的观点来看，从来没有哪一个事业能产生如此重大的影响。这儿有数不清的事实可以证明，信仰是独立于所有理性而传播的。正像我们从加尔文那里看到的，神学的教义虽然能唤醒人们如此高涨的热情，却经不起理性逻辑的检验。

深受"救赎理论"（salvation）的影响，路德对恶魔有一种格外的恐惧。他知道，忏悔无济于事，于是，他就千方百计地寻找一种万无一失的手段来"讨好"上帝，以逃过炼狱之灾。从抨击教皇贩卖"赎罪券"（sell indulgences）开始，路德就不但否认了教会的权威，而且也否认他自己的权威。路德谴责宗教仪式、忏悔、圣徒的礼拜，并宣扬基督徒"唯信称义"，他还认为每个人只能蒙上帝的恩惠而得救。

这被称为预定论（predestination）的最后一条教义连路德都摸不准，却被加尔文清晰地表述了出来。加尔文认为多数新教徒在上帝面前都是微不足道的。根据这项由他奠定的教义，"一些人将受火刑而死，另一些人则得救，这在全能的、永恒的上帝那里是注定的"。为什么会有如此天壤之别呢？原因只有一个，那就是"上帝的意志"。

从这一点来看，加尔文不过是发展了圣奥古斯丁的某些见解：全能的上帝创造了人类，有些人注定要在来世饱受炼狱之苦，对于他们的功行和美德是全然不必考虑的。如此令人厌恶的思想显然是精神错乱之作，但它却在这么长的时间里使这么多人为之折服，实在叫人匪夷所思。更不可思议的是，甚至时至今日，此种情况仍有过之而无不及。[1]

---

[1] 预定论的教义仍然在新教的问答集中出现，它从官方问答集最新版本中选取某些部分来证明其正当性。

"按照上帝的定旨（圣定），为了彰显上帝的荣耀，有些人和天使被选定得永生，其余者被预定受永死。

"上帝如此选定和预定的这些天使和人，都是经过个别又不可变的计划，而且他们的数目是如此确定，既不可增，又不可减。

"在人类中蒙上帝选定得生命的人，是上帝从创立世界以前，按照他永远与不变的目的，和自己意志的隐秘计划和美意，已经在基督里拣选了（他们）得到永远的荣耀。此选定只是出于上帝自由的恩宠与慈爱，并非由于上帝预见他们的信心、善行，或在信心与善行中的耐久性，或以被造者其他任何事作为上帝选定的条件或动因，总之这都是要使他荣耀的恩典得到称赞。

"上帝既指定蒙选召者得荣耀，所以他便借着他自己意志的永远与最自由的宗旨，预定了达此目的的一切手段。蒙选召者，虽在亚当里堕落了，却被基督所救赎；到了适当的时候，由于圣灵的工作，选召他们对基督发生有效的信心；被称为义，得儿子的名分，成圣，借着信，得蒙他能力的保守，以至得救。除了蒙上帝选召的人以外，无人被基督救赎，蒙有效恩召，称义，得儿子的名分，成圣与得救。"（本段译文参考了赵中辉翻译的《基督教信仰告白》。——译注）

加尔文的心理与罗伯斯庇尔的心理并不是没有亲缘性，同后者一样，加尔文自以为掌握了绝对真理，对于那些拒不接受其教条的人，他毫不怜悯地把他们处死，对此，加尔文声称，上帝要求"我们在捍卫上帝的荣光时，哪怕毁掉所有人都在所不惜"。[1]

加尔文及其信徒的例子表明，从理性的角度来看再悖谬不过的事情，在那些受到信仰之蛊惑的大脑看来也是极为正常的。根据理性逻辑，将一种道德建立在预定论基础上似乎是不可能的，因为，人们无论做出什么样的努力都无法避免要么获得拯救，要么受到审判的命运。然而，加尔文却毫不费力地在这个完全非理性的基础上建立了一种非常严格的道德。他的信徒以上帝的选民自居，他们的自豪感和尊严感是如此强烈，以至于他们觉得必须以自己的行为作为楷模。

四、宗教改革的传播

新信仰不是通过演说来传播的，更不是通过论证来传播的，而是通过我们前述作品中描述的机制，也就是通过断言、重复、精神传染以及大造声势，在后来的岁月中，革命思想以同样的方式在法国传播开来。

诚如我们已经指出的，对信徒的迫害只能促进新信仰的传播，每一次迫害之后都会有人接受新的信仰，就像我们在基督教早年的经历中所看到的。市政议员阿内·迪堡被判火刑，就在他走向火刑柱的时候，他还规劝围观的群众改信新教，一位目击者说："比起加尔文的著作来，他坚定不移的信念让更多大学中的年轻人皈依了新教。"

为了阻止他们向人群布道，他们在被烧死之前都被割掉了舌头；为了加强对他们的折磨，在行刑时还给他们缚上一条铁链，这样在把他们投入烈火中后，行刑的人可以再把他们拖出来，反复施虐。

但是没有什么能使新教徒退缩，反而让他们觉得烈火的考验是一种解脱。

1535年，弗朗索瓦一世放弃他先前的宽容态度，下令在巴黎同时设下六处火刑场来惩罚新教徒，而正如我们所知，国民公会在同一座城市中只设了一架断头台，而且受难者的痛苦也没那么惨烈。殉教基督徒的大无畏精神亦早已有目共睹。我们现在已经知道，在其信仰的催眠作用下，信徒们可以变得完全无所畏惧。

新宗教得到了迅速的传播，到1560年，在法国就已经有了2000多座新教教堂，许多大的领主一开始还无动于衷，但后来也转信了新教。

五、不同宗教信仰间的冲突：宽容的不可能

我已经说过，不宽容是强势宗教信仰的必然伴生物。

政治革命和宗教革命为我们提供了这一事实的大量证据，从中我们亦可发现，同一宗教内部不同教派之间的不宽容，比起那些差距很大、互不熟悉的宗教——比如基督教与伊斯兰教——之间的不宽容来，要有过之而无不及。实际上，如果我们仔细考察一下长期以来把法国搞得四分五裂的那些教派，我们就会发现，除了一些细枝末节之外，它们并没有多大差异。天主教和新教都信仰同一个上帝，唯一的区别就在于信仰方式的不同。要是理性能对他们的信仰产生一点作用的话，那么，他们很容易就会明白，对上帝来说，以这种方式还是那种方式崇拜他，是无关紧要的。

理智对那些狂热的大脑起不了任何作用，新教与天主教之间继续爆发持久而激烈的冲突，历代君主试图让他们实现和解的努力都付诸东流。卡特琳·德·梅迪奇[2]看到，虽然一再遭到镇压，但新教的势力却还是与日俱增，并吸引了相当数量的贵族和地方官员。为了促成双方的和解，王后于1561年召集主教和牧师在普瓦西举行宗教会议，就两种教义的融合问题进行讨论。尽管王后精明过人，但这一计划只能说明王后对神秘主义逻辑的法则一无所知，在人类历史上还没有一种信仰因为被辩驳而毁灭或减弱的先例。卡特琳甚至没有想过，个人之间的宽容虽然困难重重，但毕竟是可能的，而集体之间的宽容根本就不可能。她的努力最后以失败告终，与会的神学家们唇枪舌剑，并对对方的首领百般侮辱，但没有一个人发生动摇。此后，卡特琳还在 1562 年颁布一项敕令，允许新教徒以自己的方式公开集会，举行礼拜仪式。

从一种哲学的立场来看，这种宽容诚然可贵，但从政治的角度看，却是不明智的，它除了进一步激怒双方之外，一无所获。在法国新教势力最为强大的米迪地区，新教徒大肆迫害天主教徒，企图通过暴力迫使他们改宗，如果不能得逞，就割断他们的喉管，并且洗劫他们的教堂。在天主教的势力范围内，对新教徒的迫害亦不相伯仲。

这样的对抗不可避免地引发了内战，这就是所谓的宗教战争[3]。在很长一段时间里，法国饱受兵燹之灾，血流成河，城市被劫掠，居民遭屠杀。宗教冲突和政治冲突所特有的那种残酷本性在战争中表现得淋漓尽致，这一场景在多年以后的旺代战争[4]中再次出现。

老人、妇女和儿童，统统遭到杀戮。有个叫多普德的男爵就是一个典型，他是艾克斯市议会的第一任议长，在十天的时间里，他残忍地杀害了 3000 人，毁坏了 3 座城池、22 个村庄；一个叫蒙吕克的人则可以称得上卡里埃[5]的先驱，他把加尔文教徒悉数扔入井中，直到井被填满为止。新教徒也仁慈不到哪里去，他们甚至连天主教的教堂也不放过，他们大肆毁坏坟墓和塑像，其行径与国民公会的代表们对待圣丹尼斯王家墓地的行为如出一辙。

在诸多错综复杂的矛盾的影响下，法国在亨利三世统治时期就已经变得四分五裂，它被肢解成一些小的市政共和国，邦国林立，各自为政，王室的权威荡然无存。布卢瓦邦直接向被迫逃离首都、寻求避难的亨利三世提出自己的要求。1577年，旅游家利波马诺游历法国时，看到一些重要的城市，如奥尔良、图尔、布卢瓦、普瓦捷，已经完全被毁坏，大大小小的教堂成了一片废墟，墓地也是七零八落、狼藉不堪。这一场景与督政府统治末期的法国没什么两样。

这一时代的诸多事件中，1572年发生的圣巴托罗缪之夜大屠杀[6]或许杀人不是最多的，但却给人留下了最为灰暗的记忆。历史学家认为，是卡特琳·德·梅迪奇和查理九世下令发动了这场大屠杀。

我们不需要有多少深刻的心理学知识就能明白，没有哪个统治者会发布这样的命令。圣巴托罗缪之夜大屠杀不是王室的阴谋，而是大众犯下的罪行。当时，卡特琳·德·梅迪奇相信，有四五个新教徒首领正在策划一场威胁到她以及国王生命的阴谋，于是她就根据当时通行的做法，派人刺杀他们。巴蒂福尔先生对随之而来的大屠杀做了很好的解释，他写道：

> 一听到这个消息，马上谣言四起，满城风雨：整个巴黎的胡格诺教徒都要被处死。于是，天主教贵族、卫队的士兵、弓箭手以及普通民众——一句话，所有的巴黎人，纷纷冲上街头，手持利刃，随时准备参与屠杀。"杀死胡格诺教徒！杀死胡格诺教徒！"叫嚣

声一时响彻街头，大屠杀就这样爆发了。那些胡格诺教徒或被击毙，或被溺杀，或被绞死，凡是被怀疑为异教徒的人都惨遭厄运，在巴黎，有两千多人被杀。

通过传染的作用，外省群众纷纷效尤，有六千到八千名新教徒惨遭杀害。

当时间冷却了人们的宗教狂热之后，所有的历史学家，甚至包括天主教历史学家，只要提起圣巴托罗缪之夜大屠杀，无一不表示强烈愤慨。这就告诉我们，一个时代的人要想理解另一个时代的人的精神状态是何等困难。

圣巴托罗缪之夜大屠杀在当时非但没有受到责难，反而在整个欧洲的天主教信徒中激起了一种难以描述的狂热。（西班牙的）菲利普二世闻此消息之后，欣喜若狂；给法国国王的贺信纷至沓来，其热烈程度远胜于他赢得了一场伟大战争的胜利。

没有谁比教皇格列高利十三世对此更兴高采烈了，为了纪念这一大快人心的事件，他让人铸造了一款金牌，[1]点

---

[1] 金牌必须广为传播，在国家图书馆（Bibliotheque Nationale）就有三块，一块是金的，一块是银的，还有一块是铜的。这块金牌一面铸着格列高利，另一面则显眼地刻着手持利剑的胡格诺教徒。金牌背面的花纹与边缘之间则铭刻着 "Ugonotorum Strages"，也就是 "屠杀胡格诺派"。（根据西塞罗或李维的解释，"Strages" 可译为残杀或大屠杀；如果根据维吉尔或塔西佗的解释，则可译为灾难、毁灭等。）

起狂欢的焰火，鸣炮祝贺，并多次集会，举行庆典。他还命令画家瓦萨里在梵蒂冈教廷的墙壁上绘制出大屠杀的主要场面以资纪念。此外，他还遣使至法国，对法王的善举通令嘉奖。此类历史细节有助于我们理解信徒的心理、大恐怖时期，雅各宾主义者的精神状态就非常类似于格列高利的。

新教徒对这样一场大屠杀自然不会善罢甘休，他们奋起反抗，直到1576年，亨利三世被迫通过《博利厄赦令》[7]，赋予他们完全的信教自由、对八个城市的占领权，并且，在议会中天主教徒与新教徒各占一半议席。

这些勉强的让步并没有带来真正的和平，以吉斯公爵[8]为首领的天主教同盟开始形成，双方的冲突愈演愈烈，不过，它并没有一直持续下去。我们知道，亨利四世在1593年宣誓脱离新教，后来又颁布了《南特赦令》，终于暂时结束了这场战争。[9]

这场斗争虽然暂时平息了，但并没有终结。在路易十三统治时期，新教徒依然没有偃旗息鼓。1627年，黎塞留[10]被责成围攻拉罗谢尔，杀戮新教徒15000人。后来，更多地出于政治上而不是宗教上的考虑，枢机主教还是对新教徒表示了难得的宽容。[11]

这种宽容没有持续多久，只要一方觉得自己有能力将对方压垮，那么，相互对立的信仰之间就不会达成和解，除非双方鱼死网破、两败俱伤。到路易十四时代，新教徒的势力已经大为削弱，他们不得不放弃斗争，但求和平相处。此时，他们的数量在1200000人左右，拥有600多座教堂和大约700位本堂牧师。

在天主教牧师看来，在法国这片土地上继续存在异教徒是不能容忍的，他们殚精竭虑，以各种方式迫害这些异教徒。由于这些迫害收效甚微，于是，路易十四在1685年再次求助武力，派出龙骑兵大肆追捕新教徒，使许多人惨遭屠戮，但没有更大的收获。在天主教牧师尤其是博絮埃[12]的压力下，路易十四收回了《南特赦令》，新教徒被迫走上绝路：要么改变信仰，要么离开法国。这一悲壮的移民运动持续了很长时间，据说，大约有400000名法国人远走他乡。这些移民都是些品德高尚之士，他们遵从了自己的良心，置物质利益于不顾，毅然踏上了背井离乡的不归之路。

六、宗教革命的结果

如果仅仅根据宗教改革这段灰暗的往事来判断宗教革命，我们就不得不承认宗教革命是一个巨大的灾难。但也不可一概而论，有些宗教革命就对文明产生了相当大的影响。

这些宗教革命通过实现精神统一，极大地增进了一个民族的物质力量。比较突出的就是伊斯兰教，我们看到，由穆罕默德建立的这种新的信仰，一下子将阿拉伯那些弱小贫困的部落改造成一个强悍的国家。

这样一种新的宗教信仰并不只限于追求一个民族的统一，它取得了以往任何一种哲学、任何一部法典都不可能实现的效果：它明显地改变了那些几乎是不可变更的要素，即一个民族的情感。

人类有史以来最伟大的宗教革命——基督教的诞生就充分地证明了这一点，我们看到，它抛弃了一切异教的信仰，代之以一个来自加利利[13]平原的上帝，新的理想要求人们为了获得天堂中永恒的幸福，必须放弃一切世俗的欢乐。毫无疑问，这样一种理想很容易为那些穷人、奴隶以及被剥夺了所有此生幸福的人所接受，在他们看来，一种毫无希望的生活即将为美好的未来所取代。操行上一丝不苟的生活既容易为穷人所信奉，也好为富人所接受。这正是新的信仰所展现的力量。

纵观基督教诞生以来2000年的历史，我们看到，基督教革命不但改变了人们的生活方式，而且对文明的进程产生了极其深远的影响。宗教信仰随即征服了文明的一切要素，并使之自然而然地适应了宗教，这样，文明就发生了迅速的转变。作家、艺术家以及哲学家只不过是用符号在他们的作品中表达了这种新信仰。任何一种宗教信仰或政治信仰一旦取得了统治地位，非但理性对它起不了任何作用，反而是它会寻找理由来迫使理性为这种信仰做出解释和合理性证明，并企图把它强加于人。在摩洛神[14]流行的时代，大概也会有不少神学家和布道者大谈特谈以人为祭的必要性，这与其他时代的人们盛赞宗教裁判所、圣巴托罗缪之夜大屠杀以及大恐怖时期的屠杀如出一辙。

我们千万不要指望那些拥有坚定信仰的民族能够欣然地接受宽容。在古代社会中，只有多神论者才会保持宽容。在当前这个时代中，实行宽容的国家正是那些可以被恰当地称作相信多神论的国家，比如英国和美国，它们已经分裂成不计其数的小教派。在同一名义下，他们实际上信奉着相去甚远的神祇。

信仰的多样性既导致了这种宽容，同时也削弱了信仰。于是，我们就碰到了一个至今尚未解决的心理学难题：如何在保持坚定信仰的同时坚持宽容？

以上我们简要地揭示了宗教革命所扮演的重要角色和信仰的巨大力量，虽然它们的理性价值微乎其微，但它们却塑造着历史，为各民族提供凝聚力或力量，使他们不再是一盘散沙。人类在任何时候都需要宗教和信仰来指导自己的思想，引导自己的行为，至今还没有哪一种哲学能够替代它们。

注释

1 加尔文的神权专制统治，可参见［奥］斯蒂芬·茨威格：《异端的权利》，赵台安、赵振尧译，三联书店，1986 年版。

2 卡特琳·德·梅迪奇（Catherine de Medicis，1519—1589），法国著名政

治家，法国国王亨利二世之妻，弗朗索瓦二世、查理九世和亨利三世之母，长期担任摄政，当政期间曾推行改革，捍卫王权，平息宗教冲突。

3 法国宗教战争以 1562 年的瓦西镇屠杀为序幕，其间虽有间断，但先后持续了 36 年，直到 1598 年亨利四世颁布《南特赦令》（The Edict of Nantes）为止。

4 旺代战争（The Wars of La Vendée），1793—1796 年发生在法国西部的反革命叛乱，最重要的一次发生在 1793 年，其间大约有 15000 名叛乱分子在战斗及屠杀战俘的行动中丧生。

5 卡里埃（Jean-Baptiste Carrier，1756—1794），法国大革命时期著名的激进派和恐怖分子，雅各宾俱乐部和哥德利埃俱乐部主要成员，1792 年进入国民公会，在布列塔尼、南特等地任特派员期间曾犯下多起暴行，在热月反动后受到审判，其劣迹参见本书第二编第二卷第 5 章第 3 节。

6 圣巴托罗缪之夜（St. Bartholomew's day），1572 年 8 月 23 日夜至次日凌晨，天主教徒对前来巴黎参加纳瓦尔的亨利和瓦卢瓦的玛格丽特婚礼的胡格诺派教徒突然发动袭击，杀死了 2000 余人，其中不少是胡格诺教派的著名显贵。事后，外省的天主教派竞相效尤，血案迭起，惨遭杀戮的胡格诺教派于是在南方公开组织分裂性的政治同盟，与中央王权对抗。

7 《博利厄赦令》（The Edict of Beaulieu），1576 年由法王亨利三世在博利厄颁布，该赦令赋予胡格诺教徒宗教自由和担任公职的权利，结束了第五次宗教战争。

8 吉斯家族是 16 世纪宗教战争期间在法国扮演主要角色的家族，这一家族拥护天主教，坚决反对加尔文宗的胡格诺派。这里的吉斯公爵是指亨利·吉斯（Henry Guise，1550—1588），他曾借助天主教同盟（The Catholic League）反对国王亨利三世，以及后来成为国王的胡格诺派领袖纳瓦尔的亨利（亨利四世），这一角逐在历史上被称为"三亨利之争"。

9 亨利四世（Henri IV，1553—1610），法国波旁王朝的第一代国王，胡格诺派教徒的保护人。他原是纳瓦尔的国王，通过联姻取得法国国王的继承权。法王亨利三世去世后，他在夺取王位的斗争中为了获得法国天主教徒的支持在 1593 年宣誓脱离新教；1598 年他颁布著名的《南特敕令》，规定新教徒有信仰自由，并可以担任公职，召开宗教会议。

10 黎塞留（Richelieu，1585—1642），法国枢机主教和政治家，法王路易十三的首席大臣，他擅权巩固了君主专制统治，并参加三十年战争，扩张了法国的势力。

11 路易十三统治初期，天主教徒与胡格诺教徒纷争再起，胡格诺派控制的城市拉罗谢尔要求享有完全主权，路易与黎塞留率军征讨，1627 年，该城被迫投降，得到黎塞留的宽大对待，其他新教徒占领的一些城市相继归降。1629 年，黎塞留政府颁布《恩典敕令》（The Edict of Grace），该敕令废除了《南特敕令》给予胡格诺派的一切政治特权，但允许新教徒继续享有宗教自由，从而结束了这一时期的宗教冲突。

12 博絮埃（Bossuet，1627—1704），又译鲍修哀，法国主教和历史学家，他支持路易十四，鼓吹绝对君权。他并未参与撤销《南特敕令》的决定，但他拥护国王的政策，不过他也反对迫害新教徒。

13 加利利（Galilee），巴勒斯坦北部一多山地区，为耶稣的诞生地。

14 摩洛神（Moloch），古代近东各地所信奉的神灵，信徒以儿童为牺牲向他献祭。

第三章

革命中的政府行为

一、革命时代政府的虚弱抵抗

许多现代国家，如法兰西、西班牙、意大利、奥地利、波兰、日本、土耳其、葡萄牙等等，在上一个世纪中革命迭起，其典型特征之一就是革命之发生有迅雷不及掩耳之势，而作为革命对象的政府则被轻而易举地推翻。

在现代社会中，传播消息的渠道更加便捷，这使得精神的传染变得异常迅速，因此，革命的突发性不难理解。然而，一旦遭到革命的袭击，政府只能做出微弱的抵抗，这就让人感到不可思议了。它向我们表明，政府由于对自己的力量过于自信，盲目乐观，结果根本无法理解和预见革命的发生。

不过，颠覆政府如探囊取物并不是什么新现象，历史已经不止一次地向我们证明了这一点：它不但发生在那些通常被宫廷政变推翻的独裁体制中，而且也会发生在那些得到公共舆论和人民代表支持的政府身上。

在这些迅速崩溃的体制中，一个最为显著的例子发生在查理十世颁布《四项赦令》[1]之后。正如我们所知道的那样，国王仅在四天之内就被推翻了。查理十世的首相波里尼雅克几乎没有采取任何防范措施，国王本人也自信巴黎平安无事，于是就外出狩猎了。同路易十六时代一样，军队丝毫没有反叛之意，但由于指挥失误，结果在一小撮起义者的进攻面前显得不堪一击。

路易-菲利普[2]在他统治时期并无独裁专制之举，但依然在顷刻间倒台，这就使得他的例子更具有典型性。这位国王并没有像查理十世那样最终陷入四面楚歌的境地，他的倒台起因于一场本来可以轻而易举地镇压下去的不起眼的小暴动。

一个以装备精良的军队为后盾的、根基稳固的政府何以如此轻易就被少数几个揭竿而起的乌合之众推翻呢？历史学家对此百思不得其解，于是，他们顺理成章地把路易-菲利普的倒台归咎于某些所谓"深层"的原因。实际上，这里并没有什么玄奥，那些被委以防守之职的将军们的无能就是国王倒台的真正原因。

在可资引用的例子中，这个案例最富教益，因此，它值得我们花些工夫去思考。在这一案例中，埃尔兴根将军亲历其中，以亲眼所见记录下当时的情况。根据埃尔兴根将军所做的记录，博纳尔将军进行了深入的调查。当时在巴黎有3.6万名士兵，但软弱无能的军官们根本无力指挥他们。不但发出的命令相互矛盾，而且，最为危险的是，普通民众竟被允许混杂于军队之中，以至于后来军队拒绝向民众开枪。就这样，几乎没有进行什么战斗，起义就成功了，国王被迫退位。

正是把大众心理学的知识运用到上述事件中，博纳尔将军向我们揭示了，导致路易-菲利普倒台的暴动，实际上很容易就可以控制住。特别是他证明了，如果那些指挥官能够处乱不惊的话，只需要派出一支非常小的军队就可以阻止起义者闯入议会，而当时的议会主要由保王派组成，他们必然会宣布由巴黎伯爵在其母摄政下继承王位。[3]

类似的现象也发生在西班牙革命和葡萄牙革命中。

这些事实表明，在一些翻天覆地的重大事变之中，常常会有微不足道的小事，事变因之而起，小事于其中错综影响，其作用不可等闲视之；它同时告诉我们，对于普遍的历史规律，不可妄下断言。如果路易-菲利普不是被暴乱推翻，我们可能就看不到1848年的共和国、1852年的第二帝国，也就没有什么色当之役的惨败、普鲁士入侵，当然就不会有阿尔萨斯被割占的事了。

在我刚刚提到的那些革命中，军队在捍卫政府的过程中都没有起到多大作用，但它也没有背叛政府。有时也会出现相反的情况，即常常是军队引发了革命，土耳其和葡萄牙就是如此。在拉丁美洲的各共和国中，军队更是进行了无数次的革命。

当革命受到军队的影响时，新的统治者必定处在军队的支配之下。罗马帝国末期，皇帝的存亡废立皆取决于军人，就是一个典型的例子，我在前文业已提到这一点，在此不赘述。

这一点在当今亦可得到验证，下面的这段话就是从报纸上关于希腊革命的新闻中摘录下来的，它告诉我们一个处在军队支配之下的政府会变成什么样子：

> 某天，80名海军军官宣布，如果政府不解除那些受到他们指控的领导人的职务的话，他们将集体辞职。还有一次，一个属于王储的农场（梅泰里）里的农民要求瓜分土地。海军的抗议针对的是政府晋升佐尔巴斯上校的许诺。于是，佐尔巴斯上校在与海军上尉台帕多斯进行了一个星期的磋商后，决定撤换参议院的议长。在此期间，市政联盟诋毁了海军军官，一名代表谴责，这些军官及其家属都应该以强盗论处。当指挥官米亚乌利斯下令向叛乱者开枪时，那些曾经唯台帕多斯马首是瞻的士兵却在阵前倒戈。古希腊时代地米斯托克利[4]与伯里克利[5]之间的那种默契已经一去不复返了。

如果没有军队的帮助或者至少是中立的话，那么，一场革命通常很难取得胜利，但是，在军队还没有介入时，革命就已经发生的情形则更为常见，如法国1830年革命、1848年革命以及1870年革命。在1870年革命中，色当投降使法国人蒙受了巨大的耻辱，人们一举推翻了第二帝国。

大多数的革命都发生在首都，随后又传染蔓延到全国，但也不尽然。我们知道，在法国大革命期间，旺代、布列塔尼和米迪等地就是自发起来反抗巴黎的。

二、政府的抵制如何才能克服革命

我们已经看到，在上面所列举的这些革命中，大多数的政府都由于自身的软弱而毁灭，面对革命，政府几乎毫无招架之力。

但并不是所有政府在革命面前都是无所作为的。发生在俄国的革命就表明，只要政府积极采取防范措施，扼制革命并最终取得胜利不是不可能的。

对一个政府来说，没有什么比革命更具有威胁了。在东方遭到惨败[6]之后，长期处在极端专制统治之下的俄国社会各阶级——包括一部分军队和舰队，纷纷揭竿而起。铁路、邮局、通信部门罢工不断，偌大一个帝国各地之间的联系和交通由此中断。

构成这个国家主体的农民阶级本身，也开始受到革命宣传的影响。当时，俄国大多数农民的生活极为悲惨，在米尔[7]制度下，他们被迫耕种土地，却得不到任何报酬。于是，政府当机立断决定将这些农民转化为经营者，以此来安抚这一庞大的阶级。为了迫使地主将他们的一部分土地卖给农民，政府通过了特别的法律，并且银行为那些土地购买者准备了必要的贷款，贷款的利息则由从每年的收成中抽取的小额养老金来支付。

由于确保了农民的中立，政府就可以腾出手来对付那些狂热分子了，这些人正在焚毁城镇，向人群中投弹，并不断挑起激烈的争端。所有这些人都应该被赶尽杀绝，这或许是人类有史以来发现的、可以保护社会免遭破坏的唯一办法。

取得胜利的政府知道，除了必须满足国内那些开明人士的合法要求之外，还应该另有作为，于是，它建立了一个议会来指导立法，控制财政支出。

俄国革命的历史告诉我们，当一个政府的天然支持者逐一消亡时，它依然可以凭借其智慧和意志，克服一切棘手难缠的障碍。可以客观公正地说，没有哪个政府是被人推翻的，它们的失败常常是自取灭亡。

三、政府进行的革命：以中国和土耳其为例

政府几乎不可避免地要阻止一切革命，它们决不会革

自己的命。有的时候，出于暂时或长远需要的考虑，它们也会小心翼翼地进行一番改革，但它们却不会先于这些要求进行改革。但是，有时某些政府也会进行一些突发的改革，我们常称之为革命。这种改革努力的成败将取决于国民精神状态的稳定与否。

如果一个民族是由那些半野蛮的部落组成的，他们没有固定的法律和习俗，也就是说，没有稳定的民族精神（national mind），那么，政府就能够成功地实施新的制度。彼得大帝统治下的俄国就处在这样一种状态下，我们知道他是如何通过武力将那些半亚细亚的人口欧洲化的。

日本为我们提供了由政府发动革命的又一典型，不过，被彻底改造的不是它的精神，而是它的机器。

完成这样一个任务——哪怕是部分完成，都需要一个强有力的独裁者，并辅之以一个天才人物。改革者常常会发现，整个民族都会起来反抗他，因此，与一般革命中的情形恰好相反，在这种情况下，独裁者是革命的，而人民则是保守的。只要做一番细心的研究，你很快就会发现，人民事实上是极端保守的。

在这些尝试中，失败在所难免。不管革命是由上层阶级动员的，还是由下层阶级自发的，一般都不会改变人们长期以来形成的精神状态，革命只能改变那些由于时间的销蚀而行将崩溃的东西。

当前，中国正在进行一场十分有趣但却注定要失败的实验，它试图通过政府来一下子改变这个国家的制度。古老的君主制王朝之所以被革命推翻，从间接原因上说，就是清政府为了改变中国的现状，企图强制推行改革，结果引起普遍的不满。禁烟禁赌、改革军队、建立新式学校等改革措施必然要提高税收，这一后果连同改革本身都引起了民众的极大不满，所以，革命也就不可避免了。[8]

在欧洲学校里接受过教育的少数几个有文化的中国人借助这种不满，发动人民起义，并宣布建立一个共和国，而共和制根本就是中国人闻所未闻的。

这种共和制注定不能持久，因为，催生它的动力并不是一个进步的运动，而是一个反动的运动。"共和"一词即使对于那些受过欧洲教育的中国人来说，也仅仅意味着摆脱一切法律、习俗和长期建立起来的规范之束缚与羁绊而已。剪掉了辫子，戴上帽子，自称共和人士，年轻的中国人试图控制他们的天性。这与大革命时期大多数法国人所接受的共和观念又是多么相似呀！

中国人很快就会发现等待他们的将是这样一种命运：一个社会一旦祛除了传统所铸造的铠甲，就会陷入血腥的无政府状态，最后必然还要建立一个权威，而它的暴政比起被推翻的旧政权来，肯定有过之而无不及。迄今，科学还没有发现这样的魔戒，借助它的力量能够不通过纪律来挽救一个社会。当纪律已经内化为一种遗传因素的时候，就没有必要用强力加以规制。但是，当原始的本能尽情宣泄，冲破由祖先费经年累月之功建成的种种屏障时，就只有靠一种严厉的专制才能重建秩序了。

作为上述断言的一个印证，我们可以举最近在土耳其发生的一个与中国极为相似的实验为例。几年前，几个在欧洲接受了良好教育的年轻人，满怀爱国热忱，在一群军官的帮助下成功地推翻了苏丹的政权，尽管这一政权的专制程度是尚可忍受的。当时的土耳其还是一个半文明半野蛮的国家，宗教仇恨和民族矛盾使这个国家四分五裂。然而，就在这样一个国家里，革命者们对规则的神奇力量像我们拉丁人一样虔信，他们认为自己能够建立起代议制政体。

这一努力至今仍未取得任何重大成果，改革的发起者们不得不认识到，尽管自己信奉自由主义，但他们的统治方法却与苏丹政府所使用的方法并无二致。他们既不能阻止草率的处决，也不能阻止对基督教徒的大规模屠杀，他们甚至无法废除某种陋习。

因此而责备他们显然是不公正的。事实上，要想改变这样一个有着悠久而深厚传统的民族，他们又能做什么呢？在这个国家里，人们的宗教热情是如此强烈，以至伊斯兰教徒虽然只占少数，却可以根据他们的法典合法地统治其信仰的圣地；在这个国家里，民法与宗教法还没彻底分离，对《古兰经》的信仰还是其民族思想得以维系的唯一纽带，要阻止伊斯兰教成为国教，谈何容易？

要想打破这种状态是困难的。因此，我们必然会看到这样一种状态，专制体制打着立宪主义的旗号掩人耳目地再次登台亮相——也就是旧制度将卷土重来。诸如此类的尝试向我们揭示了这样一个事实，那就是：一个民族除非首先改造它的精神，否则就无法选择自己的制度。

四、革命后存留的社会要素

接下来，我们将要探讨民族精神的刚性基础（the stable foundation）。民族精神的刚性基础使我们体会到历史悠久的政府体系的力量，比如古代的君主政体。一个君主政体很容易为一群反叛者所推翻，然而，改朝换代并没有改变君主政体所体现的原则，同这一原则相比，改朝换代的力量就显得微乎其微了。拿破仑下台以后，取代他的并不是他的嫡亲子嗣，而是波旁王朝的后代，后者体现了一种古代原则，而"皇帝的儿子"这一人格化的观念尚未在人们心目中牢固确立。[9]

出于同样的原因，一个大臣尽管有旷世之才、盖世之功，却很少能推翻君主。俾斯麦就是这样一个例子，这位伟大的首相一手创建了德意志联盟，然而，他的主子却能运其生死于掌上。在公共舆论支持的原则面前，单个人的力量实在是微不足道。

但是，由于各种各样的原因，即使通过政府而体现的原则随着政府的变化而消失，该社会组织的要素也并不会同时一股脑儿地消失，我们可以从法国大革命期间发生的事件中得出这一结论。

如果我们对法国以前的历史一无所知，而只知道法国大革命以来近一个多世纪的动乱的话，我们或许会认为这是一个陷入严重无政府状态的国家。然而，法国的经济生活、工业生活，甚至政治生活现在却表现出一种连贯性，似乎超脱于一切革命与政府的影响。

事实上，除了历史上那些值得大书特书的伟大事件之外，还存在许多与日常生活息息相关的琐事，这些琐事常常名不见经传。它们受着那些不以任何人的意志为转移的、专横的必然性的支配，它们的总和构成了人类生活的真实框架。

通过对重大历史事件的研究，我们了解到，名义上的法兰西政府在一百多年的时间里，经历了沧海桑田的变化。然而，当我们去考察日常生活中的琐事时，我们就会发现，与这些表面上的变迁相反，真实的法兰西政府几乎未有任何改变。

主宰一个民族命运的真正力量到底是什么？毫无疑问，在一个民族生死存亡的关键时刻，国王和大臣是至关重要的。但是，他们却在那些构成日常生活的琐事中无足轻重。真正对一个国家起决定性作用的是行政部门，它们不依个人的意志而存在，政府的更迭亦不足以对这些要素产生影响。行政部门守护着传统，人们很难说清它们，它们却经久不衰，一切其他的要素都不得不屈从于这种神秘主义的力量。正如我们将要指出的，它们的作用甚至达到这样一种危险的程度，以至于它们可以在形式上的国家之外，构成一个权力更为强大的无名的国家。因此，可以说法兰西实际上是由各部的首脑以及政府职员所统治的。[10]我们越是深入地考察革命的历史，我们就越会发现除了标签之外，它们所引起的变化事实上根本就无从说起。发动一场革命容易，但要改造一个民族的精神却是难上加难。

注释

1 1830年7月，复辟后的波旁王朝的查理十世颁布了圣克卢宫《四项敕令》，限制出版自由，解散众议院，限制工业家和商人的选举权，重新组织选举，由此导致"七月革命"。

2 路易-菲利普（Louis-Philippe，1773—1850），法国国王。法国"七月革命"后，他被拥立为国王，在位期间称为七月王朝，法国进行了一些自由主义性质的改革。1848年巴黎人民发动起义，路易-菲利普被迫退位。

3 1848年二月革命中，路易-菲利普曾被迫宣布退位，由其孙巴黎伯爵继承王位，但遭到共和派拒绝。

4 地米斯托克利（Themistocles，约525BC—460BC），雅典国务活动家、将军。雅典人建立海军后，他领导新航队在公元前480年的塞拉米斯战役中战胜波斯人。

5 伯里克利（Pericles，约495BC—429BC），古代希腊政治家，因推进了雅典民主制并下令建造帕特农神庙而著名。

6 指俄国在 1905 年日俄战争中的失败。

7 米尔（mir），俄国革命前农民的一种村社组织。

8 勒庞这里提到的改革是指清政府在 1901 年开始的新政，革命就是指辛亥革命。他对辛亥革命起因的分析显然有失公允，请读者注意。

9 也就是说，人们此时还没有把拿破仑及其子孙当作"正统皇朝"。

10 勒庞在这里已经预见了现代官僚的巨大作用，但他似乎还不能用科学的语言来准确地表述它。参见本书第三编第三章第三节。

第四章

人民在革命中扮演的角色

一、民族精神的刚性与柔性

要理解一个民族特定时期的历史，就一定要理解它所处的环境，尤其要理解它的过去。一个人虽然可以从理论上否认过去——大革命时代的人们就是这样做的，而且今天有许多人还在效法，但历史的影响仍然是不可避免的。

只有通过若干世纪的缓慢积累，思想、情感、惯例，乃至偏见才能够汇集成一种民族精神，它赋予一个民族力量。没有这种民族精神，进步就无从谈起，每一代人将不得不从头开始。

只有构成民族精神的那些要素拥有了某种程度的刚性之后，这种民族精神才算稳定地建立起来。但这种刚性又不能超出一定的限度，或者说它还得具有柔性。

没有刚性，先辈的精神就无法继承；而没有柔性，则先辈的精神就不能适应由于文明的进步所带来的环境的变化。

一个民族的精神如果过于柔韧，就会导致革命的不断发生；而民族精神如果过于僵化，则会导致这一精神走向没落。同人类一样，普通物种也遵循这一规律，如果固守原来的形态，无法适应新的生存环境，就要灭亡，所谓物竞天择，适者生存。

很少有民族，能够在刚性与柔性这一对相互矛盾的品性之间达到一种恰当的平衡，古代的罗马、当代的英国或许可以看作实现了这种平衡的完美典型。

那些精神极为稳固、持久的民族通常会爆发激烈的暴力革命。由于不能通过逐步的演进来适应环境的变化，所以当这种适应必须做出时，他们将不得不在猝然之间被迫激烈地改变自身。

民族精神的刚性绝不是一朝一夕就可以形成的，一个民族的历史首先就是建立其民族精神的过程。对于一个民族来说，只要它还没有形成自己的民族精神，它就是一个缺乏凝聚力和力量、尚未开化的游牧部落。自罗马帝国末期法兰克人入侵以来，法兰西费了几个世纪才形成了自己的民族精神。

虽然她最终形成了自己的民族精神，但在数个世纪的演化过程中，这种精神变得过于僵化。如果她再多一点柔韧性的话，古代的君主政体或许就会像其他地方那样慢慢地转变过来，而我们也就能够避免大革命及其破坏性的后果了，重塑民族精神的任务也就不至于如此艰难了。

以上思考向我们指出了大革命在民族方面的起因，并且它还揭示了同样的革命在不同的国家会产生如此之不同结果的原因。就以法国大革命为例，有些民族对它热烈欢迎，而有些民族则漠然拒绝。反应之所以如此迥然相异，皆因民族精神之不同。

英国经历了两次革命，并且还把一位国王送上了断头台，但仍可称得上一个稳定的国家。情况之所以如此，是因为其民族精神既稳固得足以守成传统，取其精华，又柔韧得足以修正自身而不逾规矩。英国人从来没有像我们大革命中的革命者那样，梦想以理性的名义彻底打破古代的传统，建立一个全新的社会。

索列尔[1]写道："法国人蔑视政府，憎恶牧师和贵族，反抗法律；而英国人则以其宗教、宪法、贵族制以及上院为荣。在英国人看来，这些东西就像那令人生畏的巴士底狱中林立的塔楼，擅入者以藐视罪论处。英国人承认，这一城堡内部的命令颇具争议，但是，陌生人越俎代庖却是绝对禁止的。"

民族气质对各民族命运的影响再明显不过地体现在西班牙语系的南美各共和国的历史中。在这些国家里，革命频仍，政变迭起。它的人民大多是混血儿，也就是说，他们纷杂的遗传已经将其祖先的特征稀释掉了，因此，他们很难形成一种民族精神，因而也就谈不上什么稳定。混血的种族往往是最难统治的。

如果我们想更多地了解由于民族原因而导致政治能力之差异的话，我们就得去考察那些曾经先后被两个民族统治过的国家。

这种情况在历史上并不罕见，晚近的古巴和菲律宾就是明显的例子。这两个国家原来都受西班牙统治，后又易手转而由美国统治。

西班牙统治下的古巴，以混乱和贫穷而闻名于世。然而，当这个岛国被美国接管以后，其繁荣昌盛又是有目共睹的。

同样的情况也发生在菲律宾。几个世纪以来，菲律宾一直为西班牙所控制，结果这个国家被弄得一团糟：灌木丛生，疫病流行，既没有工业，也没有商业，人民过着悲惨、乏味的生活。经过美国的几年统治以后，这个国家发生了脱胎换骨的变化：疟疾、黄热病、瘟疫和霍乱被彻底消灭；沼泽得到了治理；农村开始建设铁路、工厂和学校；13年里，人口死亡率降低了三分之二。

我们应该用这些实例给那些理论家提个醒，千万不要忽视"民族"一词的深刻含义，并且不要忘记一个民族的传统精神是如何决定其命运的。

二、人民是如何看待革命的

人民在所有革命中的角色都是一样的：他们既不会去发动革命，也不能指导革命；在革命中，人民的行为是受革命领袖支配的。

正如我们在最近香槟省所发生的事件中看到的那样，只有当人民的直接利益受到触动时，人民中的各个部分才会自发地起来反抗，但这种地方性的运动不过是一场骚乱罢了。

当革命领袖具有超凡的影响力时，革命就非常容易发生，葡萄牙和巴西最近发生的革命就证明了这一点。不过，新思想渗透到人民的头脑中确实是一个极其缓慢的过程。一般来说，人民总是在他们不知其所以然的情况下就懵懵懂懂地接受了一场革命；当他们碰巧理解了为什么要革命时，革命早已结束很久了。

人民参加革命仅仅是因为革命领袖们鼓动他们这样做，但事实上他们并没有理解革命领袖们的真正意图。他们以自己的方式理解革命的意图，而这种方式却绝不会是革命的真正发动者们所向往的。法国大革命显然就是这样一种情况。

1789年大革命的真正目标是实现贵族与资产阶级之间的权力更替，也就是说，平庸无能的旧精英将被精明强干的新精英取代。

在大革命的第一阶段，革命的议题几乎与人民不相干。虽然公布了人民主权的原则，但人民主权仅仅意味着人们选举代表的权利。

普通老百姓都是些文盲，他们不可能像中产阶级那样渴望跻身社会上层，他们也决不会认为自己与贵族是平等的，甚至从不奢望同他们平等。无论在观点上还是在利益上，普通老百姓与社会上层阶级都有天壤之别。

议会与王权之间的斗争需要普通民众的加入，结果，民众越陷越深，于是，资产阶级革命很快就变成了一场大众革命。

一种思想本身是没有什么力量的，只有在具备了支持它的情感以及神秘主义基础之后，它才会发挥作用。资产阶级的理论在对普通民众产生影响之前，必须根据明显的实际利益转变为一种新的、极为明确的信仰。

当政府向人民保证他们可以与先前的主人平起平坐时，这种转换就起到了立竿见影的效果：人们开始觉得自己是受害者，于是，他们开始抢劫、纵火、杀戮，并且认为这样做就是在行使自己的权利。

革命原则的巨大力量就在于它们放纵了野蛮的原始本能，而在此之前，这些本能一直受到环境、传统以及法律的约束。

群众心目中原本存留的那些社会约束被逐渐地卸除

了，直到有一天，他们自命不凡，被那种无限权力的观念冲昏了头脑，兴高采烈地看着他们以前的主子被驱逐，被掠夺。既然大家都是主权之人民，还有什么事情是不被允许的呢？

在大革命开始的时候，自由、平等、博爱之类的格言确实表达了人们的真实希望和信念。但是，随着革命的发展，嫉妒、贪婪以及对优越者的仇恨到处泛滥，而这些格言则很快地成了人们为此进行辩护的合法借口，沦为这些邪恶情感的遮羞布。在自由、平等、博爱这些口号的背后，大众要摆脱纪律的限制才是真正的动机。这就是革命不久就以失序、暴力、无政府状态而告终的原因。

当革命从中产阶级蔓延到社会下层时，理性对本能的支配也就相应地终结了，转而变成了本能支配理性。

隔代遗传的本能对理性的这种胜利是可怕的，社会所做的一切努力——这种努力对于社会的存在来说是不可或缺的——就是依靠传统、习俗以及法律的力量来限制人类的自然本能，这些自然本能是人类原始兽性的遗传。控制这些原始本能是可能的——一个民族越是能够克服这些本能，这个民族就越是文明；但它们却不会被彻底根除，有各种各样的因素可以轻而易举地把它们激活。

这就是为什么大众的激情被释放以后会变得如此危险。它就像奔流的洪水，一旦冲垮了堤坝就一泻千里，直至泛滥成灾，浮尸遍野。"把一个民族的糟粕激将起来，无异于引火烧身！"里伐罗尔在大革命之初就曾经哀叹道，"对民众进行启蒙的时代已经一去不复返了。"

三、人民在大革命中的作用

大众心理学的法则告诉我们：尽管人民可以通过追随、夸大其所受到的刺激，从而在革命中发挥相当重要的作用，但如若没有了领袖，人民是无所作为的，他们从来就不能引导自己的运动。

在所有的政治革命中，我们都会看到领袖的作用。他们虽然自己并不创立什么理念以作为革命的理论基础，但他们却知道如何把理念作为一种手段，利用它们来为自己的行为辩护。思想观念、领袖、军队和大众构成了所有革命缺一不可的四个要素。

群众在领袖的鼓动下，借助人多势众蜂拥而起，他们的行动就好比一颗炮弹，在外力的作用下，能够产生一种它本身所不具备的足以穿透钢板的冲击力。在群众的襄助下，革命如火如荼，然而群众对革命的要义却一无所知；他们忠实地追随其领袖，而从不问一问自己到底需要什么。群众推翻查理十世，是因为他颁布了《四项赦令》，至于这些赦令的内容，他们毫不关心；后来他们又把路易-菲利普赶下了台，如果你问他们为什么要这样做的话，恐怕他们会十分尴尬，无言以对。

许多作家，从米什莱[2]到奥拉尔[3]都为事物的表面现象所蒙蔽，他们无一不认为是人民发动了我们伟大的革命。

米什莱断言："革命的主角是人民。"

奥拉尔写道："这样的看法是错误的，即认为法国大革命是由少数几个杰出人物或英雄人物发动的……我相信，从1789年到1799年，在整个这段历史中，没有谁能够凭借一己之力来引导或左右事件的发展：不管是路易十六、米拉波[4]、丹东[5]，还是罗伯斯庇尔[6]。法国大革命的真正主角是法国人民吗？——只要我们看到法国人民是一些有组织的群体，而非乌合之众的话，答案便是肯定的。"

柯钦先生在他最近出版的一部著作中还坚持这种流行观点。他写道：

> 米什莱说得对，这简直就是一个奇迹。我们越是深入地了解他们，就越会感到这些事实就像天方夜谭。这样一群乌合之众，不依靠领袖，也不依靠法律，整个就是混沌一团，却在五年的时间里实现了统治，对全国发号施令，其言行所表现出的明确、连贯、一致让人感到匪夷所思。无政府状态对他们教益颇深，旧的秩序被打破，新的秩序与纪律很快地建立起来……散布于30000多个街区社团之中的2500万人行动起来步调一致，形同一人。

如果人民同时采取的这些行动真的像作者设想的那样，是完全自发的话，那么它确实是一个奇迹。奥拉尔先生自己很清楚这种现象是不可能的。所以，当他说起人民时，他非常谨慎地指出所谓人民就是指群体，并且，这些群体可能受到了某些领袖的领导：

> 那么，是什么将全体国民团结在一起呢？在国王发动进攻、内战威胁国家统一的紧要关头，是谁力挽狂澜拯救了这个国家呢？丹东、罗伯斯庇尔，抑或卡尔诺[7]？这些人当然发挥了重要作用，但真正维护了团结、捍卫了独立的是人民俱乐部，它把法国人民组织成公司或群众团体；迫使欧洲反法联盟不得不撤军的正是法国的地方自治团体和雅各宾派的组织。如果做进一步的观察，我们就会发现，在这些团体当中，总有那么两三个人比其他人更有才干，无论在政策的制定上，还是在决议的执行中，他们都表现出了领袖的风范，但我们看到（比如说，在我们阅读人民俱乐部的会议记录时），他们的力量与其说来自他们自己，远不如说来自团体。

奥拉尔先生的错误在于他认为所有这些团体都起源于"一场充满了博爱与理性的自发运动"。那个时候，数以千计的小型俱乐部遍布法国，它们唯巴黎的雅各宾俱乐部总部马首是瞻，不敢越雷池一步。这就是事实给我们的教训，可是许多人出于对雅各宾派的幻想，根本不愿意承认这一事实。[1]

四、大众及其组成要素

为了确立某些理论上的概念，人民被设想成一个神秘的实体，它无所不能且具备一切美德，政客们对它大加赞赏，溢美之词不绝于耳。接下来，我们就要看一看，人民在法国大革命中到底扮演了什么样的角色，它又是如何被编造成一个概念的。

不管是大革命时代的雅各宾派，还是今天的雅各宾派，无一不把人民这一大众整体奉若神明，它不必为其所作所为负责，并且它从不会犯错误，人民的意愿必须得到满足。

---

[1] 在与德比杜尔先生合著的一本历史教学手册中，奥拉尔先生赋予作为一个整体的人民更加突出的地位。我们看到，人民持续而自发地干预了事件的发展，这里举几个例子：

6月20日，"由于国王解除了吉伦特派大臣的职务，巴黎人民群情激愤，自发地进行反抗，冲入杜伊勒里宫示威"。

8月10日，"立法议会不敢推翻国王，正是巴黎人民在来自各地的结盟军的帮助下，以血的代价发动了这次起义"。

在吉伦特派与山岳派的冲突中，"大敌当前下的这种内讧是极其危险的，人民在1793年5月31日和6月2日，迫使国民公会开除了吉伦特派领袖，并签署命令将他们逮捕"。

人民可以烧杀劫掠，犯下最为可怕的罪行，他们今天把自己的英雄捧上天，明天又会把他贬得一文不值，他们就是这样。政客们一刻也没有停止过吹嘘人民的崇高美德、非凡智慧，并对他们的每一个决定俯首帖耳。[1]

那么，这一个多世纪以来一直被革命者们奉若神明、崇敬有加的神秘实体到底是由什么组成的呢？

我们可以把人民分成截然不同的两种类型：第一类包括农民、商人和各种各样的工人，这些人希望得到安宁和秩序，这样的话，他们就可以安心从事自己的职业了。这一类人构成了人民中的大多数，但这一部分人却从未想过发动一场革命。他们在默默无闻的劳作中维持生计，历史学家们常常把他们忽视。

第二类包括那些具有破坏性的社会渣滓，这一群人受到犯罪心理的支配，是国家动荡不安的主要根源。酗酒成性的穷困潦倒之徒、盗贼、乞丐、市井无赖、居无定所的雇工，所有这些人构成了起义队伍中最危险的群体。

对惩罚的恐惧使他们中的大多数人在平时只能收敛他们的犯罪倾向，一旦惩罚的危险消失，他们邪恶的本能就会暴露于光天化日之下，成为一帮凶犯。

那些玷污了一切革命之美誉的大屠杀就得归咎于这一

---

[1] 这些似是而非的看法至少在那些更加明智的共和主义者那里已经逐渐失去了市场。

罪恶的渊薮。

正是这一帮人，在其领袖的指挥下，不断地冲击大革命时期的议会。这群无法无天的家伙除了杀人放火、打家劫舍之外没有任何理想，什么理论呀，原则呀，他们根本就没放在心上。

还得加上那些从最底层的平民中吸收过来的渣滓，这群人游手好闲，无所事事，在感染的作用下，他们也加入了运动。他们大喊大叫，是因为其他人也在疯狂叫嚣；他们起来造反，是因为其他人也在进行暴动。他们对自己行为的目的没有任何意识。外在环境的暗示力量使他们进入催眠状态，一举一动无法自持。

从古至今，这样一群骚动不安却又极其危险的乌合之众，向来都是一切起义的核心力量，他们只为煽动家所关注。在煽动家们看来，他们就是拥有至高无上主权的人民。事实上，所谓拥有最高主权的人民主要是由底层的民众构成的，这些人正如梯也尔[8]所描绘的：

> 自塔西佗[9]见证了大众为罗马皇帝所犯下的种种罪行击节叫好以来，他们的本性始终没有发生任何改变。这帮野蛮的家伙麇集在社会的底层，蠢蠢欲动，一旦得到权力的首肯，他们就准备以罪行来玷污人民的美名，破坏一切事业。

像法国大革命这样如此持久地受到社会最底层大众支配的情况，在历史上恐怕是绝无仅有的。

自1789年开始，也就说早在国民公会之前，当大众的兽性被释放出来时，惨绝人寰的大屠杀就已经开始了。这些屠杀进行得非常残酷，几乎无所不用其极。在九月屠杀[10]中，囚徒们被慢慢地用马刀一块一块地割成碎片，以延长他们的痛苦来取悦观众，而那些暴徒则从受害者抽搐的场景和痛苦的尖叫声中获得了极大的快乐。

早在大革命之初，类似的场面就在法国随处可见。当然，那时还没有对外战争可以作为借口，事实上没有任何借口可以为这种残忍开脱。

从3月到9月，一系列的烧杀抢掠使法国血流成河，泰纳[11]曾举了120个这样的例子，鲁昂、里昂、斯特拉斯堡等城市均落入大众的控制之中。

特鲁瓦市长的双眼被剪刀戳瞎，在经历几个小时的折磨之后死去；原龙骑兵团长贝尔鲁斯被活活地剐成碎片；在许多地方，遇害者的心脏被挖了出来，并被挑在枪尖上招摇过市。

这就是那些底层民众在限制其原始野性的规范体系被轻率地打破之后，所实施的令人发指的暴行。他们之所以受到纵容，就是因为他们迎合了那些对其百般奉承的政治家们的野心。我们姑且设想一下，如果把这些数以千计的暴民压缩为一个人，那么这将是一个何等残忍、狭隘、可憎的怪物，他比历史上最残酷嗜血的暴君都要可怕。

不过，一旦他们受到一个强有力的权威的镇压，这些冲动而残忍的大众就会立即变得俯首帖耳。其暴戾程度越高，其奴性也就越强。因此，各种各样的专制暴君无一不设法将其拉拢过来加以利用。恺撒们必然会大受他们欢迎，不管他们是叫卡利古拉[12]、尼禄[13]，马拉[14]、罗伯斯庇尔，还是布朗热[15]。

在革命过程中，这些破坏性的大众行为是主要的，但是，诚如我们已经指出的，除此之外，还存在一个真正称得上"人民"的群体，而他们所要求的仅仅是劳动的权利。有时，他们确实可以从革命中受益，但他们从来就不会发动革命。革命的理论家们对他们知之甚少，亦不信任他们，因为他们知道这些人身上具有传统和保守的基质。事实上，他们才是一个国家的中流砥柱，是他们维持着传统的力量和连续性。在恐惧的作用下，他们表现得极为驯服，甚至在领袖们的蛊惑下一时也会做出过火的行为，但是，民族传统的惯性力量不久就会再次发生作用，这就是他们很快就开始厌倦革命的原因。当革命所导致的无政府状态发展得过头时，他们固有的传统精神将激发他们与之对抗。这时候，他们就会寻求一位能够重建秩序的领袖。

这样的人民，听天由命而又爱好和平，他们显然没有什么非常崇高或复杂的政治观念。他们心目中的理想政府通常是非常简单的，非常类似于独裁政府，这就是自古希腊开始，一直到我们这个时代，在无政府状态之后总是出现独裁政治的原因。在法国，第一次大革命之后，拿破仑的独裁受到了普遍的欢迎；再后来，虽然遭到了一些反对，但路易·拿破仑还是连续四次当选共和国总统；他的政变被认可后，他又重新建立了帝国，直到1870年普法战争之前，他的统治一直是稳固的。

毫无疑问，在最近的这些事件中，人民受到了蒙骗，但如若不是因为革命的阴谋导致失序和混乱，人民就不会被迫去寻求摆脱革命的方法。

如果我们想全面地理解人民在革命期间所扮演的各种角色，那么，这一章中所回顾的这些事实就不应该被遗忘。人民的作用是不容忽视的，但是它与传闻中所想象的截然不同，传闻只能再现其生动性，至于其他方面就属于郢书燕说了。

注释

1 索列尔（Sorel，1842—1906），法国历史学家，主要著作是《欧洲与法国大革命》。

2 米什莱（Michelet，1798—1874），法国著名历史学家，著有《法国史》以及《法国革命史》

3 奥拉尔（Aulard，1849—1928），法国著名历史学家，著有《法国革命的政治史》等。

4 米拉波（Mirabeau，1749—1791），法国大革命初期的演说家和政治家，一度成为国民议会的领袖人物，因病去世。

5 丹东（Danton，1759—1794），大革命时期著名的革命家，大革命初期创建哥德利埃俱乐部，并加入雅各宾俱乐部，1792 年参与领导巴黎公社，同年出任司法部部长，雅各宾专政后期因主张宽容政策而为罗伯斯庇尔派所不容，于 1794 年 4 月被处死。

6 罗伯斯庇尔（Robespierre，1758—1794），以严峻和清廉出名的法国革命家、雅各宾派的领袖。

7 卡尔诺（Carnot，1753—1823），法国大革命时期著名的军事家、政治家，立法议会和国民公会成员。雅各宾专政时期掌握军事领导权，因功勋卓著被誉为"胜利的组织者"。热月政变中他对罗伯斯庇尔持反对态度。1795 年 11 月任督政官。

8 梯也尔（Thiers，1797—1877），法国政治家和历史学家，著有《法国革命史》等著作，曾多次在七月王朝的政府中任职。

9 塔西佗（Tacitus，约 55—120），古罗马政治家和历史学家，主要历史著作是《历史》和《编年史》。

10 九月屠杀（The Massacres of September），亦译为"九月虐杀"。1792年 9 月，巴黎群众冲进监狱未经任何程序即处死大量犯人，后扩展到外省，史称"九月屠杀"。

11 泰纳（Taine，1828—1893），法国哲学家和历史学家，著有《艺术哲学》和《当代法国的起源》等。《当代法国的起源》一书对勒庞本书的写作有很大影响，本书关于法国大革命的基本史实对泰纳的这本书多有借鉴。

12 卡利古拉（Caligula，37—41 年在位），古罗马帝王，他继承了其养父提比略的王位。在一场重病之后，他转向残酷、荒淫无度以及狂妄自大，从而致使他被谋杀。

13 尼禄（Nero，37—68），古罗马的暴君。

14 马拉（Marat，1743—1793），大革命时期激进主义革命家，1789 年创办《人民之友报》，次年参加并领导哥德利埃俱乐部，1793 年 7 月被吉伦特派分子夏洛特·科黛刺杀身亡。

15 布朗热（Boulanger，1837—1891），法国将军，1886 年出任陆军部部长，1887 年利用共和派政府的丑闻和德法战争，与极右势力勾结，提出修改宪法和对德复仇等口号，进行蛊惑性宣传，取得各阶层的广泛支持。1889 年布朗热运动达到高潮，但不久布朗热即被控阴谋破坏共和国，交付法庭审判。他畏罪逃亡国外，1891 年自杀。布朗热运动对勒庞产生过很大刺激。

第二卷

革命中的主流心理形态

第一章

革命中个体人格的变化

一、人格的转化

在其他一些地方，我已经详尽地论述了某种关于人的性格的理论。如果缺乏对这一理论的了解，我们就绝对无法理解某一时期，尤其是革命时期，人们行为的变化及其内在矛盾。在这里，我择其要点介绍如下：

每一个个体除了具有某些惯常的精神状态之外，还具有一些变动不居的性格。前者一般说来，只要环境不发生变化，它就是稳定的；而后者则有各种各样的可能性，它往往由突发事件引起。

现实生活中的人都是特定环境的产物，而不是所有环境的产物。整体的自我是由难以计数的小我（cellular egos）构成的，它是祖先人格的积淀物。通过组合，这些要素达成了某种平衡，只要社会环境不发生变化，这一平衡就能持久地保持下去；一旦这种环境发生了剧烈的变化，譬如突然爆发了动乱，那么平衡就会被打破，那些分崩离析的要素将通过一种崭新的组合而形成一种全新的人格。这一全新的人格将由其思想、感觉以及行为表现出来。这时我们会看到，同一个体将发生惊人变化，简直就是前后判若两人。因此，在雅各宾派恐怖统治时期，我们看到，诚实的资产阶级以及那些以友善著称的温文尔雅的政府官员们竟然变得嗜血成性，残忍好杀。

所以，在环境的影响下，旧的人格可能会让位于一种全新的人格。正是由于这个原因，重大宗教事件和政治事件的参与者们看起来似乎与常人迥异，但实际上却与我们并无多大不同。类似事件的重复发生将塑造出同一种类型的人。

拿破仑对人性的这种特征了如指掌，在圣赫勒拿岛的回忆中，他说过这样一段发人深省的话：

> 我们在做出政治决策时，偶然性的作用决不可忽视。正是由于深谙此理，我才能抛弃成见，对人们于动乱之中的所作所为并没有求全责备……在革命期间，人们只能说他们已经做了什么事；对那些他们力所不能及的事情说三道四则有失明智……客观地理解人类行为确实困难……大众了解他们自己的行为吗？

他们能自圆其说吗？事实上，随着环境的改变，他们表现出来的善恶大相径庭，甚至判若两人。

在特定事件的影响下，正常的人格开始解体，这时，新的人格又是如何形成的呢？新的人格形成的途径有很多，但其中最有效的就是对一种强烈信仰的执迷，它为我们理解新人格的形成指明了方向，就像磁铁能将金属屑聚拢过来构成规则的曲线一样神奇。

在历史上的一些紧要关头，特别是在像十字军东征、宗教改革以及法国大革命这样的重大历史事件中，我们会清晰地观察到新的人格是如何通过这种方式形成的。

在正常情况下，由于环境的变化极为微小，所以我们通常只能看到现实生活中个体所具有的单一人格。但有些时候，在特定的环境下，也会出现多种人格相互替代的现象。

这些人格可能是不一致的，甚至是截然对立的。这种与正常情况相背离的现象，在某些病理条件下会变得相当突出。在病态心理学中，单一个体具有多重人格的现象并不罕见，我们可以参见莫顿·普林斯和皮埃尔·珍妮特两人所征引的案例。

在所有这些人格变异的例子中，人的智力并没有什么异常，而是构成性格的诸多情感发生了改变。

二、大革命时期突出的性格因素

在革命中，我们看到，社会的约束被打破，正常情况下受到压制的一些情感开始滋长，有了一个可以自由发泄的机会。

这些社会约束包括法律、道德以及传统，它们不可能完全被解除。在经历了社会剧变之后，残存下来的那些约束在某种程度上缓和了危险情感的恶性爆发。

在这些社会约束中最有力的约束就是民族精神。民族精神决定了一个民族中大多数人的观察、体验和志愿的面貌；它构成了一个民族的遗传性习俗，而再没有比习俗更强大的纽带了。

这种民族性的影响限制了一个民族的变化，而且在特定的范围之内决定了一个民族的命运，它的作用超出了一切表面上的变化。

比如，仅以历史为例，法兰西的民族精神在一个世纪之内似乎发生了翻天覆地的变化：在短短的几十年中，她就由大革命转向恺撒主义，进而复辟君主制，接下来革命再起，最后一位新的恺撒应运而生。表面上时局风起云涌、变幻莫测，然而，实际上社会根本却没有被触动。

在此，我们无意深究国民性变化的局限，却不能不考察某些情感因素的影响。在革命期间，这些情感因素的发展变化导致个体和群体人格的变异。在这些情感因素中，我将特别地提到仇恨、恐惧、野心、嫉妒、虚荣和狂热。我们将考察它们在历史巨变中，尤其是在法国大革命中所产生的影响。法国大革命为我们提供了大部分的案例。

1. 仇恨

我们越是深入地研究大革命时期人们的心理，就越会发现那些情感现象的作用是惊人的，仇恨就属于这样一种情感。对人的仇恨、对制度的仇恨，以及对某些事情的仇恨深深地刺激着大革命时期的人们。他们不但憎恨他们的敌人，而且也憎恨自己的同党，正如最近一位作者所指出的："要是我们毫无保留地接受这些革命者之间的相互指控的话，那么，我们不能不得出这样一个结论，那就是他们所有人都是叛国者，他们夸夸其谈，既腐败又无能，干尽了暗杀的勾当，骨子里与暴君无异。我们知道，正是带着这样一种必欲置对手于死地而后快的仇恨心理，人们相互迫害，相互残杀：吉伦特派、丹东派、埃贝尔派、罗伯斯庇尔派等等派别[1]概莫能外。"

产生仇恨心理的一个主要原因就是不宽容，这些狂热的宗派主义者以使徒自居，自以为掌握了绝对真理，并且同所有的信徒一样，他们无法容忍异端的见解。神秘主义或浪漫主义的信念总是伴随着一种将自己的信仰强加于人的需要，它不可能被说服，而一旦大权在握，大屠杀就如同箭在弦上。

如果造成革命者处于分裂对立状态的仇恨具有理性起源的话，那么它们就不会如此持久，但是一旦仇恨产生于情感的或神秘主义的因素，那么人们就既不可能遗忘，也不可能宽恕。仇恨心理的根源在不同派别那里如出一辙，它们都表现出同样的暴力倾向。现有的文件已经证明，吉伦特派并不比山岳派温和到哪里去，正是他们[2]最早宣称失势的党派应该被消灭；奥拉尔先生指出，他们还试图为九月屠杀进行辩护。不应该把雅各宾派的恐怖政策简单地视为一种自卫的手段，而应该看作胜利的信徒用来消灭其可恶对手的普遍做法。即使那些能够容忍思想上有巨大分歧的人，也不能容忍信仰上的差异。

在宗教战争或政治战争中，失败的一方休想得到任何宽恕。从割断两百多罗马元老院议员喉管、屠戮了五六千罗马人的苏拉[3]，到镇压巴黎公社之后，枪毙了两万多人的暴徒，这一血腥的法则屡试不爽。过去的历史一次又一次地证明了这一法则，恐怕未来也难逃其铁律。

大革命中的仇恨心理并不完全出于信仰上的分歧，其他的一些感情，如嫉妒、野心以及自私等，也为仇恨的滋生提供了温床。个人之间的权力斗争把那些不同派别的领袖们一个接一个地送上了断头台。

此外，我们还应当记住，分裂的要求以及由此产生的仇恨心理似乎已经成了拉丁民族精神的构成要素之一。我们的祖先高卢人就曾因此而丧失了独立，这一点给恺撒留下了深刻的印象，他说：

> 没有哪个城市不是分裂为两个派别；没有一个郡，没有一个村庄，没有一个家庭能与派系纷争脱得了干系。要是哪个城市在一年之中没有武装袭击别的城市或不曾全力抵抗外来的侵略，那倒让人感到奇怪。

由于人类进入理性的时代还为时尚短，所以，迄今支配人类行为的还是感情和信仰。我们可以想象，仇恨在人类历史上起到了多么重大的作用。

某军事院校的教授科林指挥官，对于仇恨这种情感在战争中的重要作用，做了如下评述：

> 在战争中，没有什么比仇恨更能激发士兵的战斗力了。正是仇恨使普鲁士人战胜了拿破仑。分析一下那些最为壮观的演习、最具决定性的军事行动，如果它们不是腓特烈大帝或拿破仑这样的天才所创造的非凡杰作的话，那么，你就会发现，它们的灵感来自激情而不是深谋远虑。设想如果没有我们对德国人的仇恨，1870年的那场战争会是什么样子恐怕就不得而知了。

科林指挥官也许应该将日俄战争补充进来，由于俄国人曾使日本人蒙受羞辱，所以日本人对俄国人怀有强烈的仇恨，或许这也算是日本人能够取胜的一个原因吧；而俄国的士兵根本就没把日本人放在眼里，因此也就谈不上什么仇恨了，这是俄国人失败的一个原因。

在大革命期间，确实存在大量有关博爱的言论，可是有什么用呢？今天，这种言论更多了，"和平主义""人道主义"和"团结"已经成为各种现代政党的流行口号，可是，又有谁知道，在这些大话、套话的背后又隐藏着多少深刻的仇恨呢？它对我们现代社会又将构成怎样的威胁呢？

2. 恐惧

恐惧在革命中的作用几乎和仇恨的作用一样重要。在法国大革命期间，个人所表现出的勇敢无畏与集体所暴露的胆小懦弱并行不悖。

正如我们在重温革命议会的历史时所看到的那样：面对断头台，国民公会的代表们总是大义凛然、无所畏惧；但是，当暴乱者闯入议会，发出种种威胁时，他们又常常显得十分懦弱，对那些荒谬透顶的要求和指令言听计从。

在大革命期间，各种形式的恐惧比比皆是。最流行的恐惧就是唯恐被人指斥为温和派，国民公会的代表、公共检举人、国民公会的"特派员"、革命法庭的法官等等，都争先恐后地表明自己比对手更激进、更进步。恐惧是这一时期一切罪行的主要根源之一。要是真的出现了什么奇迹，使革命的议会能够免除恐惧，那么，他们的举动可能就会大不一样，而革命本身也就可能会向一个完全不同的方向发展。

3. 野心、嫉妒、虚荣等等

在正常情况下，这些情感因素的影响都被严格地限制在社会容许的范围之内，比如说野心，它必然会受到一种社会等级形式的限制。尽管士兵有时候确实能成为一名将军，但这只能是在长期的服役之后。而在革命时期，情况则大为不同，士兵想成为将军根本不需要等待。每一个人几乎都可能在极短的时间之内论功行赏，加官晋爵，所以个人的野心极度膨胀。连最卑微的人也都相信自己能够胜任最高的职位，正是由于这一事实，所以，每个人的虚荣心一下子就被调动起来。

所有的激情，包括野心和虚荣，在革命期间或多或少都会增加。我们还将看到，对那些一夜之间飞黄腾达起来的人的羡慕之情和嫉妒之心也在不断增长。

在革命时期，嫉妒心的影响是十分重要的，这一点在法国大革命中尤为明显。对贵族的嫉恨是这场革命的一个重要因素。虽然，此前资产阶级在能力和财富上已经超过了贵族，并且已经越来越同贵族相融合，但他们依然有那种被贵族拒于千里之外的感觉，这引起了他们由衷的愤恨。

这种心理状态使得资产阶级不自觉地成了平等这一哲学教条的热诚拥护者。

受到伤害的自尊和嫉妒由此成为仇恨的根源，由于贵族今天在社会上的影响已经微不足道，所以，我们很难想到这一点。国民公会中的许多代表——如卡里埃、马拉以及其他一些人——都曾在大贵族门下谋得一官半职，寄人篱下的耻辱成为他们的生平大恨；罗兰夫人[4]终生不忘这样一件事情，在旧制度下，她和她母亲曾应邀到一位贵妇家做客，结果就餐时她们被安排到仆人的席位上。

泰纳曾经引用过哲学家里伐罗尔的一段话，它一针见血地指出了受到伤害的自尊和嫉妒对革命仇恨的影响。他写道：

> 到底是什么激怒了这个民族呢？不是苛捐杂税，不是国王的密札[5]，也不是权力在其他方面的滥用；不是国家的管理者们有什么过错，更不是司法机关持久而致命的拖延。事实上，引起人们深仇大恨的正是贵族的偏见。最能说明这一点的就是如下这一事实：正是资产阶级、知识分子、有钱人，也就是那些对贵族深怀嫉妒的人，发动了城市里的贫民以及乡下的农民起来造反的。

这一言之凿凿的判断部分地为拿破仑的格言所验证，

他说:"虚荣心造就了革命;自由不过是托词罢了。"

4.热情

革命的始作俑者们的热情,丝毫不亚于那些信仰穆罕默德的使徒们。而且,第一次国民议会的资产阶级代表们确实想过建立一种宗教。他们试图彻底毁灭一个旧世界,并在它的废墟上建设一个新世界。没有什么比这一诱人的幻想更能打动人们的心灵了。新教义宣称,平等和博爱将把所有的民族都带到永恒的幸福之境;未来的新生世界将沐浴在纯粹理性的光芒之中。人们依据最光辉、最雄辩的原则,翘首企盼黎明的到来。

但是,暴力很快就取代了这种热情,究其原因恰恰在于人们不可能长久地沉醉在梦幻中,总有觉醒的那一天,而这对革命来说将是灾难性的。我们很容易想象,大革命的使徒们在攻击使自己的梦想受到掣肘的日常事务时,会是怎样的雷霆万钧、怒不可遏。革命者们原本试图否定过去,拒绝传统,改造人类以实现新生,但过去的阴影非但挥之不去,反而大有卷土重来之势,并且走出幻想的人们也开始拒绝改造。在此情况下,步履维艰的改革者们是不会屈服的,他们将借助暴力手段,强制推行他们的主张。这样的专政势必让人们对旧制度无限怀念,于是,复辟最后也就不可避免了。

需要指出的是,尽管一时心血来潮的激情在革命议会中并不能持续多久，但它却能够在军队中经久不衰，并成为军队的主要力量源泉。实事求是地说，在法国成为共和国之前，大革命的军队就已经是共和主义者了；在共和政体被放弃之后很久，他们还一直坚持共和主义信念。

回顾本章的内容，我们发现，人格的变异通常是以某些共同的渴望和环境的变化为条件的，它们最后会表现为少数几种非常同质化的心理状态。仅就比较典型的心理状态来看，我们可以把它们分为四类：雅各宾主义的、神秘主义的、革命的和犯罪的。

注释

1 法国大革命高潮时期的政治派别大致如下：吉伦特派（Girondists），因其成员主要来自吉伦特郡，故而得名，著名人物有布里索、罗兰、维尼奥等；雅各宾派（Jacobins），雅各宾俱乐部以其在雅各宾修道院集会而得名，它的正式名称是"宪法之友协会"，它起初不仅包括罗伯斯庇尔派等民主派，还包括拉法耶特派等君主立宪派，以及后来的吉伦特派，1791年立宪派和吉伦特派先后分裂出去；哥德利埃俱乐部（Cordeliers），成立于1790年，因其在哥德利埃修道院集会而得名，正式名称是"人权之友协会"，它的重要活动家有丹东、德穆兰、马拉、埃贝尔等，许多人同时也是雅各宾俱乐部成员。在后期的雅各宾俱乐部和哥德利埃俱乐部中，又可以分为：埃贝尔派（Hebertists），即以埃贝尔为首的激进派，他们是巴黎公社和哥德利埃俱乐部的中坚力量，其领导人还有肖梅特、昂里奥等；丹东派（Dantonists），是指以丹东、德穆兰为代表的宽容派；罗伯斯庇尔派（Robespierrists）则是指罗伯斯庇尔、圣茹斯特以及库通等人。至于山岳派（Montagnards），在不太严格的意义上就是指通常所说的雅各宾派，因为他们在1792年的议会中坐在会场高处座席上，故而得名。

2 指佩蒂昂等人。

3 苏拉（Sulla，138BC—78BC），公元前82—前79年为罗马统帅和独裁者。公元前88年，他率领军队进入罗马城，从他的对手马略手中夺取了政权。

4 罗兰夫人（Mme. Roland，1754—1793），法国大革命中的著名人物，让·马里·罗兰之妻，她的客厅是吉伦特派聚会的场所，她后来被雅各宾派送上了断头台，在行刑前她发出了"自由，自由，多少罪恶假汝之名以行之"的哀叹。

5 密札（lettres de cachet），法国旧制度下国王颁发的捕人密令，持有密札即可不经审讯就把拘捕的人投入监狱。

第二章

神秘主义心理和雅各宾主义心理

一、大革命时期盛行的心理状态之分类

不进行分类，科学研究就无从谈起。而要分类就必须将那些连贯的过程分开来看，因此，分类在某种程度上是人为的。但是，既然连贯的过程只有在分解以后才能被理解，那么分类就是必要的。

要想对大革命时期人们的心理状态做大致的区分，显然需要将那些纷繁复杂、相互交错的要素剥离出来，这些要素原来或是混杂在一起，或是叠合在一起。我们接下来就要做这样的工作，为了获得一个清晰的认识，我们将不得不在一定程度上牺牲精确性。前一章末尾所列举的基本类型，以及我们将在本章中加以描述的这些类型，共同构成了一个类群，如果我们打算面面俱到地研究它们之间的

复杂关系，我们的分析恐怕就无法进行下去了。

我们业已证明，人类是受不同逻辑支配的。在正常情况下，这些逻辑是平行的，它们不会相互影响。但在多种因素的共同作用下，它们可能会产生冲突，它们不可通约的差异在个人和社会发生巨变时通常会非常明显地表现出来。

正如我们不久将要考察的，神秘主义逻辑在雅各宾主义心理状态中起着一种非常重要的作用，但它并不能单独发挥作用，其他的逻辑形式——情感逻辑、集体逻辑以及理性逻辑——也可能由于环境的变化而占据主导地位。

二、神秘主义心理

我们姑且将情感逻辑、集体逻辑以及理性逻辑的影响放在一边，而只考虑神秘主义因素的重大影响，神秘主义的因素在许多革命中极为盛行，在法国大革命中尤其如此。

神秘主义逻辑的主要特征在于它为那些超人格的存在或力量赋予了一种神秘主义的色彩，这些超人格的存在或力量常表现为偶像、崇拜物、文字、口号等形式。

神秘主义精神是所有宗教和绝大多数政治信仰的基础，如果我们祛除了宗教和政治信仰赖以为基础的神秘主义因素，那么，这些信仰通常就要土崩瓦解。

神秘主义逻辑常常嫁接在感情和激情的冲动之上，它是大型群众运动的力量源泉。如果说愿意为崇高理性而牺牲自己的人寥寥无几，那么，时刻准备为自己所崇拜的神秘偶像而献身的人却比比皆是。

大革命的信条很快就激发了一股神秘主义的狂潮，这与此前各式各样的宗教信仰所激发的狂热没什么两样。它们唯一要做的就是改变几个世纪以来根深蒂固的传统心理状态的发展方向。

因此，国民公会代表们所表现出的野蛮狂热就不足为奇了，他们的神秘主义精神丝毫不亚于宗教改革时代的新教徒们。雅各宾恐怖专政时期的主角——库通[1]、圣茹斯特[2]、罗伯斯庇尔等等——就是大革命的使徒。就像波利提斯为了宣传他的信仰而捣毁异教的祭坛一样，这些人梦想着改造世界，将他们的激情撒播于整个地球。他们坚信，自己那些无与伦比的信条足以颠覆一切君主。因此，他们毫不犹豫地向欧洲的国王们宣战。坚强的信仰远胜于那些让人疑窦丛生的说教，激励着他们在与整个欧洲的战争中连战连捷。

大革命领袖们的神秘主义精神在他们的公共生活中露出了蛛丝马迹。罗伯斯庇尔本人就坚信他得到了全知全能的上帝的支持。在一次演讲中，他试图让听众们相信上帝"在开天辟地之初就已经颁布圣令，要实行共和政体"。他还扮演一种国教大祭司的角色，推动国民公会通过一条法令，宣布"法国人民承认上帝的存在和灵魂不死"。在最高主宰节仪式上，罗伯斯庇尔巍然高坐在王座上，进行他冗长的布道。[3]

由罗伯斯庇尔所领导的雅各宾俱乐部，最后承担了一个政务委员会的所有功能。马克西米利安[4]在那里宣布了"最高主宰"（The Great Being）的观念，他"垂怜关爱着那些受到压迫的无辜者，审判惩罚那些不可一世的罪人"。

所有批评雅各宾正统派的异端都将被革出教门，也就是说，他们将被送上革命法庭，等待他们的将是断头台。

以罗伯斯庇尔为典型代表的神秘主义心理并没有随着罗伯斯庇尔之死而销声匿迹，具有同样心理状态的人在今天法国的政治家中并不罕见。旧的宗教信仰已不再支配他们的思想，但罗伯斯庇尔式的心理却阴魂不散，只要有机会，他们就将自己的政治信条强加于人。如果杀戮能够传播他们的信仰，他们通常会在所不惜。这些政治家们一旦成为掌权者，其布道的方法就会同一切时代中的神秘主义方法如出一辙。

因此，罗伯斯庇尔至今仍有众多的信徒也就不足为奇了。罗伯斯庇尔的思想并没有同他本人一道殒命断头台，类似的思维模式在数以千计的人身上再现。只要人类继续存在，罗伯斯庇尔式的思想及其信徒就不会消失。

长期以来，一切革命中的神秘主义方面都为大部分历史学家所忽略，时至今日，他们仍然试图借助理性逻辑来解释大量与理性风马牛不相及的现象。在我前面已经引述过的一个段落中，拉维斯先生和朗博先生认为，宗教改革是"个人自由反省的结果，它向普通老百姓提供了一种极为虔诚的良心和一种大胆而勇敢的理性"。

诸如此类的运动，永远不会为那些认为它们起源于理性的人所理解。曾经震撼世界的那些信仰，无论政治的还是宗教的，它们都有一个共同的起源，并遵循同样的规律。它们的形成与理性无关，甚至可以说是与理性完全相反的因素塑造了它们。佛教、天主教、伊斯兰教、基督新教、巫术、雅各宾主义、社会主义、唯灵论等等，看起来似乎是截然相反的信仰形式。但我有必要再重申一遍，它们具有相同的神秘主义基础和情感基础，并遵循着与理性毫不相干的逻辑形式。它们的力量恰恰就来源于这样一个事实：理性既不能创造信仰，也不可能改造信仰。

在我们当代的政治中，使徒式的神秘主义心理状态亦不罕见，在一篇与我们最近的一位大臣有关的文章中，我们可以强烈地感受到这一点。现在，我就从杂志上摘录一段如下：

> 人们可能会问，应该把某先生⁵划归到哪一类人中去呢？比如，我们能说他属于没有信仰的人吗？不，绝对不能！当然，他并没有接受现存的任何一种信仰：无论是罗马的天主教还是日内瓦的新教，他一并咒骂；他拒绝一切传统的教条和任何已知的教会。但如果他能够扫除一切，并在这样一个空白的基础上建立他自

己的教会的话，那它将比其他所有的教会都独断专行；并且，他的宗教裁判所在残忍与不宽容程度上，比起臭名昭著的托尔克马达⁶宗教裁判所来，将毫不逊色。

他说："我们不能容忍学校中立这样的事情，我们要竭尽所能对学校实行管制，哪怕因此而成为教育自由的敌人。"如果说他还没有建议埋好火刑架，堆起柴堆的话，那也仅仅是出于礼貌上的需要，不管他愿意与否，对于这一点他还是得加以考虑的。不过，即使他已经不能任意对人进行肉体上的惩罚了，他也依然可以调动世俗的权力来对他人的学说宣判死刑。这正是宗教大法官们的立场。他对思想发起了同样猛烈的攻击，这个自由的思想者拥有如此自由的精神，以至于他拒绝接受一切哲学。在他看来，那些哲学不但是荒谬的、怪诞的，而且是罪恶的。他自诩只有他自己才是绝对真理的掌握者，他在这一点上是如此自负，以至于在他看来任何与他意见相左的人都是可憎的怪物和人民公敌。他从来就没有怀疑过他个人的观点可能仅仅是出于臆测，也没有怀疑过自己这样考虑问题是不是更加可笑：只是因为别人否认神性就断定他们是想获得神圣的权利，或者说，他们充其量是假借否定神性，而实质上以另一种方式重建神性——这只能让人们更加怀念过去的神。某先生可以说是理性女神的一个信徒，他制造了一个摩洛神，一个让人难以忍受的神，他需要拿人做祭祀品。除了他自己和他的同道之外，任何人都不配享有思想自由。这就是某先生的自由思想。这一见解的前景确实是吸引人的，但在过去的几个世纪里，人们为了实现它已经打碎了太多太多的偶像。

为了自由，让我们来祈祷吧，千万别叫那些令人沮丧的狂热者最后成了我们的统治者。

假设理性的无声力量可以胜过神秘主义的信仰，那么讨论革命思想或政治思想的理性价值就毫无意义了，但人们依然对此津津乐道。让我们感兴趣的仅仅是它们的影响，至于假想的人类平等、人类与生俱来的善良本性、通过法律的手段重建社会的可能性等等，诸如此类的理论是否已经为观察和经验所揭穿，那是无关紧要的。不管怎么说，这些空洞的幻想却是人类目前已知的最有力的行为动机。

三、雅各宾心理

尽管"雅各宾心理"（Jacobin Mentality）这一术语并不严格属于正式的分类，但我对它还是情有独钟，因为它概括了一种得到明确界定的精神集合，足以形成一种真正的心理类别。

这种心理状态主导了法国大革命中的人们，但这并不是他们所独有的特征，时至今日，它还是我们政治生活中最为活跃的要素。

我们前面已经考察过的神秘主义心理是雅各宾心理的一项实质性要素，但是，它还不足以单独构成雅各宾心理，现在，我们就来考察其他必须加以考虑的因素。

雅各宾党人对自己的神秘主义心理浑然不觉，恰好相反，他们一直标榜自己是以纯粹理性为指导的。在整个大革命期间，他们不断地强调理性，视理性为自己行动的唯一指南。

大多数历史学家对雅各宾党人的精神状态都采用了这种唯理主义的观点，甚至连泰纳也落入了这一窠臼，他在探究雅各宾党人大部分行为的根源时，都误用了理性。不过，在他对这一问题的相关著述中，也包含了很多真知灼见，并且同其他许多方面一样，这些见解是非常出色的，这里我摘录出其中最为重要的段落：

在人类的本性中，不乏那些夸大其词的自爱或教条论证，在所有的国家中，这是雅各宾精神苟延残喘的两大根基，常常秘而不宣但又坚不可摧……在 20 岁时，当一个年轻人来到这个世界上时，他的理性几乎与他的自尊同时被激发出来。首先，无论他将来到一个什么样的社会，同纯粹的理性相比，这一社会都是可鄙的。因为，任何一个社会都不是由一个哲学上的立法者根据一定的原则来建立的，而是由人们多样而多变的需要经年累月不断进化而成的。它不是逻辑的产物，而是历史的产物。那些年轻的理性主义者总是对那些古老的建筑耸耸肩，不以为然。总以为它的选址是荒谬的，其结构支离破碎，其不便之处显而易见……大多数年轻人，尤其是那些想要干一番事业的年轻人，当他们离开学校的时候，都或多或少地沾上了一些雅各宾派的习气……社会腐败是雅各宾主义的温床，就好似发酵的土壤适合菌类的繁殖一样。想一想这一思想可资纪念的闪光之处吧，是罗伯斯庇尔和圣茹斯特的演说，立宪派与国民公会的争论，还是吉伦特派和山岳派长篇大论的说辞或虚假的报告？从来没有人振振有词地讲了那么多，实实在在地说了这么少；无聊的空话和膨胀的重点湮没了千篇一律的演讲之下可能存在的任何真理。雅各宾派的头脑中充满了对浮光掠影的空幻追求；在他的眼里，这些空想比那些实实在在的生活还要真实，这些空想就是他唯一能认同的，他会以其全部的真诚阔步行于空想的追随者的行列之前。成千上万的形而上的意志都是他个人意志的幻象，人们异口同声地支持他，而他则如鹤立鸡群，就像是一场胜利与欢呼的合唱，其他声音不过是他声音的回应而已。

在对泰纳的描述表示钦佩之余，我想他并没有准确地抓住雅各宾党人的心理。

无论是在大革命期间，还是在今天，雅各宾党人的真实心理都是诸种要素的集合，如果我们想理解它的功能，就必须先分析一下它的构成要素。

这一分析将首先向我们揭示，雅各宾党人并不是理性主义者，而是信仰至上者。他的信仰远不是建立在理性基础之上的，理性不过是他用来掩饰其信仰的面具罢了，尽管他的言论中充斥着理性主义的陈词滥调，但在他的思想和行动中却见不到一丝理性的影子。

一个雅各宾党人，如果真像有人所指责的那样运用其理性，有时倒确实可以听到理性的声音，但就我们所观察到的情况来看，从大革命开始直到今天，雅各宾党人从来就没有受到过理性的影响，不过，也正因为此，他们才拥有了如此神奇的力量。

那么，为什么雅各宾党人对理性的声音充耳不闻呢？很简单，就是因为他们的视野过于狭隘，从而使他们无力抗拒强烈的冲动，只好任其支配。

当然，仅仅由于理性不足而激情有余这两个因素，还不能构成雅各宾心理，这里面肯定还另有原因。

激情只能支持信念，而不能创造信念。既然真正的雅各宾主义者拥有强烈的信念，那么，又是什么在支撑着这些信念呢？在这里，我们前面已经探讨过的神秘主义因素就派上用场了。雅各宾党人是神秘主义者，他们借助语言和口号的魔力，用新的神祇取代了旧的上帝。为了侍奉这些严厉的神祇，哪怕采取最激烈的措施他们也在所不惜。我们当代的那些雅各宾主义者所通过的法律不就为这一事实提供了一个有力的证据吗？

雅各宾心理具有一种极端狭隘而狂热的特征，事实上，它代表一种狭隘而僵化的心灵，拒不接受任何批评，除了信仰之外从不考虑其他任何事情。

神秘主义要素和情感因素占据了雅各宾主义者的心灵，从而使他们的头脑变得极为简单。他们只抓住事物之间的表面联系，根本没有办法让他们分清异想天开的幻觉和现实的存在。他们对事物的因果关系熟视无睹，一味地沉浸在自己的梦想中无法自拔。

正如我们看到的那样，雅各宾主义者并没有超出其逻辑理性的限制，由于他们对这种逻辑知之甚少，所以他们往往变得十分危险。雅各宾主义者的那点微弱理性早已被他们的冲动制服，在有识之士视为畏途、不敢贸然前行的地方，他们满不在乎地就走了过去。

因此，尽管雅各宾主义者都是些能言善辩之徒，但这并不意味着他们是受理性引导的。当他们假想自己在接受理性引导的时候，实际上支配他们的恰恰是他们的激情和神秘主义。同所有对自己的信念坚信不疑，从而为信仰之墙所幽闭的人一样，他们永远也不可能摆脱画地为牢的困境。

一个真正好斗的空想家，与我们前文所描绘的加尔文教的信徒有着惊人的相似之处。他们受到自己信仰的蛊惑，为了实现自己的目标不惜付出任何代价，认为所有与他们的教义相背离的人都应该被处死。加尔文教徒与这些激动人心的演说家实在太相似了，他们像雅各宾主义者一样，对引导自己的神秘主义力量一无所知，相信理性是自己的唯一指南，但实际上，他们却是神秘主义和激情的奴隶。

真正信奉理性主义的雅各宾党人是不可思议的，如果雅各宾党人被视为理性主义者的话，那我们只能为理性感到悲哀。但另一方面，充满激情和神秘主义色彩的雅各宾党人则是非常容易理解的。

极为微弱的理性力量、强烈的激情和浓厚的神秘主义，正是构成雅各宾精神的三种心理要素。

注释

1 库通（Couthon，1755—1794），罗伯斯庇尔和圣茹斯特在救国委员会中的亲密同事，后一起被送上断头台。

2 圣茹斯特（Saint-Just，1767—1794），旧译圣鞠斯特。罗伯斯庇尔的坚定支持者，雅各宾专政主要领导人之一，1791 年发表《法国革命和宪法的精神》一书，1792 年入选国民公会，热月政变中被处死。

3 罗伯斯庇尔在国民公会通过了他所提出的"最高主宰"崇拜议案后，曾于 1794 年 6 月 8 日主持最高主宰节仪式。

4 指罗伯斯庇尔的名字，罗伯斯庇尔的全名是马克西米利安·罗伯斯庇尔。

5 原文为"M. A—",此处译为某先生。

6 托尔克马达（Torquemada, 1420—1498），西班牙第一任宗教总裁判官，他本是犹太人，却在 1492 年说服当局将拒绝受洗礼的犹太人一律驱逐出境，结果约有 17 万犹太人离开西班牙。在他任裁判官期间约有 2000 人被判处火刑。

第三章

革命心理和犯罪心理

一、革命心理

我们刚才已经看到，神秘主义要素只是雅各宾心理的一个组成部分。现在，我们就来看一看这些神秘主义因素是如何构成另一种很容易定义的心理状态，即革命的心理状态。

在任何时代的社会中，都会包含一些不稳定的情绪，带有这种情绪的人常常对社会表示不满，难以安于现状，随时准备反叛一切既定秩序。他们对犯上作乱有特殊的嗜好，一旦有什么神奇的力量刺激了他们的愿望，他们就会铤而走险。

这种特殊的精神状态常常源于个人对其所处环境的错误适应，或者源于极端的神秘主义，当然，它也可能仅仅是一个气质问题，或者仅仅出于病理上的原因。

反叛的心理需要（the need of revolt）可以表现出极为不相同的强度，有些仅仅是直接针对人和事的以言词表达的不满，而有些则表现得较为强烈，达到了必除之而后快的程度。有时候，个人会形成一种难以自制的革命的疯狂。俄国就到处可见这样的疯子，他们不满足于纵火或向人群中扔炸弹这样的暴行，最终开始自相残杀，比如，苦行派[1]以及其他类似的教派就是这样。

这些天生的反叛者，一般都非常容易受到暗示的影响，并且他们的神秘主义心理总是为一些固定的思想所支配。尽管他们的行动常常显得活力四射，但实际上，他们的性格极为软弱，甚至不足以抵制内在的冲动。他们受到神秘主义精神的激励，并以此为借口替自己的暴行辩护；这种神秘主义精神亦使他们把自己看成伟大的改革者。

每个社会都会产生一些反叛者，但在正常的年代里，他们要受到法律、环境的约束，也就是说，要受到一般社会规则的约束，因此，他们并不引人注意。但是，一旦发生动乱，这些约束和限制就会放松，并且叛乱为他们的反叛本能提供了一个自由发泄的机会，于是，他们就会成为这场运动当之无愧的领袖。革命的目的和动机对他们来说已经变得无关紧要；不管是红旗还是白旗，或者国家的解放之类隐约听说过的目标，他们都愿意为之献身。

革命精神并不总是被推向危险的极端。如果它不是源自情感的或神秘主义的冲动，而是源自智识，那么，它可能会成为进步的一个源泉。有时候，传统和习惯的力量是如此强大，以致它们对文明构成了束缚。这时，就需要类似革命的精神来打破枷锁，推动知识上的革命。科学、艺术以及工业等方面的进步尤其需要具有这种精神的人，伽利略、拉瓦锡、达尔文、巴斯德等等就是这样的革命者。

尽管一个民族没有必要拥有众多具有这种革命精神的人，但有一些这样的人还是非常必要的。否则，人类恐怕现在还居住在洞穴中，过着茹毛饮血、刀耕火种的生活。

这种能够带来新发现的革命胆识是一种非常罕见的能力，它尤其需要一种独立精神和一种判断能力，前者使人足以摆脱流俗观念的影响，而后者则使人透过表面的现象，抓住潜藏的事实。这种形式的革命精神是创造性的，而前面我们讨论的那种革命精神则是破坏性的。

因此，革命心理可以看作个人生活中的一种心理状态，正常来说，它是有益的，但是，一旦过了头，它就会变成一种有害的病态心理。

二、犯罪心理

任何一个文明的社会都不可避免地受到一些社会渣滓的拖累，这些人要么是退化了，要么是不能适应社会，要么就是有着各种各样的污点。四处流窜的流浪汉、沿街乞讨的乞丐、躲避惩罚的逃犯、小偷、刺客以及得过且过的饥民，都可能构成大都市的犯罪群体。在一般情况下，这些文明的赘物或多或少地会受到警察的管束。但在革命期间，他们就会变得无法无天，肆无忌惮地放纵自己的本能。任何时代的革命必定在这些社会糟粕中补充新生力量，这些人只热衷于烧杀抢掠，对于他们宣誓捍卫的事业根本就没放在心上；要是他们觉得在反革命的阵营可以获得更多杀人越货的机会的话，他们会毫不犹豫地投靠对方。

在这些可以确切地称为罪犯的人——他们是任何社会都无法克服的顽疾——之外，我们还得留心这样一个半罪犯的阶层：偶尔做些坏事的人，只要对既定秩序的畏惧还能抑制住他们，他们就不敢轻举妄动；但是，一旦这种恐惧稍有减弱，他们就会加入革命的队伍。

这两类犯罪群体——惯犯和偶尔性的罪犯，构成了一支不安定的大军，他们除了制造混乱之外，一无所能。所有的革命者，一切宗教团体和政治团体的创立者，常常寻求他们的支持。

我们前面已经说过，这一带有犯罪心理的人群，在法国大革命中产生了不可估量的作用。在那些几乎每天都会发生的暴乱中，他们总是冲在最前面。某些历史学家曾满怀敬意地记述过如下场景：至高无上的人民群众手持长矛——有时长矛的尖上还挑着刚刚砍下的头颅——冲入议会大厅，把他们的意志强加给国民公会。

如果我们分析一下那些所谓的主权人民的代表，就会发现，除了一小部分头脑简单、唯其领袖马首是瞻的人之外，我在前面所提到的那些强盗几乎占据了大部分。诸如九月屠杀、朗巴勒公主被杀之类的暴行中，他们都是罪魁祸首，难辞其咎。

　　从制宪议会到后来的国民公会，这一系列的议会都受过他们胁迫，并且他们对法国的蹂躏一直持续了十年之久。如果能借助某些奇迹，及时将这支犯罪大军剪除的话，大革命的进程或许会是另外一番景象。从大革命的兴起直至其衰落，这些人始终都在以鲜血玷污大革命。对于他们，理性是起不了任何作用的，相反，他们却可以通过种种暴虐的行径来反对理性。

注释

1 苦行派（Skoptsi），俄国东正教分裂出的一个派别。

第四章

革命大众的心理

一、大众的一般特征

不管革命的起因是什么，除非它已经渗透到群众的灵魂中，否则，它就不会取得丰硕的成果。从这个意义上说，革命代表了大众心理的一个结果。

虽然我在另外一本著作[1]中已经详尽地研究过集体心理，但在这里我还是有必要再重复一下它的主要法则。

个人在作为大众之一员而存在时，具有某些与他在作为孤立的个体而存在时迥然相异的特征，他有意识的个性将为群体的无意识人格所湮没。

个体身上产生的大众心理并不一定需要实质性的接触，某些特定事件所激发的共同的激情和情绪，通常就足以使其实现。

集体心理在瞬间就可以形成，它表现为一种非常特殊的集合，其主要特征在于它完全受一些无意识的因素控制，并且服从一种独特的集体逻辑。

在群众所具有的另外一些特征中，我们应当注意这样几点，那就是他们很容易轻信，对事物过于敏感，常常缺乏远见，以及对理性的影响不能做出反应。断言、传染、重复和威信几乎就是说服他们的唯一手段，事实和经验对他们不起什么作用。群众可能相信任何事情，在他们的眼里没有什么事情是不可能的。

群众是极其敏感的，所以，他们的情绪——不管是好的还是坏的——总是夸张的。这种夸张在革命期间表现得尤为突出，哪怕一点小小的刺激都可能导致他们采取最狂暴的行动。在正常情况下，他们的轻信就已经十分严重，何况在革命时期，那只能变本加厉，痴人说梦般的呓语都会让他们信以为真。阿瑟·扬[2]讲述过这样一个故事：法国大革命期间，他在克莱蒙附近的水泉处游历，行至半途，他的向导被一群人挡住了去路。原来，他们也不知是听信了谁的谣言，竟认为他是受王后的指使来这里准备引爆小镇的。当时，到处流传着那些关于王室的可怕谣言，最后王室简直被说成盗尸者和吸血鬼的巢穴。

诸如此类的特征表明，群体中的个人就其文明程度而言已经堕落到一个非常低的层次。他变成了一个野蛮人，带有野蛮人的一切性情和缺陷，有着突如其来的狂暴、热情和英雄主义。就智力来说，群众是无法与单个人相比的。但就道德和感情来说，群众则可能要略胜一筹。群众很容易就犯下罪行，就像他们很容易做出自我克制一样。

个人的特性在群体中很快就会消失，群体对个人施加的影响是相当大的：吝啬鬼变得慷慨大方，怀疑论者成了一个信徒，最诚实的人成了罪犯，懦夫亦可以变成勇士，诸如此类的转变在大革命期间比比皆是，屡见不鲜。

作为陪审团或国会中的一员，集体成员所做出的判决或所颁布的法律，都是他在个体状态时做梦也想不到的。

在集体的影响下，作为集体组成部分的个人将发生一系列变化，其中最为突出的后果之一就在于他们的感情和意志的同质化。这种心理上的同质化赋予了群众一种非同寻常的力量。

一个精神上的统一体（mental unity）之所以能够形成，其主要原因就在于群体中的态度和行为是极富感染力的，仇恨、狂怒或热爱之类的情感在叫嚣声中很快就会得到支持，并反复强化。

这些共同的情感与意志源自哪里呢？它们通过感染而传播，但在这种感染发生作用之前肯定要有一个出发点。如果没有一个领袖，大众就是一盘散沙，他们将寸步难行。

要想解释我们大革命中的诸多因素，要想理解革命议会的种种行为及其单个成员的转变，我们就必须具备大众心理的知识，了解它的规律。由于受到集体无意识力量的推动，群众常常说不清自己的真实意图，结果往往投票赞成那些他们原本不赞同的动议。

尽管集体心理的定律有时候会被一些高明的政治家凭借直觉识破，但政府部门中的大部分人从来就没有理解这些定律。正是因为他们没有理解这些定律，所以，他们中的很多人就这样轻而易举地被赶下了台。我们看到，有些政府居然会被一些无关紧要的动乱颠覆——路易-菲利普的君主政体就是这样一个典型，这的确让人感到匪夷所思，实际上这都是忽视集体心理的结果，其危险是显而易见的。1848年法国的军队足以保护国王，但当时的法军统帅显然没有理解允许群众与他的军队混在一起意味着什么。结果，军队在暗示和传染的作用下，竟然不知所措，以致最后弃职不顾。他不知道，由于群众对威信是极为敏感的，所以实力的展示会给他们留下深刻的印象，并起到威慑作用。当时，这样的展示可以立即镇压反对派的示威。同时，他也忽视了这样一个事实，即一切集会都应该立即被驱散。所有这些教训都已经为历史经验所验证，但在1848年，它们都被忽视了。在大革命时期，能够理解大众心理的人更是寥寥无几。

二、民族精神的稳定性如何限制大众心理的摇摆

在某种意义上，我们可以把一个民族比作一个群体，

这一群体具有某种特性，但这些特性的变动要受到民族精神或民族心理的限制。民族精神具有一种确定性，这种确定性是群众的短暂心理所不具备的。

当一个民族在漫长的历史进程中形成了它的传统精神以后，群众的精神就会由此而得到控制。

一个民族之所以不同于群众，还在于民族是由一些利害好恶各不相同的群体聚集而成的；而严格意义上的群众——比如一次群众性集会——则包含了各种各样属于不同社会集团的个人。

一个民族有时候似乎像群众一样易变，但我们不能忘记，在它的易变性、热情、狂暴以及毁灭性背后，民族精神还保持着极为顽强和保守的本能。大革命及其后一个多世纪的历史向我们展示了保守精神最终是如何战胜破坏精神的，人们打破了一个又一个政府体系，然后又一个接一个地将它们恢复。

民族心理，也就是种族心理[3]，并不像大众心理那样容易发生变化。对民族心理发挥作用的方式是间接的、比较缓慢的（如杂志、会议、演讲、书籍等等），而说服的原则也不外乎前文已经给出的那些，诸如断言、重复、声望和感染等等。

精神的传染可能会迅速地蔓延到整个民族，但在更多的情况下，它的影响是潜移默化的，从一个群体传递给另一个群体。宗教改革就是以这种方式在法国传播的。

一个民族远不像群众那样容易激动，但是有一些事件——如国家的耻辱、面临侵略的威胁等等，可能会立即唤醒整个民族。这种现象在大革命时期屡屡发生，尤其是当布伦瑞克公爵公布他那篇傲慢无礼的宣言时[4]，法兰西民族的民族意识可以说达到了顶峰。当公爵以武力相威胁时，他对法兰西民族的心理实际上是一无所知的。布伦瑞克公爵的这一举动不但极大地损害了路易十六的事业，而且也是引火烧身。他的干涉激起了全法国人民的愤怒，他们迅速组成一支义勇军开赴战场。

这种整个民族同仇敌忾之情的突然爆发在任何一个国家都可以见到。当拿破仑决定大举入侵西班牙和俄国的时候，他就低估了这种热情所可能迸发的力量。一个人可以轻而易举地瓦解乌合之众的肤浅心理，但在历史悠久的民族精神面前却常常变得束手无策。俄国的农民显然是一群对什么事情都漠不关心的人，他们天生粗野且狭隘，然而，当他们得知拿破仑入侵的消息以后，就仿佛立即变了个人似的。只要我们读一读沙皇亚历山大一世的妻子伊丽莎白所写的一封信，我们就会信服这一事实。

> 从拿破仑越过我们边境的那一刻起，这一消息就像电火花般传遍了俄国全境。在如此浩瀚的疆域内，一则消息竟然能够同时弥漫于帝国的每一个角落，愤怒的呐喊声一旦响起将是非常可怕的，我相信甚至在

地球的那一端都能听到回声。随着拿破仑的进军，这种感情愈来愈强烈。那些丧失了全部财产或几乎全部财产的老人们说："我们要寻找另外一种生活方式；没有什么比耻辱的和平更让人难以接受。"那些亲人们在军队里服役的妇女将自己面临的危险置之度外，除了耻辱的和平之外，她们无所畏惧。和平虽然美好，但它目前对俄国来说无异于一张催命符，在这一点上是没有妥协余地的；沙皇本人没有想过媾和，而且就算他有这种想法也不能这样做。这就是我们的英勇立场。

王后还向她的母亲讲述了这样两个故事，从这两个故事中我们可以对俄国人顽强的抵抗精神有所了解。

在莫斯科，法国士兵抓住了一些不幸的农民，他们想强迫这些人留在自己的部队里服役。为了防止他们逃跑，法国人在他们的手上打上了戎装战马的烙印，其中一个农民问他们这种标志的含义，法国人告诉他，这就意味着他已经是一个法国士兵了。这位俄国农民惊呼道："什么？我是法兰西帝国的一名士兵？"说着，他立即拿出一把短柄斧子把打上烙印的那只手砍了下来，并把它扔到在场的法国士兵脚下，对他们说："拿走吧，那就是你们的标志。"

同样也是在莫斯科，一些村民袭击了法国运送粮草的部队和正规部队的分遣队。法国人抓住了其中的20个农民，并希望用杀一儆百的方法来震慑其余的村民。于是，他们让那些农民们靠着墙站成一排，并用俄语宣读对他们的判决：如果他们求饶的话，还能活命；否则，他们将被处死。法国人开枪打死了他们中的第一个人，等待着其余的人在恐惧中向他们求饶，并答应痛改前非。但没有任何反应，于是他们就继续开枪，打死了第二个、第三个，一直到最后杀死了所有的人，没有一个人打算向敌人乞求仁慈。在俄国，拿破仑一次也没有享受到"亵渎"给他带来的快乐。

对于大众心理的诸种特征，我们必须指出，任何民族在任何时代都免不了迷信神秘主义。人们总是对那些非同寻常的存在——如神祇、政府或伟大人物——确信不移，并相信他们拥有可以随心所欲地改变事物的神奇力量。这种神秘主义心理使人们产生了一种崇拜的强烈需要，不管是一个人，还是一种教义，人们必须有一个崇拜的对象。这就是当人们受到无政府状态的威胁时，会祈盼一位救世主来拯救他们的原因。

同群众一样，整个民族也容易对一个对象发生由崇拜到憎恨的转变，不过这一过程比较缓慢。一个人在某一段时期里可能被视为民族英雄，但最后又被人们诅咒，任何一个时代的大众对政治人物的态度都可能发生逆转，克伦威尔生前死后的荣辱变幻就为我们提供了这样一个非常奇特的例子。[1]

三、革命运动中领袖的作用

正如我们一再强调的，任何一种类型的群众——不管是同质的还是异质的，不管是议会、民族，还是俱乐部等等，只要还没有出现一个领袖来领导他们，他们就无法实现团结，采取共同的行动。

在其他地方，我已经通过某些生理学上的实验来证明，群众的无意识集体心理与领袖的心理密切相关。领袖赋予群众一个单一的意志，并且要求他们无条件地服从。

领袖尤其喜欢通过暗示来影响群众，他的成功与否取决于他激发这种暗示的方式。有许多实验可以证明一个集体对暗示可能服从到何种程度。[2]

在领袖们暗示的作用下，群众会做出各种各样的反应：镇静或狂怒，罪恶或英勇。这些暗示有时候也可能表现出

---

[1] 克伦威尔虽然在推翻了一个王朝以后拒绝接受王冠，但在他死后，却如国王般被厚葬于王家墓地。两年后，他的尸体被人从墓中掘出，刽子手砍掉了他的头颅，然后展示在国会的大门口。不久前，英国为他树立了一尊塑像。就这样，原来的无政府主义者，后来成了独裁者，现在又再次被人请上神龛。

[2] 在无数能够证明这一事实的实验中，最引人瞩目的是格劳森教授对他班级的学生所做的实验，这个实验发表在 1899 年 10 月 28 日的《科学评论》（*Revue Scientifique*）上。

理性的一面，但也仅仅是表面上合乎理性。事实上，群众是很难服从理性的，唯一能够对他们产生影响的就是以想象的形式激发的情感。

群众在不同的领袖的刺激下，很容易做出截然对立的冲动之举，这样的事情在法国大革命的历史上不胜枚举。我们看到，群众对吉伦特派、埃贝尔派、丹东派以及恐怖主义者的相继胜利和倒台，无不感到欢欣鼓舞。我们同时也可以肯定一点，那就是群众对这些走马灯似的事变到底意味着什么一无所知。

从远处看，我们只能对这些领袖所扮演的角色有朦朦胧胧的认识，因为他们一般都是在幕后操纵的。如果想深入地领会这一点，我们必须把他们放到当时的环境中去研究。这时我们就会看到，领袖们煽动一场极为激烈的群众运动是何等容易。在这里，我们不考虑邮电工人罢工或铁路工人罢工之类小的事件，因为，在这些事件中，可能起作用的仅仅是其雇员的不满，而群众对它们是一点兴趣也没有的。这里我们可以举一个例子，来看看少数几个领袖是如何在巴黎平民中挑起一场群众骚乱的。那是费雷尔在西班牙被处以死刑后的第二天，尽管法国民众此前从来没有听说过费雷尔这个人，而在西班牙，他的死刑也没有引起多少人的关注，但是，在巴黎，少数几个领袖就足以煽动一支民兵冲向西班牙大使馆，并打算焚毁它，政府因此不得不派出一部分卫戍部队来保护大使馆。尽管这些攻击者被有效地击退了，但他们还是洗劫了一些商店，并设置了一些路障，然后扬长而去。

无独有偶，接下来发生的事情也有力地证明了领袖们的巨大影响。最后，这些领袖意识到焚烧外国使馆可能是非常危险的，于是，第二天他们又改变策略，代之以和平的示威运动。就像起初他们接受指令发动暴乱一样，现在群众又忠实地服从新的命令。没有什么事例比这更能显示领袖的极端重要性以及群众的温顺驯服了。

那些历史学家们，从米什莱到奥拉尔，都认为革命大众在群龙无首的情况下，照样能够行动自如；实际上，他们根本不理解革命大众的心理。

注释

1 指《乌合之众：大众心理研究》一书。

2 阿瑟·扬（Arthur Young，1741—1820），英国旅行家、作家，曾于法国大革命前夕和革命初期访问法国，他所著的《法国旅行记》是研究法国大革命的重要文献。

3 勒庞对种族（race）与民族（people）并没有做严格区分，他常将两者混用。在翻译的过程中，除特殊情况外，译者将两词均译为民族。

4 布伦瑞克公爵（Duke of Brunswick，1735—1806），普鲁士将军，普奥联军司令。他在1792年7月25日发表的宣言中要求法国停止革命，恢复国王的权力，否则就将巴黎完全毁灭。此项宣言导致法国发生8月的革命性事变；同年9月，他在瓦尔密战役中被法军击败。

第五章

革命议会的心理

一、革命议会的心理特征

一个大的议会，比如说一个国会，就是一个群体。但是，由于这样一个群体往往是由互相对立的派别所组成的，所以，它有时很难采取有效的行动。

这些受不同利益驱使的派别的存在，提醒我们必须注意一个议会是由一些下级群体所构成的，这些异质的群体服从各自的领袖。大众心理的规律只有在这些派别内部才能发挥作用；议会中这些不同派别根据同一个目标采取一致行动，只有在非常特殊的环境中才会作为例外而出现。

议会中的每一个派别都是独立存在的。个人一旦加入了某个派别，他就不再是他自己了，个人的意志将消失。即使在违背自己信念和愿望的情况下，他也要毫不犹豫地表示服从。在路易十六受到审判的前夜，维尼奥强烈地谴责了投票赞成路易十六死刑的建议。但是，第二天他确实投了赞成票。

一个群体的作用主要就在于将那些摇摆不定的意见确定下来，一切软弱无力的个人信念一旦转化为集体信念，就会变得坚定不移。

有时候，拥有巨大威望的领袖或不同寻常的暴力，可以对议会中所有的派别施加影响，从而使他们成为一个同一的群体。比如，国民公会中的大部分成员就是在一小撮领袖的影响之下，通过那些完全违背自己意见的法律的。

面对一些活跃的派别，集体总是被迫做出让步。通观整个大革命中议会的历史，我们会发现，那些议员[1]们尽管可以对国王出言不逊，但在暴民领袖面前，他们又是何等胆小怯懦。当一帮狂热之徒在其专横领袖的指挥之下冲进议会发出威胁的时候，这些议员们往往当场就投票通过了那些荒唐透顶、破绽百出的议案。

任何一个议会一旦具备了群众的特征，就会像群众一样，在情感上走向极端。一方面它暴虐至极，另一方面它又胆小如鼠。一般来说，它在弱者面前总是趾高气扬，不可一世；而在强者面前，它又显得低声下气，奴性十足。

当年，年轻的路易十四[2]手里拿着鞭子，意气风发地发表他简短的演说时，议会是何等的谦恭卑下；就在路易十六逐渐失去权势、无力还击的时候，制宪议会的傲慢无礼却在与日俱增；最后，罗伯斯庇尔统治之下的国民公会更是大权独揽。所有这一切我们至今仍然历历在目，难以忘怀。

议会的这一特征已经成了一条普遍的法则：一位君主在他的权力开始变得不稳固时召集议会，从心理学上看绝对是一个致命失误。三级会议（The States General）的召开断送了路易十六的性命，实际上他是在步亨利三世的后尘。当年，亨利三世在被迫离开巴黎以后，决定在布卢瓦召集等级会议，结果这一愚蠢的举动差点让他丢掉了王位。[3] 一旦意识到国王的虚弱，等级会议的代表们就会俨然以主人自居，要求修改赋税、解散官员，并声称他们的决定应该具有法律效力。

在大革命时期的所有议会中，这种愈演愈烈的僭越情绪得到了充分体现。制宪议会最初对王室的权威及其特权是极为尊敬的，但到最后它竟然声称自己拥有最高的主权，而把路易十六仅仅看作一个官员。国民公会起初还是比较温和的，但很快就为崭露头角的恐怖形式所取代。那时，判决还得到某些法律程序的保证。紧接着，国民公会的权力开始直线上升，它颁布法律剥夺了所有被告的辩护权利，并仅仅依据指控就定嫌疑人的罪。于是，国民公会越来越屈从于自己的狂热和暴虐，最终走上了自取灭亡的道路。吉伦特派、埃贝尔派、丹东派以及罗伯斯庇尔的追随者们就这样一批一批地被送上断头台，结束了自己的生命。

议会在情绪上的这种僭越和极端可以解释为什么它们总是掌握不了自己的命运，为什么总是走上与自己所设想的完全相反的道路。天主教徒、保王主义者以及制宪议会的代表们，原本一心一意想要建立君主立宪政体，保卫宗教信仰，结果却事与愿违，很快就把法国引向了一个暴虐的共和政体和对教士的残酷迫害。

正如我们已经看到的，议会是由各种异质的派别所组成的。不过，有些时候它们也可能是由同质的派别所组成的，比如，某些俱乐部。这些俱乐部在法国大革命期间曾经起到了非常重要的作用，它们的心理值得我们做一番详细的考察。

二、革命俱乐部的心理

一些小的社会团体的成员拥有同样的观点、信仰和利益，通过统一其成员的情感以及意志，它可以消除一切异己之声，在这一点上它与大的团体有所不同。像法国大革命时期的公社、宗教集会、市政社团和俱乐部，19世纪上半叶的秘密结社，以及今天的共济会和工团组织等等，都属于这类小团体。

如果我们要理解法国大革命的进程，那么，我们就必须深刻地领会一个异质的团体与一个同质的俱乐部之间的差异。直到督政府时期，大革命始终都是由这些俱乐部所操纵，尤其是在国民公会期间。

尽管由于对立派别的缺失，这些俱乐部实现了意志上的统一，但它们仍然符合大众心理学的规律。所以，领袖依然是俱乐部的灵魂，由罗伯斯庇尔所控制的雅各宾俱乐部在这一点上尤为明显。

在一个俱乐部中，在一个同质的群体中，领袖发挥功能比在一个异质群体中发挥功能要困难得多。对于异质群体，只需要很少的手腕就可以实现控制。但在一个同质的群体中，比如在一个俱乐部中，由于其成员的情感和利益都是一致的，所以，领袖必须懂得如何驾驭他们，否则，弄不好自己反而会被别人领导。

同质化群众的力量之所以如此强大，部分原因在于他们是匿名的。我们知道，在1871年巴黎公社期间，几个匿名者的命令足以让巴黎那些最好的纪念性建筑付之一炬：市政厅、杜伊勒里宫、审计法院、荣誉勋章获得者纪念碑等等；由一个匿名委员会发出的"烧掉财政部，烧掉杜伊勒里宫"的简短命令立即得到了执行，只是一个非常偶然的机会才使得卢浮宫及其藏品免于浩劫。根据那些匿名的工会领袖制定的最为荒唐的指令，我们还知道今天所谓的宗教关注是什么。在法国大革命期间，巴黎的那些俱乐部和起义者公社权倾一时，由这些机构发出的一纸命令足以推翻议会，以一拨军队直接实现其统治。

我将在另一章中总结国民公会的历史。在那里，我们将看到民众对议会的入侵是多么频繁，而据说，议会面对一小撮暴动者蛮横无理的要求，常常言听计从、俯首帖耳。督政府根据这些经验教训，关闭了俱乐部，并通过加强警卫戒备，卓有成效地终止了民众的入侵。

在政府问题上，国民公会则较早地认识到同质群体比异质群体优越，这就是它将自己分为若干个由有限成员组成的委员会的原因。这些委员会——如救国委员会、财政委员会等等——在大议会中形成了一系列小的独立议会，它们的权力一般只受到俱乐部权力的制约。

通过以上考察，我们可以看到群体对其成员的意志所产生的影响。如果群体是同质的，那么这种影响是相当大的；如果它是异质的，那么这种影响尽管有所减弱但仍然非常重要。这可能是因为议会中较为强大的群体将支配那些凝聚力较弱的群体，也可能是因为某些具有传染性的感情常常会扩散到议会中每一个成员的身上。

大革命期间关于群体影响最让人难忘的一个例子恐怕莫过于1789年8月4日之夜了，就是在这个夜晚，贵族们投票通过了他们中的某个成员[4]所提出的废除封建特权的动议。然而，我们知道，大革命部分地起因于教士和贵族拒绝放弃他们的特权。为什么他们开始的时候拒绝放弃特权，而后来又主动放弃了呢？仅仅是因为当人们结成一个群体时，其行为是不同于单独一个人的；就个人来说，没有哪个贵族成员愿意放弃自己的特权。

为了说明议会对其成员的这种影响，拿破仑在圣赫勒拿岛上曾经引用过一个奇怪的例子。他说："在这一时期，遇到一个人发现其言谈举止与传闻中的说法完全不一样，是再稀松平常不过的事了。例如，人们可能会认为蒙日是个可怕的家伙：战争刚爆发的时候，他登上雅各宾俱乐部的讲坛，慷慨激昂地宣布他将把自己的两个女儿许配给最先为敌人所伤的两个士兵，他要看到贵族们人头落地，等等。而实际上，蒙日是个非常文弱的人，他甚至不愿意让人当他的面杀一只鸡，更不用说让他亲手去杀一只鸡了。"

三、对议会中情绪不断激化之原因的 一个尝试性解释

如果能够对集体情感进行准确测量的话，我们或许可以通过一条曲线来解析它们：这条曲线一开始是比较缓慢地上升，然后便急速攀升，接下来则几乎直线下降。这一曲线的方程式可以被称为集体情感变化的方程式，它反映了集体情感受到持续的刺激而发生变化的过程。

事实上，要解释某些情感在某种激励因素的持续作用下的加速过程并不那么容易。当然，有人会说，如果心理学的规律与力学的规律相类似的话，那么，某一原动力在同一个维度上连续作用于情感，将迅速地增加这种情感的强度。例如，我们知道，在维度和方向上恒定的一个作用

力，比如地心力对一个物体的引力作用，将会产生一种加速度运动。因此，在重力的影响下，自由落体的速度在第一秒内大约是每秒 32 英尺，在第二秒内则达到每秒 64 英尺，在第三秒内将达到每秒 96 英尺，依次类推。如果移动的物体从一个足够的高度落下来，它所产生的动能很容易就会穿透一块钢板。

虽然这种解释可以适用于受到一个持续刺激的情感所产生的加速度，但它并不能告诉我们为什么这种加速度的作用最后突然消失了。如果我们引进心理学的因素，那么这一结果就可以理解了。也就是说，我们知道，快乐就像痛苦一样，不能超过一定的限度，而且，所有的情感如果过于激烈，都会导致感觉麻木。我们的有机体只能支持一定极限的欢乐、痛苦或努力，并且它也不能长时间地承受这种极限。就像紧握着一个测力计的手掌一样，它很快就会耗尽能量，最后不得不突然松开。

对议会中某些群体情感迅速消失的原因的研究提醒我们注意这样一个事实，那就是除了那些凭借实力或威望而占据优势的派别之外，肯定还会有其他的派别，由于受到力量或威望的限制，其情感不能得到充分的展示。环境的偶然变化可能会在某种程度上削弱占优势地位的派别，这时敌对派别的那些受到压抑的情感就可能迅速膨胀，而占据上风。这也是山岳派在热月以后就得到的一个教训。

由于心理现象是以情感因素和神秘主义因素的演化为

条件的，所以，我们在心理现象的规律与物理现象的规律之间所做的类比，显然还是相当粗略的。然而，除非我们对大脑功能的机制有进一步的了解，否则它们就只能限于此了。

注释

1 法国大革命时期，历届议会的成员都称为国民代表，而不称议员，译文中为了方便起见，多译作议员。

2 路易十四（Louis XIV，1683—1715），又称"太阳王"、伟大的路易十四，法国国王。其统治期间，在国内加强了君主专制，使法国的全部力量集中在一个君主的统辖之下。

3 1576 年，国王亨利三世颁布《博利厄赦令》，结果引起天主教徒的不满，在吉斯公爵鼓动下组成"天主教神圣同盟"，亨利三世被迫逃离巴黎，避居布卢瓦。他在这里召集了三级会议，但受到胡格诺派的抵制。

4 指诺阿伊子爵。

第二编

法国大革命

第一卷

法国大革命的起源

第一章

历史学家对法国大革命的看法

一、研究大革命的历史学家

尽管法国大革命距今已经有100多年了，但是，一个世纪的时间似乎还不足以让人们坐下来心平气和地讨论它。对于大革命，依然存在诸多截然对立的看法：在梅斯特尔[1]看来，法国大革命是"一桩魔鬼的事业"，"这一举动的黑暗精神是如此昭然若揭，世所罕见"；而当代的雅各宾党人则认为它使人类获得了新生。

侨居在法国的外国人以为法国人自己对此尚难以言之，何况外人？故而至今其在交谈中还绝口不提这一事件。

巴雷特·温德尔写道："这一记忆及其传统几乎在每一个地方都是如此富有魅力，以至很少有人能够对它们无动于衷。它们既能引发人们的热情，也能激起人们的仇恨，人们在看待它们时无一不带有一种热诚洋溢的派性精神。越是理解法兰西，你就越会发现，甚至直至今日还没有哪项对大革命的研究在法国人看来是切中肯綮、客观公允的。"

这一观点极其准确，假如想对某些历史事件做出毫无偏见的解释，那么，这些过去发生的事件必须不会再产生什么实际后果，并且不能涉及宗教的或政治的信仰，正如我已经指出的，这些信仰将不可避免地引发不宽容。

因此，我们对这种情况不必大惊小怪，那就是历史学家对大革命的评价往往有天渊之别：一些人把它视为人类历史上最邪恶的事件之一，而另一些人则把它看作最伟大的事件之一，这种情形由来已久。研究法国大革命这一题材的所有作家都相信自己对法国大革命过程的叙述是客观公允的，但他们用以支撑其歧义百出的理论之论证方式一般都是惊人地简单的。有关的文献汗牛充栋，而且内容相互矛盾，他们有意无意的选择很容易使他们各自的理论得到证明。

老一辈研究大革命的历史学家如梯也尔、基内 [2]——尽管此人天分极高——以及米什莱本人，在今天已经多少有些不吃香了。他们的学说过于简单，他们的著作中通常弥漫着一种历史宿命论。梯也尔把大革命看作数百年君主专制所带来的后果，而大恐怖 [3] 则是外敌入侵的必然产物；基内认为1793年的僭越与过激是长期专制导致的，但他又宣称国民公会的暴政是不必要的，并且妨碍了大革命的事业；米什莱则简单地把大革命视为他所盲目崇拜的人民之事业，并开先例对它赞誉有加，直至今日仍有许多历史学家在步其后尘。

所有这些历史学家的声誉在很大程度上被泰纳给一笔勾销了。尽管泰纳同样也对大革命满怀激情，但是他的研究却闪烁着真知灼见，取代他的成果无疑要一个漫长的时期。

不过，即使如此重要的著作也难免有其瑕疵。泰纳对事实和人物的叙述令人钦佩，但他试图依据理性逻辑的准则对根本不受理性支配的事件做出判断，这注定是行不通的。他的心理学在描述事实方面是卓越的，然而，当试图对事实进行解释时却显得弱不禁风。仅仅断言罗伯斯庇尔是一个书生气十足的"冬烘先生"（swotter）并不能揭示他何以能拥有凌驾于国民公会之上的绝对权力，并能持续几个月进行肆无忌惮的屠杀。说泰纳洞若观火却不求甚解是非常公正的。

尽管存在这些缺陷，他的著作仍然瑕不掩瑜，并且至今无有望其项背者。他的巨大影响，我们从他在正统雅各宾派的忠实辩护者中所引起的恼怒足见其一斑。这些人中，当代主教、巴黎大学的奥拉尔教授花费了两年时间写了一本小册子来反击泰纳，其字里行间无不浸透着热情。但是，两年的代价换来的只是修正了少量材料上的错误，不但无关大体，而且同时也犯下了同样的错误。

柯钦先生在评论奥拉尔的著作时指出，奥拉尔时不时地为其引证的材料所蒙蔽，而泰纳所犯的错误则要少得多。这位历史学家还告诫我们不要相信奥拉尔所使用的材料：

> 这些材料——会议记录、小册子、杂志以及爱国者的演说和著作——确实是可信的爱国主义出版物，它们是爱国者们编辑的，通常是为了公共利益而出版的。奥拉尔事实上应该把这些材料当作被告的特殊答辩词。然而，在他的心目中已经有了一套对大革命史的既定认识，它挨个展示了"人民"的每一次行动，从九月屠杀到牧月法令[4]。这一先入为主的解释所依据的正是被告对共和政体的辩护。

对泰纳著作最公平的批评或许就是他的研究是不完整的，他着重研究了平民及其领袖在革命期间的作用。这一研究激起了他用数页之多来表达一种至今仍值得我们钦佩的义愤，但是，大革命几个非常重要的方面却逃过了他的眼睛。

无论人们怎么看待大革命，泰纳学派与奥拉尔学派的历史学家之间不可通约的分歧总是存在的。后一派学者认为至高无上的人民是值得赞美的，而前一派的学者则告诉我们，至高无上的人民一旦放纵自己的本能，摆脱一切社会约束，就会蜕化为原始的野蛮人。奥拉尔的观点与大众心理学的训诫是完全对立的，但它在现代雅各宾党人的眼里却依然像宗教信条一样神圣。他们以信徒的方式书写大革命的历史，并把那些虚幻的神学家的论证视为博学之作。

二、大革命的宿命论

无论大革命的鼓吹者还是诋毁者，都得承认，革命事件蕴涵着不可避免的天命。这一理论被完美地整合在埃米尔·奥利维尔所著的《大革命史》一书的如下段落中：

> 没有谁可以否认这一点，即过错既不在那些已经去世的人，也不在那些劫后余生者；改变事物的要素、预见事件的发生，都不是单个人的力量所能企及的，因为它们源于事物的本性及其所处的环境。

泰纳本人也倾向于这种观点：

> 当三级会议召开的时候，观念与事件的进程不但已经注定，而且是可以预见的。每一代人都在不知不觉中延续着过去，孕育着未来；在事情发生很久之前，它的命运就已经注定。

当代的另一些作者虽然同泰纳一样对革命的暴力丝毫

没有迁就之意，但他们对这种宿命论同样确信不疑。索列尔先是回顾了博絮埃关于古代革命的格言："如果我们仅仅考虑事情的特殊缘由，那么一切事物都是令人惊异的；但事实上它们只不过是在按正常的秩序进行而已。"之后，他表达了这样一种连他自己也没搞明白的意见："大革命，在一些人看来，它是对旧欧洲世界的倾覆，而另一些人则将其视为旧欧洲的再生。事实上，这场革命是欧洲历史自然而必要的结果。而且，这场革命所产生的结果并不是非常出乎人的意料，它可以从这一段历史中得到验证，并可从旧制度的惯例中得到解释。"

基佐[5]先前也试图证明大革命是完全合乎自然的，并未引发什么革故鼎新之举，并且，他非常错误地把它与英国革命相提并论：

> 革命不但远没有打断欧洲历史的自然进程，而且可以说，无论是在英国革命还是法国革命中，人们所说的、所做的、所向往的，早在革命爆发的一百年前就已经被人们说过、做过、企盼过。

不论我们是从总的原则，还是从这些原则的具体运用——也就是说，无论是国家的治理还是公民权利的立法，财产权还是人身权，自由还是权力——来看待这两次革命，我们都不会发现有什么事物是革命本身所创造出来的，也没有什么事物不可以在其他地方出现，或者说不可以在我们称之为正常的年代里产生。

所有这些论断都只是让人回想起那条老套的定律，即一种现象仅仅是先前现象的结果罢了，这样的一般性命题不能给我们更多的启示。

我们千万不要试图用被如此之多的理论家采纳的宿命论原则（the principle of fatality）来解释太多的事件。我在其他地方已经探讨过这些天命的意义，并指出文明的所有成就就在于竭力摆脱这些天命的控制。诚然，历史充满了各种各样的必然性，但同样也充满了各种本来不应该发生但结果却发生了的偶然性事件。拿破仑本人在圣赫勒拿岛曾列举了对他的伟大事业可能构成掣肘的六个环境因素，尤其是他提到1786年他在欧索讷洗浴时，由于一座沙丘而幸运地逃过一劫。如果波拿巴当时死掉了，那么我们或许得承认另一位将军会崛起，并成为独裁者，但是没有这样一个天才人物来指挥我们战无不胜的军队横扫欧陆各国的首都，帝国的丰功伟绩与结局会是什么样呢？

把大革命部分地看作一种必然性当然是可以的，但它首先是一场持久的斗争，这场斗争发生于那些抱有一种全新理想的理论家与支配着人类、但尚未被理解的经济、社会和政治规律之间——这一点是前面所引证的相信宿命论的作家们没有告诉我们的。由于理论家们不理解这些规律，所以他们试图指导事件进程的努力只能以失败告终，他们

为自己的失败所激怒，最终诉诸暴力。他们颁布法令宣布
被称作指券[6]的纸币应该成为黄金的等价物，但他们的威
胁无法阻止这种货币的虚拟价值狂跌至分文不值；他们颁
布最高限价法令[7]，结果反而增加了他们意欲救治的罪恶；
罗伯斯庇尔在国民公会宣布"所有无套裤汉[8]都将从由富
人提供的公共财政中领取开支"，尽管发布了这样的命令再
加上断头台，但国库仍然空空如也。

大革命中的人们在打破了人类的所有限制之后才发
现，一个社会一旦没有了这些限制根本就无法运行下去；
但是，当人们打算建立新的规范时，他们又意识到哪怕是
最强有力的社会，即使加上断头台的威胁，也无法取代过
去的岁月在人们头脑中慢慢形成的风纪。至于理解社会的
演化，判断人类的心智，预见所颁布的法律之效果，他们
则几乎很少去考虑。

大革命中的种种事件并不是不可逆转的必然性之结
果，它们与其说是环境的结果，远不如说是雅各宾主义的
产物，并且本来应该发生的事情与实际上发生的有天壤之
别。如果路易十六能够从谏如流，或者制宪议会在群众起
义时不那么胆怯，那么，大革命还会沿着同一条道路发展
下去吗？革命定数论只有在以暴力不可避免的名义下为之
辩护的时候才派得上用场。

无论是对待科学还是历史，我们都必须意识到隐匿在
宿命论教条下的无知。以前，大自然完全支配了我们的命

运，而如今，科学的不断发展正设法使我们摆脱这些命运的控制。诚如我在其他地方指出的，精英人物的作用就是消除这些天命与定数。

三、近来研究大革命的历史学家之犹疑

我们在前面的章节中对某些历史学家的思想进行了考察，发现他们非常热衷于一些似是而非的观点。囿于信仰的限制，他们不愿深入观察知识的王国，保王派作家视大革命为洪水猛兽，而自由派作家则为大革命的暴力百般辩解。

现如今，我们可以看到一场运动正在兴起，它必然会促使对大革命的研究成为一种对科学现象的研究，在这种研究中，作者的成见与信仰的介入是如此之少，以至读者不会对他们产生什么怀疑。

不过，这一确信阶段尚未到达，我们仍处在怀疑阶段。过去是如此斗志昂扬的自由派作家们现在已经能够以平和的心态对待大革命了，这种新的心理状态可以从最近一些作者的如下摘录中略见一斑。

曾经大肆渲染大革命之功效的阿诺托发问："为大革命之结果所付出的代价是否太高了？"他还补充说：

> 历史对这个问题的回答犹疑不决，并且这种踌躇还将持续很长一段时间。

马德林在他最近出版的一本书中表现出同样的犹疑：

> 即使在我的内心深处，也从未感到有足够的信心对像法国大革命这样一个如此复杂的现象做出绝对的判断。现在我甚至发现，哪怕是一个简短的判断都难以做出，原因、事实以及结果在我看来都成了充满争议的话题。

只要细读一下大革命官方辩护者的最新作品，我们就可以对这种旧观念的转换获得一个更为明确的印象。以前，他们仅仅从自卫这样一个简单的行为出发，为一切暴力行径辩护，而现在他们只限于为情有可原的情况辩护。我在供学校使用的《法国历史》中发现了这种新心绪的一个显著证据，在由奥拉尔和德比杜尔编写的这本教科书中，关于大恐怖的地方，我们看到了这样的说法：

> 血流漂杵；到处都在出现不公正的和犯罪的行为，即使从国家防卫的角度来看，它们也是不必要的、可憎的。但是，人们在动乱中丧失了理智；爱国者们疲于应付各种危险，他们在愤怒中采取了行动。

我们在这本著作的另一部分中看到，尽管两位作者中的第一位有着强硬的雅各宾主义立场，但他一点儿也没有对他先前视为"国民公会中的伟人"的那些人表示宽宥。

外国人对我们大革命的评判一般是异常苛刻的，当我们回想在法国发生巨变的 20 年中欧洲所经历的痛苦时，我们对此就没有什么好奇怪的了。

这当中尤以德国人最为苛刻，对他们的看法，法盖做了如下的总结：

> 让我们勇敢而忠诚地谈论法国大革命吧，因为爱国主义首先就包括说出自己国家的真相。德国人这样看待法国：过去这个民族嘴上挂着"自由""博爱"之类的伟大词汇，但实际上却饱受压迫、蹂躏、谋杀、掠夺、欺诈达十五年之久；现在这个民族又打着同样的旗号，组建一个专横暴虐、为害甚广，谁都躲之不及的民主政体。这一点正是德国人在法国所看到的，我们可以确信，从他们的书籍和报章来看，他们就是这样认为的。

对其他民族来说，不管他们对法国大革命所做出的判断价值何在，我们或许可以肯定的是，未来的作家将带着浓厚的兴趣把它当作一个富有教益的事件来看待。

一个嗜血的政府竟然将年过八旬的老人、豆蔻年华的少女以及懵懂无知的儿童拉上绞刑架，法兰西因此而毁于一旦，然而在军事上它却成功地击退了欧洲各国的入侵；奥地利的公主、法国的王后殒命于断头台⁹，数年以后另一位公主、前一位公主的亲戚嫁给了一个成为皇帝的陆军中尉，这些都是旷世罕见的悲剧。¹⁰首先从这一段历史中吸取教训的应该是心理学家，但迄今他们对此关注不多。毫无疑问，他们最终会发现，除非他们摒弃虚构的理论，走出实验室来研究我们周围的事件和人物，否则心理学就不会有任何进展。[1]

四、历史研究中的客观性

公正无私向来被认为是历史学家最本质的品性，自塔西佗以来的历史学家们都信誓旦旦地向我们保证他们是公

---

[1] 这一建议绝非陈词滥调，当代的心理学家们很少关注他们周围的世界，如果有人认为应该对此加以研究，他们甚至会感到惊讶。我这里有一个很有趣的证据可以说明这种漫不经心的态度，《哲学评论》(*Revue Philosophique*) 上发表了一篇明显是在该刊编辑授意之下创作的针对我的著作的书评，作者批评我"关注社会和报纸远胜于书本"。

我很乐意接受这一指责，大众期刊所提供的事实和社会现实远比充斥于《评论》之类杂志上的哲学作品更富有教益。

哲学家们现在已经意识到这种指责的幼稚了，当威廉·詹姆斯先生写作他那40卷皇皇巨著时肯定就是这么认为的，他写道：所有这些论述仅仅是"粗略观察到的一系列事实和几条富有争议的探讨"。虽然他是现今最知名的心理学家之一，但这位杰出的思想家仍然认为"一门科学在任何一点上都经不起形而上学的批判"。尽管20多年来我一直致力于推动心理学家们从事现实研究，但学院化的形而上学之潮流从未得到逆转，当然，它的力量已经大不如前了。

正无私的。

但事实上，作家看待历史事件就像画家看风景，也就是说，他们总是在观察事物时带上自己的气质、特性以及民族精神。

许多艺术家面对同样的风景不可避免地会把它理解为不同的样子，有些人会突出强调一些为其他人所忽略的细节。因此，每一种再现都将是一项个性化的工作，也就是说，它是以某种独特的敏感性方式加以理解的。

作家也是如此。我们可以说，历史学家并不比画家更加公正客观。

当然历史学家可以局限于对文献的复述，这正在成为一种时髦。但关于像大革命这样离我们较近时期的文献，简直是浩如烟海，一个人即使花上一辈子的时间也不可能把它们浏览一遍。所以，历史学家们必须做出选择。

作者有时是自觉地，但更多情况下是不自觉地选择那些与自己的政治、道德和社会观点非常吻合的材料。

因此，除非史家满足于简单的年代学，把每一个事件用几句话和一个日期汇编在一起，否则就不可能写出一部真正公正客观的历史来。没有哪个作者能够做到公正无私，对此我们不必表示遗憾。当代普遍盛行的客观性主张的产物就是那些单调、沉闷、庞杂、乏味的著作，结果使得对一个时期的理解变得完全不可能。

难道历史学家应该在客观性的托词之下，逃避对人的判断——亦即不愿以敬佩或憎恶的口吻谈论人与事？

我承认，对这个问题有两种完全不同的解决办法，每一种办法从各自假定的立场来看都相当正确，那就是伦理学家和心理学家的立场。

伦理学家必须完全从社会利益的角度来考虑问题，因而只能根据社会利益来评判人物。正是由于社会存在并且希望继续存在下去这样一个事实，它必须采纳一定数量的规则，以确立一种不可触犯的善恶标准，从而对恶行与美德做出明确的区分。这样，社会就最终建立起一种普通人的模型，一定阶段的人由此多少可以紧密地凑合在一起，任何人游离于这一模型过远都会对社会构成威胁。

伦理学家在评判历史人物时所必须依据的正是这些由社会要求而产生的模型和规则，所以在对历史人物进行誉誉臧否时，伦理学家试图确立一种道德模型，它是文明进程必不可少的，并值得其他人引以为楷模。譬如高乃依[11]之类的诗人所塑造的英雄往往高于大多数人，几乎无法模仿，但他们可以极大地激发我们的努力。为了提升一个民族的心灵，永远需要英雄的榜样。

这是伦理学家的观点，而心理学家的观点则与此相去甚远。尽管一个社会可以有不宽容的权利，因为它的首要义务就是生存，但是，心理学家却可以做到不偏不倚。他可以像科学家那样考虑问题，不必计较功利价值，而只求解释问题。

这就是他观察任何现象的立场。读到卡里埃命令将其受害者掩埋至脖颈，使之失明并承受可怕的折磨时，我们显然无法无动于衷。但是，我们如果希望理解这些行为，就必须像博物学家看着蜘蛛在慢慢地享用一只苍蝇一般，不必义愤填膺，怒火中烧。一旦理性受到鼓动，就不再是理性了，它将解释不了任何东西。

正如我们所知，历史学家和心理学家的职责并不一致，但我们却可以要求他们拥有一种解释事实的智慧，努力透过事物显而易见的表象，探索其背后起决定性作用的那些无形的力量。

注释

1 梅斯特尔（De Maistre，1753—1821），意大利萨伏依出身的政治理论家，是与柏克齐名的反对法国大革命的保守主义者。

2 基内（Quinet，1803—1875），法国历史学家。

3 大恐怖（The Terror），指 1793 年 9 月到 1794 年 7 月间的雅各宾派专政。

4 牧月法令（The Law of Prairial），1794 年 6 月 10 日（牧月 22 日）库通等人以救国委员会名义向国民公会提出改革革命法庭的法令，简化审判程序，并规定对于共和国的敌人只有一种刑罚，即死刑。法令公布后造成了空前的恐怖。

5 基佐（Guizot，1787—1874），法国历史学家和政治家，著有《英国革命史》《欧洲文明史》和《法国文明史》等。文中所引的两段话出自他的《英国革命史》第一版前言，参见商务版《一六四〇年英国革命史》中译本第 3—4 页。

6 指券（assignat），法国革命政府从 1791 年开始发行的通用纸币。

7 最高限价法令（The Maximum），1793 年 5 月和 9 月，法国革命政府曾先后颁布两个最高限价法，前者只限制谷物价格，后者几乎对所有主要必需品都实行了限价，包括工资。

8 无套裤汉（sans-culottes），17 世纪以前，法国上层社会的人常穿一种套裤，一般贫民穿不起，只穿普通粗布长裤，故用"无套裤汉"指称小店主、小商贩、工匠、帮工和城市贫民等城乡小有产者和无产劳动者。

9 指路易十六之妻玛丽·安托瓦内特王后在 1793 年 10 月被处死一事。

10 指拿破仑在 1810 年 4 月立奥地利公主玛丽亚·路易莎为后一事。

11 高乃依（Corneille，1606—1684），法国戏剧家，作品包括《熙德》和《贺拉斯》等，其特点是用精致的诗文对重大的道德主题加以戏剧化。

第二章

旧制度的心理基础

一、君主专制政体与旧制度的基础

许多历史学家向我们断言，大革命矛头的直接指向是君主制的专制独裁，但事实上，在大革命爆发之前的很长时间里，法国的国王并不是绝对君主。

直到历史的晚近时期——路易十四即位——法国的国王才最终获得无可置疑的权力。在此之前的所有君主，甚至包括像弗朗西斯一世这样权势煊赫的国王，都不得不要么与诸侯，要么与教士，要么与议会做接连不断的斗争，而且他们并不总是赢家。弗朗西斯本人就没有足够的力量来反对索邦神学院和议会，以保护自己最亲密的朋友。他的朋友、议员贝尔坎得罪了索邦神学院，被该院逮捕。国王命令将他释放，结果却遭到拒绝。最后国王只得派侍卫将他从孔西埃日监狱转移出去，除了将他藏匿在卢浮宫里，国王没有别的办法来保护他。但是，索邦方面丝毫不甘服输，他们趁国王不在的时候再次将贝尔坎逮捕，并交给议会审判，上午10点他被判有罪，中午即被活活烧死。

法国国王的权力是逐步建立起来的，直到路易十四时代达到顶峰，但随即又迅速衰落，因此，确实很难说什么路易十六的专制主义。

这个表面上的主人实际上只是他的宫廷、大臣、教士和贵族的奴仆，他按照他们强加的意旨行事，很少能够自主其事，或许没有哪个法国人像国王这样缺少自由。

君主制的巨大权力最初源自它的神圣血统，以及经由若干个世代所积聚起来的传统，所有这一切构成了一个国家真正的社会框架。

旧制度消亡的真正原因仅仅在于它赖以为基础的传统之削弱，在经历了一而再、再而三的攻击之后，旧制度再也找不到更多的拥护者，于是就像一个根基遭到破坏的建筑那样轰然坍塌了。

二、旧制度的弊端

一个长期确立的政体最终将得到它所统治的人民的认可。习惯掩盖了它的弊端，只有当人们开始认真思考时，它的弊端才会暴露，那时候他们就要问自己怎么能忍受这些弊端。真正不幸的人是那些相信自己是悲惨痛苦的人。

正是这样一种信念加速了大革命时代的到来，其间作家们的影响不可小觑，这些作家的著作我们稍后再加研究。那时候，旧制度的弊端已经暴露在世人面前，它们为数极多，这里值得提及其中的一些。

首先，尽管中央权力具有显著的权威，但王国是通过对独立省份的连续征服而形成的，所以被分割为若干个区域，每一个区域都有自己的法律和习俗，并且征收不同的关税，国内的税务机构相互分离。因此，法国的统一在某种程度上是人为的，它表现为各个地区的一种简单集合。包括路易十四在内的历代国王虽殚精竭虑，但都未能成功地实现法国的完全统一，法国的大一统恰恰是大革命所取得的最大成果。

在区域上的分立之外还得加上社会的分离，即社会各等级间的分离。社会被严格地分为贵族、教士和第三等级（The Third Estate）这样三个等级，他们之间的严格界限须臾不得逾越。

这种等级区分是旧制度中权力的来源之一，所以必须严格地予以维持，结果它成了旧制度所引发的仇恨之首要目标。取得胜利的资产阶级以种种暴行来报复和宣泄长期以来一直受到的蔑视与压迫。自尊心受到的伤害常常是最难以忘怀的创伤，何况第三等级受到的伤害又是如此之多。

在 1614 年召开的一次等级会议上，第三等级的代表被迫取下礼帽放到膝盖上；当一个第三等级的成员冒昧地说三个等级如同三个兄弟一样时，贵族代表的发言人立即回答："贵族与第三等级之间不存在兄弟般的关系；我们可不愿与皮匠和鞋匠的后裔称兄道弟。"

尽管此时启蒙运动已经有所发展，但是贵族和教士仍然顽固地保留着自身的特权与要求。然而，由于他们不再承担先前的服务功能，这些特权与要求也就丧失了合理性。

贵族和教士被王权排斥在公共管理职能的运作之外，王权并不信任他们；资产阶级逐步取代了他们：资产阶级正变得越来越博学而多才。于是贵族和教士的社会功能就只剩下一副空架子了。泰纳对此做出了明白无误的解释：

> 既然贵族已经丧失了特殊的才能，而第三等级却获得了一般的才能，他们在教育与才智方面就没有什么区别了，所以把他们分开的不平等就是有害的、多余的。不平等仅仅是习惯的产物，现在它不再为人们的意识所认可。第三等级有理由对特权表示愤慨，既然贵族并没有什么特殊才能，而资产阶级也并不缺乏才能，那么，特权的存在也就没有了理由。

由于等级之间的壁垒森严是长期的传统所造成的，

因此，我们看不出有什么力量能说服贵族与教士放弃他们的特权。当然，在那个令人难忘的夜晚[1]，当事态发展到已由不得他们做主的时候，他们最终还是放弃了自己的特权。但此刻为时已晚，大革命已经如马脱缰，难以驾驭了。

毫无疑问，现代化的自然演进完全可以实现大革命所欲达致的目标——公民在法律面前的平等，基于出身之特权的消除，等等。纵使拉丁民族富有保守精神，也仍然会像大多数民族那样，最终实现这些目标。按照这种方式，我们或许可以免除 20 年的战乱与破坏，至少不至于如此惨烈。但那样的话，我们这个民族的精神气质必然会大为不同，尤以政治家为甚。

资产阶级对根据传统而居于自己之上的阶级怀有深深的敌意，这是大革命的重要因素之一，它可以令人信服地解释为什么在大革命胜利之后，第一等级会遭到获胜者的劫掠，资产阶级像征服者那样坐地分赃——犹如征服者威廉在征服英格兰之后，把土地封赏给他的士兵。

不过，资产阶级虽然憎恨贵族，对王权却没有敌意，他们并不主张废除王权。国王的笨拙以及对外国势力的依赖只是使他逐渐成了不受欢迎的人。

第一届议会从未梦想建立一个共和政体，事实上，它的大部分成员都是热诚的保王派。他们仅仅是想用立宪君主制来替代绝对君主制，只有当他们意识到君主的权力在不断上升的时候，才感到有必要抵制国王，但他们还不敢颠覆他。

三、旧制度下的生活

若想对旧制度下的生活，尤其是对农民的真实处境有非常清晰的认识，是困难的。

那些为大革命辩护的作者们就像神学家捍卫宗教信条一样，为旧制度下农民的生活描绘了一幅如此阴暗的画面，以至于我们疑惑，这些悲惨的生灵为什么不是很久以前就死于饥饿呢。这类风格的典型著述是巴黎大学的前教授朗博的《法国大革命史》一书，我们会特别地注意到一幅作为图例的版画《路易十四治下农民的贫困》：画面最显著的地方是一个男子正在同几只狗抢夺一些已没有肉的骨头；在他身旁一个肮脏的同伴正佝偻着身体压着自己的胃；后面较远的地方一个妇人正躺在地上吃草；在前景后面的地上伸展着一些说不清是尸体还是行将饿死的人的轮廓。作为旧制度统治下的一个实例，作者告诉我们，"在某个地方，只需花上300里弗就可以在警察部门谋得一个可以挣到40万里弗的职位"，当然，这些数目在那些肥缺位置上的人看来简直就是小菜一碟。他还告诉我们，"只要花上120里弗就可以把一个人投进监狱"，而"在路易十五时代颁发的密札超过15万封之多"。

大部分关于大革命的著作都缺乏客观性和批判精神，这就是这一时期的真相很少为我们所知的原因。

当然，相关的文献并不缺乏，但它们往往自相矛盾。根据拉布吕耶尔的著名描述，我们可能不会接受英国旅行者扬所描绘的热烈景象，在他的笔下，法国一些省份的农民处在一片繁荣之中。

他们是否真的承担着沉重的赋税，一如有些人叙述的那样，要他们支付收入的五分之四，而不是现今的十五分之一？对此几乎不可能做出言之凿凿的回答。不过，一项重要的事实似乎可以证明旧制度下农村地区居民的境况不可能如此悲惨，几乎可以肯定的是，当时有三分之一的土地已经被农民购买。

在财政制度方面，我们掌握着更多的信息。这一制度非常苛刻而且极为复杂。预算通常显示亏空，横征暴敛的农业大臣乘机提高各种关税。大革命即将爆发的时候，恰恰是财政上的这一状况成了普遍不满的原因，这一点体现在三级会议的会议记录上。我们要注意这些记录并不能代表以前的状况，但可以说明由 1788 年歉收和 1789 年冬季萧条所导致的财政危机的真实情况。这些会议记录如果是革命爆发前十年写的，它们能告诉我们什么呢？

尽管面临种种不利的环境，记录也没有表露出革命的念头。最激进的主张也仅仅是要求赋税的征收必须经三级会议同意以及所有等级平等交纳而已。同一记录有时还表达这样一种愿望，即国王的权力应该受到一部确定他及其国民权利的宪法之限制。如果这些愿望得到满足，一种立宪君主制就可以轻而易举地取代绝对君主制，而大革命很可能就不会发生了。

不幸的是，贵族与教士的力量太强大，而路易十六的力量则太微弱，所以这样的解决方案只能付诸东流。

而且，资产阶级的要求也造成了不少麻烦，因为他们想入主出奴，取贵族而代之。他们是大革命的始作俑者。由中等阶级发动的这场运动很快超出了他们的希望、需要和渴求。他们为了自己的利益而主张平等，但人民也要求平等，于是大革命最后演变为大众政府（the popular government），不过这是他们所始料不及的。

四、大革命期间人们对君主制的情感演变

尽管人的情感要素之演变非常缓慢，不过，在大革命期间，不但人民对君主制的感情前后发生了迅速的变化，就连革命议会也是如此。从第一届议会的代表们满怀敬意地簇拥在路易十六的周围，到砍掉他脑袋的那一刻之间只有短短的几年时间。

这些变化与其说是深刻的，不如说是表面的，它们事实上只是对同一秩序的情感转移罢了。在这期间，人们把对国王的敬畏转移到继承了他的权力的新政府上，这一转

变机制很容易得到证明。

在旧制度下，君主掌握着神授的权力，上帝的意志赋予他一种超自然的权威，国王的臣民在这片国土的每一个角落里仰望着他。

只要事实多次证明，他们所崇拜的偶像之权力是虚幻的，对君主绝对权力的这种神秘主义信仰就会土崩瓦解，他的威望自然就会化为乌有。一旦君主失去了威望，群众就不会宽恕这个曾经蛊惑过他们、如今却已倒塌的偶像。而且他们还要寻找新的偶像来替代他，他们离开了偶像就无法生存。

在大革命爆发之初，就有若干迹象——对此人们多次提及——向那些狂热的信徒表明一个事实，那就是王室不再拥有任何权威，其他的力量不但有能力与之竞争，而且还更高一筹。

譬如，当群众看到国王受制于议会，并在巴黎的中心地带，面对武装进攻无力保卫自己最为坚固的要塞[2]时，他们会做何感想？

王室的虚弱由此暴露无遗，议会的权势却直线上升。现在，在群众的眼里虚弱者威信扫地。他们总是向着强力的。

这一时期，国会议员们的感情也在发生变化，但尚未转变得如此急速。所以，在攻占巴士底狱以及国王向外国君主寻求援助的时候，他们对君主制的忠诚仍有残留。

对王室的忠诚是如此有力，以至于巴黎的暴乱与事变虽然能导致对路易十六处以死刑，但也不足以最终摧毁这种忠诚。在外省，人们对古老的君主制仍然抱有长期的虔敬。[1]

在整个大革命期间，法国的大部分地区都存在对国王的忠诚，这正是各地让国民公会头疼不已的保王党人阴谋和起义络绎不绝的原因。在巴黎这种忠诚已经消失殆尽，因为国王的虚弱在那里表现得再明显不过了。但在外省，王权仍然被视为上帝在尘世的代表，享有无上的权威。

人民对王室的情感是如此根深蒂固，以至经得起断头台的考验。保王主义的运动事实上在整个大革命期间都存在，并在督政府执政期间一度甚嚣尘上，有49个地区派出保王党代表到巴黎请愿，结果引发了果月政变³。

对君主制的这种情感是大革命所无法压制的，它促成了波拿巴的成功，当他开始占据古代国王的宝座时，很大程度上是在重建旧制度。

---

[1] 米什莱曾经向我们叙述过这样一件事来证明人民对国王的这种历代相承的敬爱，它发生在路易十五统治时期："一次，路易十五离开宫廷前去视察军队，在梅斯染上了疾患。消息传到巴黎，时值深夜，人们纷纷起床，奔走相告；各个教堂在夜间重新开放……人们聚集在每一个十字路口，挤挤攘攘，乱作一团；在一些教堂里，牧师们在为国王的健康祈祷诵经时，几乎泣不成声，底下的人们也是哭成一片……当国王已经逐渐康复的消息传来时，报信的仆从被人们热情拥抱，差点窒息而死；欣喜至极的人们甚至狂吻他的马匹，给他凯旋英雄般的礼遇……街头巷尾立刻回响起'国王康复啦！国王康复啦！'的欢呼声。"

注释

1 指 1798 年 8 月 4 日夜晚，制宪议会通过了废除封建特权的决议。

2 指巴士底狱。

3 果月政变（The *Coup d'État* of Fructidor），1797 年督政府执政期间，大批保王党进入立法两院，对督政府的统治构成威胁。9 月 4 日（即果月 18 日）督政府三巨头在军队的支持下清洗了反对派。

第三章

大革命时期的精神无政府状态与
哲学家的影响

一、革命思想的起源与传播

每一个时代，人的外在生活都是由其内在精神所模铸的。内在精神是这样一套框架，它包括传统、情感、道德影响力等，这些要素指导人们的行为，并维持某些他们无须检讨就加以接受的基本观念。

如果这套社会架构的抵制力已经被削弱，那么，以前没有多少力量的新思想、新观念就会萌芽滋长。在大革命期间取得巨大成功的某些理论，在两个世纪之前曾遇到顽强的抵抗，结果铩羽而归。

指出这些因素的目的是想让读者注意这样的事实，即革命的表层事件通常是人们心理所发生的缓慢而无形之转变的一个结果。对革命的任何一项深刻研究都必然是对孕育其指导思想之精神土壤的研究。

思想的演进一般说来极其缓慢，仅仅一代人常常看不出其变化。只有通过对同一个社会阶级在心灵演化曲线的两个极端上的精神状态进行对比，才能显示出思想演进的程度。为了理解路易十四时期到路易十六时期有教养的人对王室的不同观念，我们有必要比较一下博絮埃与杜尔哥[1]的政治理论。

当博絮埃将政府的权威建立于上帝的意志之上时，他所表达的正是他那个时代的人对于绝对君主制的普遍观念："凡人对于国王行为的评价总是靠不住的，唯神可以裁判之。"那时候，对宗教的虔诚与对君主的忠诚同样强大，二者密不可分，没有哪个哲学家可以撼动这一点。

路易十六的改革大臣们的著作，比如杜尔哥的著作，则焕发一种完全不同的精神，君权神授几乎只是一句套话，人民的权利开始得到明确界定。

诸多的事件促成了这一演变——不幸的战争、饥荒、关税以及路易十五统治末期的普遍贫困等等，对君主权威的崇敬慢慢受到侵蚀，并逐渐为一场精神上的反叛所取代，一俟时机成熟，它就会走上历史前台。

一旦精神架构开始解体，末日就要迅速来临，这就是为什么大革命期间，那些一点也不新奇的思想观念会得到急速的传播，并产生重大影响，真可谓瓜熟蒂落，水到渠成。

然而，此时如此富有吸引力和影响力的思想观念其实早已存在，它们鼓舞英国的政治生活已经很长一段时间了；两千年前，古希腊和罗马的作者们就曾著书立说，捍卫自由，抨击暴君，宣扬人民主权。

　　尽管发动了大革命的中产阶级的父辈们同他们一样，肯定在教科书里都已经知道了这一切，但丝毫没有被触动，因为这些思想对其发生作用的时机尚未到来。在一个所有人都习惯把一切等级制视为自然而然的时代，人们怎么可能会对这些言论留下印象呢？

　　哲学家们在大革命起源中的实际影响并没有想象的那么大，他们并没有揭示什么新的东西，但他们发展了批判精神，没有什么教条能够在其衰亡之路已经铺就的时候抵制这种批判精神。

　　在这种批判精神的影响下，不再被尊崇的事物越发失去威严。当传统和威信消失的时候，社会的大厦就轰然倒塌了。

　　这一连锁的崩溃最终传递到人民那里，当然它并不是人民启动的。人民向来追随榜样，但从不树立榜样。

　　哲学家尽管不能对人民产生什么影响，却可以极大地影响民族中已经开化的那一部分人。那些无所事事的贵族，因为早就被褫夺了传统的社会职能而倾向于追随其领袖，对社会百般挑剔。由于缺乏远见，他们首先跳出来与自己唯一赖以为根基的传统决裂。他们像今天的资产阶级那样沉溺于人道主义和理性主义，他们通过批评不断地挖着自己特权的墙角。就像今天最热心的改革者往往是命运的宠儿一样。贵族阶级鼓励各种关于社会契约、人权和公民平等的高谈阔论；在剧院里，他们为抨击特权、揭露上层人物的专横无能以及滥用各种职权的演出鼓掌喝彩。

当人们对引导他们行为的精神架构失去信心时，开始会感到不安，随后就会感到不满。所有的阶级都感到自己以前的行为动机正在日渐消失，若干个世纪以来一直被视为神圣的事物现在不再神圣。

那时，贵族与作家的批判精神还不足以搬动传统的重负，但是，这一举动增加了其他更为强大的势力的力量。我们在征引博絮埃时已经说过，今天已经大大分离的宗教机构与世俗政府，在旧制度下是紧密联系在一起的，一荣俱荣，一损俱损。其实，即使在君主制观念发生动摇之前，宗教传统的力量在有教养的人中就已经大大收缩了。人们用观察获得的真理替代神启的真理，从而推动了知识的不断进步，越来越多的人从神学转向科学。

精神上的这一演化虽然至今还很模糊，但足以表明若干个世纪以来一直引导着人们的传统已经失去了它们应有的价值，它们即将被取而代之是事所必至、天意使然的。

但是，能够取代传统的新因素又在哪里呢？何处才能觅得一枚神奇的戒指来施展法术，在那片不再让人满意的遗址上重建新的社会大厦呢？

人们都同意赋予理性以传统和神祇似乎已经失去的力量，但人们何以对理性的力量就深信不疑？理性所取得的成就有目共睹，但认定把理性运用到社会的建构上来，就可以通盘地改造社会，其合理性依据何在？在那些较为开明的人的思想中，理性可能具有的作用急速地增加，相比之下，传统似乎越来越不被信任了。

必须把赋予理性的至高无上之权威看作终极观念（the culminating idea），因为它不仅引发了大革命，而且它的主导地位贯穿大革命的始终。在整个大革命期间，人们为了与过去决裂，做出了最为艰巨的努力，力图根据一项按逻辑制定的全新蓝图来重建社会。

哲学家们的唯理论逐渐渗透到底层，它对人民仅仅意味着：过去被尊重的一切事物现在不再值得尊重；所有的人都是平等的，从前的老爷、主人不必再服从了。

群众轻而易举地就终止了对上流阶级自身已经不再尊崇的事物的崇敬，当崇敬的藩篱被拆除时，革命就大功告成了。

这种新的精神状态带来的第一个结果就是普遍的不服从，维热·勒布伦夫人向我们讲述，在隆尚漫步的人群跳过马车的底板，叫嚷着："下一年你们将被甩在后面，而我们则坐在里面。"

表现出这种不顺从与不满的不只是平民，在大革命的前夜，诸如此类的情绪非常普遍。泰纳指出："下层教士对高级教士，外省贵族对宫廷贵族，封臣对领主，乡下人对城里人，等等，无一不充满了敌意。"

这种心态不但从贵族与教士传染到平民，而且也侵袭到军队。在三级会议召开的时候，内克[2]就说："我们对军队没有把握。"军官们也开始变得人道主义化与哲学化了；从最底层招募而来的士兵虽然没有哲学化，但也不再驯服了。

在他们简单的头脑中，平等观念仅仅意味着对一切上级和主人，乃至一切命令的反抗。在1790年，有20多个团的士兵威胁他们的军官，有些地方如南锡，甚至将他们的军官投入监狱。

散布于社会各个阶层，并且最后蔓延到军队的精神无政府状态是导致旧制度消亡的首要原因。里伐罗尔写道："正是受到第三等级思想影响的军队的背叛摧毁了王权。"

二、18世纪哲学家对大革命起源之假想的影响以及他们对民主政治的厌恶

人们通常认为，哲学家是法国大革命的鼓吹者，他们攻击了那些特权及其滥用，但我们决不应该由此把他们看作大众政府的同党。民主政治——他们对古希腊历史上的民主暴政印象极深——一般来说与他们是格格不入的。他们并没有忽视破坏以及暴力之类民主的必然伴生物，并且都知道早在亚里士多德时代民主就被定义为"在这样的国家里一切事物，甚至包括法律都取决于大多数人的意愿，

他们像僭主一样行事，而且往往为一些巧言令色的煽动家所控制"。

伏尔泰的真正先驱，皮埃尔·贝尔[3]对雅典大众政府的后果做了如下评述：

> 如果我们回顾一下历史，就会看到它在很大程度上所展示的是群众的骚乱，造成城邦分裂的内讧，困扰城邦的煽风点火；最出众的人物遭到迫害、放逐，乃至在一个暴虐的饶舌者的怂恿下被处死。可以断言，这样一个对自己的自由如此自负的民族实际上只是一小撮阴谋家的奴隶罢了。那些被称为煽动政治家的人，一会儿指示他们向东，一会儿引领他们向西，见风使舵，随波逐流。即使在实行君主制的马其顿，也不会看到像雅典这样频仍的暴政。

孟德斯鸠对民主政体也没有表示出更多的敬意，在描述了共和政体、君主政体和专制政体这三种政体之后，他明确地指出了大众政府可能导致的后果：

> 过去人们因有法律而获得自由，现在追求自由，好去反抗法律；每一个公民都好像是从主人家里逃跑出来的奴隶；人们把过去的准则说成严厉，把过去的规矩说成拘束，把过去的谨慎叫作畏惧。在那里，节

俭被看作贪婪，而占有欲却不是贪婪。从前，私人的财产是公共的财宝；但是现在，公共的财宝变成了私人的家业，共和国成了巧取豪夺的对象。它的力量就只是几个公民的权力和全体的放肆而已。

于是就形成了许多小暴君。这些小暴君具有单一的暴君所有的一切邪恶。人民残存的一点自由，不久也成为不可容忍的东西。这时就产生了单一的暴君，人民便将丧失他们的一切，连腐化的好处也丧失了。

因此，民主政体应该避免两种极端，就是不平等的精神和极端平等的精神。不平等的精神使一个民主国走向贵族政治或一人执政的政体；极端的平等精神使一个民主国走向一人独裁的专制主义，就像一人独裁的专制主义是以征服而告结束一样。[4]

孟德斯鸠的理想是英国式的立宪政府，它可以防止君主制堕落为专制暴政，可惜的是这位哲学家的影响在大革命时期极为有限。

至于百科全书派，人们通常认为他们对大革命的爆发起到了十分重要的作用，实际上除了霍尔巴赫这个类似于伏尔泰和狄德罗的开明君主制的倡导者外，他们很少涉及政治问题。他们写作主要是为了捍卫个人自由，反对教会对人权的侵犯，抨击那个时代极端的不宽容以及对哲学家的敌意。他们既不是社会主义者，也不是民主主义者，大革命与他们的原则毫无关联。

伏尔泰本人绝不是民主政治的同道。他说：

> 民主政体似乎只适宜于非常小的国家，不过，即使出现这样的情况也肯定是极其幸运的。就算这样的国家很小，它也可能犯许多错误，因为它也是由人构成的。混乱将在那里大行其道，就像一座挤满了修士的女修道院。当然，那里不会发生圣巴托罗缪之夜大屠杀，不会出现爱尔兰大屠杀，不会有西西里晚祷事件[5]，不会有宗教裁判所。除非我们设想这个共和国是由地狱角落里的恶魔组成的。

所有这些被认为是激发了大革命的人所持的观点都远不是颠覆性的，确实很难看出他们对革命运动的发展有什么实质性影响。卢梭是他那个时代为数极少的几个民主主义哲学家之一，所以他的《社会契约论》成了大恐怖时期人们的圣经。要宽宥那些产生于无意识之神秘情感冲动的行为，似乎得找出一些必需的恰当理由，但是，这些冲动绝不是哲学可以鼓动的。

实事求是地说，卢梭的民主主义直觉也不是毋庸置疑的。他自己就承认他立基于人民主权的社会重建方案，仅仅适用于一个非常狭小的邦国。当波兰人邀请他为他们起草一份民主宪法方案时，他建议他们选择一个世袭君主。

卢梭理论中获得巨大成功的是关于原始状态完美至善的理论。和与他同时代的许多作家一样，卢梭断言，原始人是完美无缺的，导致他们堕落的是社会。通过良好法律的矫正，一个社会可以重新获得早期世界的幸福。出于对心理学的无知，卢梭相信无论何时何地，所有人都是一样的，他们可以受同样的法律与制度的统治。这在当时是一个普遍的信仰，爱尔维修写道："人民的恶行与美德通常是立法的一个必然结果……对一切民族而言，美德都是智慧——这种智慧或多或少是完美的——之结果、政治治理之结果，对此我们还有什么怀疑吗？"

再没有比这更为荒谬的错误了。

三、大革命时期资产阶级的哲学思想

确切地说出大革命期间一个法国中产阶级的社会政治观点到底是什么，绝不是一件简单的事情。不过或许可以把它们简化为博爱、平等以及大众政府这么几条集中体现在《人权宣言》中的公式，我们将有机会从那里征引一些段落。

18 世纪的哲学家似乎并没有得到大革命时代的人们的高度评价，他们很少引用这些哲学家的论述。由于受到古希腊和古罗马这些古典记忆的蛊惑，新的立法者们重新阅读了柏拉图和普鲁塔克[6]。他们希冀复兴斯巴达的政治及其生活方式、朴素的习惯和法律。

来库古 [7]、梭伦 [8]、米太亚德 [9]、曼利乌斯·托尔克瓦图斯 [10]、布鲁图斯 [11]、穆基乌斯·塞沃拉 [12]，乃至传说中的弥诺斯 [13]，这些名字在民众领袖中如同在剧院里一般熟识，公众对他们如痴如醉，崇拜至极，古代英雄的阴影盘旋在革命群众的头顶。只不过后人把它们换成了18世纪哲学家的阴影而已。

我们将看到，实际上这一时期的人们一般都以大胆改革者的面目出现，他们声称自己完全依照精微的哲学家的引导，未做任何革新。但他们拒绝回顾过去，传统已被历史的迷雾遮掩多时，而他们对这种传统没有丝毫的认识。

更为理智的人们在寻求楷模和榜样时，并没有追溯得那么远，他们仅仅打算采用英国的宪政体制，这种体制正是孟德斯鸠和伏尔泰所大加赞赏的。事实证明，最终仿效这一体制的国家没有一个出现暴力危机。

他们的目标仅限于对现存的君主制加以完善，而不是推翻它。但在革命时期，人们常常会走上一条与自己先前所计划的截然不同的道路。在召集三级会议的时候，恐怕没有人会想到一场由平和的资产阶级和知书达理之士发动的革命竟会急速地蜕化为人类历史上最残暴的专政之一。

注释

1 杜尔哥（Turgot，1727—1781），法国经济学家，曾任路易十六的财政
  大臣，后因推行了令贵族不满的改革被革职。

2 内克（Necker，1732—1804），又译奈克尔，出生于瑞士的银行家，曾任路易十六的财政总监，任职期间试图进行改革，1790年辞职后隐居瑞士。

3 皮埃尔·贝尔（Pierre Bayle，1647—1706），法国哲学家，著有《历史与批评辞典》。

4 此处译文引自孟德斯鸠：《论法的精神》，张雁深译，商务印书馆，1961年版，上册，第21页。

5 西西里晚祷事件（Sicilian Vespers），1282年3月30日复活节后的星期一，西西里人在巴勒莫城外教堂中晚祷时发生一次暴动，愤怒的西西里人把侮辱他们的法国士兵杀死，随后他们又屠杀了该城的2000名法国居民，由此导致了西西里晚祷战争。

6 普鲁塔克（Plutarch，约46—约120），古希腊传记作家和哲学家，著有《希腊罗马名人传》等。

7 来库古（Lycurgus），传说中斯巴达的立法者。

8 梭伦（Solon，约638BC—559BC），古希腊政治家，其在担任雅典执政官期间曾进行重大的民主改革。

9 米太亚徳（Miltiades，约540BC—489BC），雅典将军，曾在公元前490年的马拉松战役中打败了波斯人。

10 曼利乌斯·托尔克瓦图斯（Manlius Torquatus），古罗马执政官。

11 布鲁图斯（Brutus），此处应该是指传说中公元前6世纪驱逐国王后担任第一届罗马执政官的Lucius Junius Brutus，而非图谋暗杀恺撒的Marcus Junius Brutus。

12 穆基乌斯·塞沃拉（Mucius Scaevola），古罗马共和时代的勇士。

13 弥诺斯（Minos），希腊神话中克里特岛之王，宙斯和欧罗巴之子，死后成为冥界三法官之一。

第四章

法国大革命的心理幻想

一、原始人、回归自然状态与大众心理的幻想

我们已经多次强调并且值得再次重复的是，一种学说的谬误并不妨碍它的传播。所以，我们这里必须探讨一下它是如何对人的心灵发挥作用的。

虽然对错误学说的批评很少产生什么实际效用，不过，从心理学的角度来看这毕竟是一件非常有趣的事。那些意欲理解人类大脑是如何运作的哲学家们应该时刻关注人们寄居其中的幻觉，或许，这些幻觉在人类历史上从未像大革命时期那样出现得如此深刻，如此频繁。

最为显著的一个幻觉就是我们的始祖与原始社会之本性这么一个奇特的观念。人类学尚未能揭示人类远祖的生存状况，人们只是根据《圣经》的传说，假想人类完全出

自造物主之手，后来被文明所毁灭的原初社会是人类应当返回的模型。回归自然状态（the state of nature）不久就成了普遍的呼声。"我在我的著作中所提出的一切道德的基本原则就是，人类在本质上是善良的，热爱正义与秩序的"，卢梭如是说。

现代科学根据古代残存的遗迹对我们祖先的生活状况所做的推断，早就证明这一学说是错误的。原始人是无知的、残忍的种群，他们同现代的野蛮人一样，对善良、道德以及同情一无所知。他们只受自己本能冲动的支配，当饥饿驱使他们走出洞穴的时候，他们就会奔向猎物；当他们的心里涌起仇恨的时候，他们就会吊死他们的敌人。理性还未产生，没有什么可以遏制他们的本能。

文明的目标与一切革命信仰相反，它不是要返回自然状态，而是要逃离自然状态。恰恰是因为雅各宾党人破坏了文明赖以为基础的一切社会限制，所以他们使人类又回到原始状态，使政治社会蜕化为野蛮的游牧部落。

这些理论家关于人之本性的理论所具有的价值，大约无异于一个普通罗马人关于预兆之力量的想法。然而，这些理论作为行为动机的力量却不可小觑，国民公会总是被这样的思想鼓动。

在对我们原始祖先的看法上所犯的错误当然是值得原谅的，因为在当代的发现向我们揭示他们的真实生活状况之前，我们对此完全不甚了了。但是，大革命时代的人对人类心理所表现出的绝对无知，远不是那么易于理解。

看起来确实是这样，18世纪的哲学家与作家好像很不擅长进行最细微的观察，他们置身于同时代的人之中，却没有看透他们，也没有理解他们。最明显的就是，他们从未怀疑过大众心智的本性，他们总以为人民符合自己塑造的理想模型。他们对心理学的无知一如对历史教训的无知，他们认为平民大众在本质上是善良的、博爱的、知恩图报的，并且是时刻准备倾听道理的。

国会议员们所发表的言论可以表明这些幻觉是多么深刻，当农民开始焚烧城堡时，议员们非常吃惊，忙不迭地用动情的长篇大论对他们发表演讲，恳求他们停止暴行，以免"惹恼了他们好心的国王"，并请求他们"以美德来打动国王"。

二、决裂的幻想与法律改造人性的力量

有一个原则可以被看作革命机制的一块基石，那就是人们可以轻而易举地与其过去一刀两断，而社会可以通过制度来实现全盘重建。理性说服人们相信，除了可以引以为楷模的原始时代之外，过去代表着谬误与迷信的一项遗产，当代的立法者可以与过去彻底决裂。为了更好地体现自己的意图，他们创立了一种全新的纪元，变换了历法，

171

更改了月份和季节的名称。

他们假定所有的人都是相似的，所以他们可以为全人类立法。当孔多塞[1]说"一项良好的法律必定对所有人都是良好的，犹如一个几何命题对所有人都是正确的"时，他一定认为自己是在表述一条颠扑不破的真理。

大革命的理论家们从未能透过事物的表象，洞察到隐匿在它们背后的原动力。人们用生物学上的进步来证明这些理论家所犯的错误是如何让人心痛，还需要一个多世纪，而这种进步同时也会告诉我们，无论哪一个民族，其进化又是何等依赖传统。

大革命中的改革者们不断地与过去的影响发生冲突，哪怕他们并不理解它。他们妄图消灭它，结果反而为它所消灭。

立法者们对法律和制度之绝对力量的信仰，虽然到革命接近尾声时发生了严重的动摇，但在革命之初他们却是深信不疑的。格雷古瓦教士在制宪议会的讲台上发表这样的演说时，一点儿也没有引起惊讶："如果我们想改变宗教信仰，我们也可以做到，只是目前我们不想这样做。"我们知道后来他们确实想这么做了，而且我们还知道他们失败得如何之惨。

然而，雅各宾党人还是掌握了所有成功的要素，依靠无所不用其极的暴政，他们扫除了一切障碍，他们强制推行的法律无一不顺利通过。经历了十年的暴力、破坏、焚烧、掠夺、屠杀和翻天覆地的变化，他们的虚弱暴露无遗，最终陷入四面楚歌。然后，整个法兰西都在祈盼的独裁者又不得不对已经遭到破坏的大部分事物加以重建。

雅各宾党人以完美理性的名义重新塑造社会的企图是一场非常有趣的实验，人类或许再也不会有机会在如此广阔的范围内重复这样的实验了。

尽管这是一个可怕的教训，但是它在一个相当重要之阶级的头脑里，似乎还没有引起足够的重视，因为即使在我们这个时代里，我们仍然可以不时地听到社会主义者要求根据他们的空想计划对社会进行彻底的改造。

三、大革命原则理论价值的幻想

大革命基本原则的目的就是要建立一种新的分配关系，它包含在一系列的权利宣言之中，这些宣言相继公布于1789年、1793年和1795年。这三个宣言都同意这一声明："主权在民。"

至于其他方面，这三个宣言的有些说法并不一致，尤其是在平等问题上。1789年宣言只是简单地规定（第一条）"人生来而且始终是平等的"；1793年宣言走得更远，它向我们断言（第三条）"所有人按其本性一律平等"；1795年宣言则较为适度，它说（第三条）"平等意味着法律对所有的人都一视同仁"。除此之外，在说到权利时，第三个宣言认为提及义务是有益的，它的道德完全就是福音书的道德，宣言第二条说："一个人与一个公民的所有义务都来自天然地铭刻在所有人心中的这样两条原则：己所不欲，勿施于人；己欲立而立人。"

这些宣言的实质性内容，也是真正保留下来的内容，就是关于平等和人民主权的那些部分。

尽管存在推理意义上的缺陷，自由、平等、博爱这一共和主义图景所发挥的作用还是不可忽视的。

这一充满魔力的公式不但至今仍然装饰在许多墙壁上，而且还铭刻在我们的心目中，它确实拥有某种神奇的力量，这种力量得归功于那些古老的巫师所使用的蛊惑性字眼。

它的许诺所唤起的新希望给它带来了相当惊人的扩张力，成千上万的人为它舍弃了生命。甚至在我们这个时代，世界上任何一个地方爆发革命，都会援引同样的公式。

选择这一公式实在是幸运，因为它属于那种模糊不定的、能够激起人的梦想的词句，每个人都可以根据他自己的爱憎与希望来解释。至于这些词汇的真实含义是什么则显得无关紧要，它附带的意义已经使之无足轻重。

在革命宏图的三个原则当中，平等最富有成果，我们将在本书的另一部分中指出，唯有这一原则至今还存活，并且成就斐然。

当然不是大革命才把平等思想介绍到世间的。无须追溯到古希腊的共和国，我们就会注意到，在基督教以及伊斯兰教的教义中包含着再明显不过的平等理论。作为同一个上帝的臣民，所有的人在他面前一律平等，对他们唯一的评判标准就是他们的美德。上帝面前所有灵魂一律平等的教义在伊斯兰教徒那里和基督教徒那里一样重要。

但是，声明一项原则并不足以保证它的实现。基督教会很快就与其理论上的平等断绝了关系，而大革命中的人们也仅仅是在演说中才想起它来。

"平等"一词的含义随着使用它的人的不同而变动不居。它常常隐含着与其真正意义完全相反的情绪，从而表现出不让任何人胜于他人这样一个专横的要求，同时也不乏自觉高于他人的念头。对大革命时期以及我们今天的雅各宾党人而言，"平等"这一字眼仅仅牵扯到对一切优越的一种嫉恨，为了铲除优越，这些人佯称要统一礼仪、习俗和地位。一切专制——他们自己施行的专制除外——似乎都是可憎的。

由于无法避免自然的不平等，他们就拒绝认可它们，1793年的第二个权利宣言无视事实，公然断言"所有人按照自然一律平等"。

如此看来，大革命中许多人对平等的热烈祈盼只不过掩盖了他们对不平等的强烈要求。拿破仑正是为了满足他们的欲望而被迫重新启用贵族头衔和装饰。泰纳指出，拿破仑之所以能够从最桀骜不驯的革命者中选拔出最驯服的臣僚，其秘密就在于此。他接着说道：

> 忽然之间，透过他们有关自由与平等的布道，他们对权力以及支配他人的本能欲望暴露无遗，甚至就连下属在大多数情况下也对金钱和享乐充满渴望。在救国委员会委员与帝国的大臣、长官或次长之间没有多少分别：两种装束之下是同一个人，只不过先前穿的是短套[2]，后来穿的是编织外套罢了。

平等教义的第一个产物就是资产阶级对人民主权的声明，然而，人民主权在整个大革命期间却一直是一种理论上的空谈。

权威原则（the principle of authority）是大革命最持久的遗产，"自由"与"博爱"这两个与之伴生的共和主义理念从未产生多少重大影响，我们甚至可以说，在大革命与帝国时期，它们除了装饰人们的言论之外一无所用。

此后，它们的影响也微乎其微，人们从未实行过博爱，也不怎么在乎自由，今天，我们看到，工人已经把他们的自由完全交付给了工会。

总结一下：尽管大革命的座右铭很少付诸实践，但它确实发挥了重大的作用。事实上，除了这三个著名的口号之外，法国大革命在大众心目中已经荡然无存，这三个口号构成了大革命的福音，它们的信徒已经遍布欧洲。

注释

1 孔多塞（Condorcet，1743—1794），法国启蒙运动时期的数学家和哲学家，著有《人类精神进步史表纲要》等，大革命期间被雅各宾派拘捕入狱，不久去世。

2 短套（en carmagnole），1789—1794 年法国革命派所着的一种翻领短上衣。

第二卷

大革命时期理性、情感、神秘主义以及集体诸要素的影响

第一章

制宪议会[1]的心理

一、法国大革命时期发生作用的心理要素

法国大革命的过程同它的起源一样，也是由理性的、情感的、神秘主义的以及集体的要素构成，每一种要素实际上都受不同的逻辑支配。正如我已经指出的，这么多的历史学家之所以会对这一时期做出迥然不同的解释，就是因为他们没有把这些因素各自的影响区分开来。

通常被视为一种有效解释的理性因素，实际上所起的作用微乎其微。它确实为大革命开辟了道路，但它仅在革命爆发之初维持了一段时间，而且只限于中产阶级。当时的许多措施，如降低税收的建议、取消贵族特权的建议等等都显示了理性的力量。

一旦大革命深入普通群众那里，理性的影响立即在情

感力量和集体力量的排挤下消失得无影无踪。至于其中的神秘主义要素，作为革命信仰的根基，它使得军队发痴入狂，并把新的信仰向全世界传播。

我们将看到，这些错综复杂的要素既体现在事件中，也反映在个人的心理上。大革命最为重要的要素或许就是其神秘主义成分，因此，我们只有把大革命视为一种宗教信仰的构成，才能清晰地理解它，这一点怎么强调也不为过。我在其他地方对一切宗教信仰的论述同样适用于大革命，譬如，在涉及宗教改革的章节中，读者会看到它与大革命的相似之处不在少数。

在宗教信仰的理性价值这个问题上，哲学家们颇费时日，才最终发现它是微乎其微的。因此，他们现在能够更恰当地理解理性的作用了。他们不得不承认，唯有这些信仰的要素才足以影响文明中诸种要素的转变。

信仰可以迫使人们与理性分离，并且能够将人的思想和情感推向一个极端。纯粹的理性从未有过这样的力量，因为人们从来不会对理性充满热情。

大革命很快采取了宗教的形式，这就解释了它为什么会有如此惊人的扩张力，并且至今仍然保持巨大的威望。

这座伟大的纪念碑应该被视为一种新宗教的奠基，然而，却很少有历史学家能理解这一点。我认为，最早洞悉这一点的是托克维尔那敏锐的大脑。

"法国大革命，"他写道，"是以宗教革命的方式、罩着宗教革命的外表进行的一场政治革命。从其常规的和典型的特征来看，它确实与宗教革命相似：它不仅像宗教革命一样传播甚远，而且像宗教革命一样，通过预言和布道的方式深入人心。这是一场激发人们改变信仰的政治革命，人们满怀热情地在国内完成革命，又以同样的热诚向国外传播。试想这是何等新奇的景象啊！"[2]

假如大革命的宗教因素得到承认，那么接踵而来的狂热与破坏就容易解释了，因为历史告诉我们，这是宗教的伴生物。因此，大革命必然要导致暴力和不宽容，这是取得胜利的神灵对其信徒发出的指令。大革命在整个欧洲肆虐了 20 年，它使法兰西成了一片废墟，数百万人失去了生命，国家也多次遭到侵犯。但是这是一项铁律，即不付出灾难性的代价就不足以改变人们的信仰。

尽管神秘主义的因素通常是信仰的基础，但某些情感的因素和理性的因素很快也会掺和进来。这样一种信仰可以服务于群体的情感、激情和利益，它们都属于情感领域。至于理性，它可以掩饰这一切，为事件的合理性寻求辩护。当然，它实际上起不了任何作用。

当大革命刚刚爆发的时候，几乎每一个人都依据自己的热望为新的信仰披上各式各样理性的外衣。人们看到在大革命中，曾经使他们饱受欺凌的一切专制，不论宗教的、政治的，还是等级的，统统被镇压。像歌德这样的作家和康德这样的思想家都假想在大革命中看到了理性的胜利；

像洪堡[3]这样的外国人士还特意来到法国"呼吸自由的空气，观摩专制的葬礼"。

但是，知识分子的这些幻想并没持续多久，整个事件的戏剧性进展很快就暴露了梦想的真实基础。

二、旧制度的瓦解与三级会议的召开

在付诸实践之前，革命就已经在人们的思想中酝酿。在准备好诸多我们已经研究过的那些因素之后，法国大革命随着路易十六的登基变成了现实。中产阶级的不满与日俱增，他们百般挑剔，提出了一项又一项要求。每一个人都在呼唤改革。

路易十六完全懂得改革的效用，但他实在太软弱了，根本无力驾驭教士和贵族，他甚至无法保留自己的改革大臣马尔泽布和杜尔哥。频繁的饥荒、逐渐加重的赋税、各个阶层的贫困，日胜一日，并且这种普遍的贫困和宫廷的庞大开支形成了骇人的对比。

被召集起来试图挽救财政危机的显贵们，拒绝接受一个平等的税收体系，他们只批准了一些意义不大的改革措施。高等法院拒绝登记这些改革法令，最后不得不解散，各省的高等法院仿效巴黎采取了同样的行动，也被解散。但是他们主导着舆论，法国各地都要求召开已经近200年没有召开的三级会议。

决议是这样的：在500万法国人中，有10万教士、15万贵族，派出各自的代表。总共有1200名代表，其中578名是第三等级的代表，他们主要由地方官员、律师和医生组成，而300名教士代表中有200人是平民出身，他们把自己的命运与第三等级连在一起，共同反对贵族和教士。

从第一次会议开始，不同社会地位和精神状况的代表之间就发生了心理上的冲突。特权阶级代表的华贵装束与第三等级代表的寒碜形成了一种让人感到羞辱的对比。

在第一次会议上，贵族和教士成员依照他们的阶级特权，在国王面前没有免冠，第三等级的代表想仿而效之，结果招来特权阶级代表的抗议。在接下来的一天里，更多自尊受到伤害的抗议不绝于耳，第三等级的代表邀请那些坐在单独大厅里议事的贵族和教士代表为他们的权力做见证，结果遭到拒绝。磋商持续了一个多月，最后，根据西哀耶斯教士的倡议，第三等级的代表认为他们代表了国家95%的人口，宣布自己组成一个国民议会（National Assembly）[4]。从那一刻起，大革命就拉开了序幕。

三、制宪议会

一个议会的力量首先取决于它对手的强弱。制宪议会为它遇到的微弱抵制感到惊讶，并且在一小撮煽动家的操纵下失去了自制。从最初的会议开始，制宪议会的一言一行就如同一个主权实体，特别是它冒称自己拥有征收赋税的权力，这是对国王特权的严重侵犯。

路易十六做了软弱无力的抵抗，他仅关闭了三级会议的议事大厅。于是，代表们在网球场的大厅里集会，并宣誓除非通过一部宪法，否则他们决不解散。[5]

大部分的教士代表加入了他们的行列，国王宣布议会的决议无效，并命令代表们解散。当大司仪官布雷泽侯爵劝说他们服从国王的命令时，议会主席巴伊答复说："我们代表全体国民在这里集会，我们不能接受任何命令！"而米拉波则向国王的特使扬言：议会是根据人民的意志召集起来的，除非诉诸武力，否则我们不会撤退。于是，国王再次做出让步。

在6月9日的会议上，代表们采用的是制宪议会的名称。[6]多少世纪以来，国王第一次被迫认可了一个新权力的存在。此前，无论是人民的权力，还是由人民的代表所行使的权力，国王都一概置之不理。君主专制政体一去不复返了。

路易十六感到自己越来越受到威胁，于是从凡尔赛召集了一些由外国雇佣兵组成的兵团。制宪议会要求撤离这些军队，国王拒绝了，并将内克解职，代之以布罗伊元帅这样一个以独断专行著称的人。

但是，议会拥有足够的支持者，卡米尔·德穆兰和其他一些人向四面八方的群众发表长篇演说，呼吁他们保卫自由。他们敲响了警钟，组成了一支 12000 人的民兵，从残废军人院 [7] 取来了步枪和大炮。7 月 14 日，武装的民众向巴士底狱进发，这座要塞几乎没有设防，几小时后即停止抵抗，人们在里面找到了 7 名囚犯，其中一人还是个疯子，另有 4 人是被指控作伪证的刑事犯。

巴士底狱曾让许多人成为专制权力的牺牲品，在许多人心目中，它是王权的象征，但攻占它的人并没有吃过它的苦头，因为除了贵族之外很少有人被投入巴士底狱。

攻占这座要塞所产生的影响一直持续到今天，像朗博这样严肃的历史学家都向我们断言："攻占巴士底狱不但是法国，而且是欧洲历史上的重大事件，它开创了世界历史的新纪元。"

如此的轻信稍有过分，事件的重要性仅仅在于这样一个心理学事实，那就是人民第一次得到了一项明显的证据，它表明不久前还是令人敬畏的权威竟然如此不堪一击。

权威的原则一旦在公众心目中开始受到损害，就会迅速瓦解。对一个无力使自己的重要堡垒不受群众进攻的国王，还有什么要求不可以提出呢？主人的权力同样也不再是无所不能的了。

攻占巴士底狱是法国大革命历史上比比皆是的精神腐化现象的肇端。外国雇佣兵尽管对革命没有多少兴趣，但也开始显示哗变的兆头。于是，路易十六被迫将他们解散。他召回了内克，回到了巴黎市政厅，他的出现表明了对既成事实的认可；他从国民自卫军司令拉法夷特[8]手里接过了三色帽徽，它由代表巴黎的红、蓝二色加上代表国王的白色构成。

随着巴士底狱的攻破，骚乱暂时中止了，但决不应该把它看作"历史上的一个终极性事件"，不过它确实是大众政府的开端。从此以后，武装的人民成为革命议会得时刻加以考虑的因素，并极大地影响了他们的行为。

与人民主权的教义相一致的人民之登台亮相，对诸多事务横加干涉，激起了许多研究大革命的历史学家由衷的敬佩。但即使是对大众心理的肤浅研究也会很快显示，他们称之为人民的神秘实体其实不过是几个领袖意志的转化而已。说人民攻占了巴士底狱，袭击了杜伊勒里宫，冲进了国会，等等，都是不准确的，应该说是某些领袖——一般是通过俱乐部——联合了武装平民，并领导他们攻克了巴士底狱、杜伊勒里宫等等。在大革命期间，同一群乌合之众袭击或保卫了极其对立的党派，这完全取决于碰巧成为他们头目的领袖。群众从来没有自己的观点，他们有的只是自己领袖的观点。

象征性的事件是最有效的暗示形式，攻占巴士底狱之后，接踵而至的必然是对其他堡垒的破坏。许多封建城堡被视为小型的巴士底狱，为了仿效巴黎人，农民们闻风而动，也开始烧毁各地的城堡，他们的行为更为狂暴，因为那些侯爵老爷的宅地享有封建的特权。这是扎克雷起义的一个变种。[9]

制宪议会同后来的所有革命议会一样，在国王面前傲慢自负，在人民面前却极其优柔寡断。

为了结束 8 月 4 日夜晚的混乱状态，制宪议会根据一名贵族代表诺亚依子爵的提议，投票通过决议废除了封建庄园主的领地特权。尽管这一措施是对贵族特权的沉重打击，但在对它进行投票时人们却含着热泪，互相拥抱以示庆贺。如果我们想到在人群中，尤其是在为恐惧所支配的人群中，情绪是多么容易传染，那么就很容易理解这种狂热情绪的发作了。

要是贵族们能够在数年之前放弃他们的特权，大革命无疑就可以避免了，但现在为时晚矣！被迫做出的让步只能徒然地增加他们所屈从者的价码。在政治上，一个人总应该高瞻远瞩，在迫不得已之前就做出让步。

路易十六在犹豫了两个月后才批准了制宪议会在 8 月 4 日晚上投票通过的决议。他退居凡尔赛，民众领袖向那里遣送了一支 7000 或 8000 人的男女队伍，并向他们保证王室的驻地储藏了大量的面包。凡尔赛的王宫受到了武力威胁，一些侍卫被杀。国王连同他所有的家人被叫嚣的人群带回了巴黎，人群中许多人的长矛上还挂着被残杀的士兵的头颅。这就是我们所知的在 10 月发生的事件。

大众的权力日渐上升，而实际上国王和整个议会一样，从此处在人民的掌握之中，也就是说，为那些俱乐部及其领袖们所控制。大众权力在近十年的时间里所向披靡，直到大革命接近尾声。

虽然制宪议会声称人民是唯一的主权者，但它还是为大大超出其理论预见的动乱所困扰。制宪议会曾经天真地以为一旦它制定出确保人类永久幸福的宪法，秩序就会恢复。

我们知道，在整个大革命期间，各种议会的首要任务就是制定、推翻或重修宪法。当时的理论家与今天的理论家一样，赋予宪法改造社会的权力，因此，议会从未忽视自己的使命。与此同时，它还颁布一项庄严的《人权宣言》来概括宪法的原则。

宪法、宣言、声明以及演讲不会对大众运动产生丝毫影响，也不会对议会核心中逐日增多的反对派有什么影响。这些反对派越来越受制于为各种俱乐部所操纵的激进派别，丹东、卡米尔·德穆兰以及后来的马拉、埃贝尔，通过他们的长篇演说和杂志激烈地鼓动平民。议会很快就陷入了导致它滑向极端的泥淖。

国家的财政在这些动乱中丝毫没有好转，议会最后意识到，博爱的言论无法改善他们的状况，眼看破产的威胁就要来临，他们在1789年11月2日颁布法令，没收教会的财产。教会的收入估计在12000万英镑左右，其中包括从信徒那里征收来的约有800万英镑的什一税。它们为几百个高级教士以及宫廷神父等人所占有，这些人拥有全法国四分之一的财产。这些财产从此以后被收归"国有"，作为指券的保值抵押，这种纸币第一次发行了 4 亿法郎（折合 1600 万英镑）。公众一开始接受了它，但在督政府和国民公会统治期间发行了 450 亿法郎（折合 180 万英镑）的这种货币，结果 100 里弗的指券最后只值几便士。

软弱的路易十六在顾问的怂恿下对此做出了抵抗，拒绝批准议会的法令，但徒劳无益。

在民众领袖日复一日的暗示作用以及精神传染的威力下，革命运动在各处蔓延，它不但抛开了议会，甚至时常与议会发生冲突。

在城镇和乡村，革命市政当局在当地国民自卫队的保护下成立了。邻近城镇的国民自卫队开始协调行动，采取必要的措施以保护自己，于是联盟形成了，并很快汇拢到一起。他们向巴黎派出了 14000 名自卫队员，1790 年 7 月 14 日这些士兵在马尔斯广场[10]结集，在那里，国王宣誓接受国民会议颁布的宪法。

尽管有这一空洞的誓言，但形势已经日趋明朗：在君主政体的世袭制原则与议会所宣布的原则之间不可能有一致之处。

感到自己已经完全失去了权力，国王只能选择逃走。在凡尔赛被捕后，他被带回巴黎附近的一所监狱，最后被囚禁在杜伊勒里宫。虽然议会此时的保王色彩还很浓，但也不得不中止他的权力，并决定对他采取政府的单独指控。

在国王出逃未遂的这段时间里，他的处境是前所未有地糟糕的。哪怕黎塞留这样的天才在世也无力回天了，他唯一可以依靠的力量从一开始就无可挽回地辜负了他。

在整个制宪议会统治期间，绝大多数法国人和议会成员都还是保王派，所以如果国王接受一种开明君主制的话，他或许仍然可以掌权。但是，似乎路易十六不愿意做出多少承诺以便与议会达成妥协。

或许，在他的头脑中稍许的妥协都是绝对不可能的，如果他同意变革历代承袭的君主制，那么，列祖列宗的阴影就会出现在他面前，挥之不去。甚至即使他打算这样做，他的家族反对派、教士、贵族以及宫廷也决不会善罢甘休。那个时候，君主制所依赖的古代世袭等级、贵族和教士几乎和国王本人一样有权势。他好像每次都向议会的命令屈服了，但那是迫不得已，并且是企图赢得时间，卷土重来。在看到所有的天然防卫都起不了作用后，孤注一掷的国王只好向外国势力求助了。

国王，尤其是王后对奥地利——几个世纪以来它一直都是法国的竞争对手——可能给予的援助抱有非常奇怪的幻想。即使奥地利不痛不痒地表示同意出手相助，也只是想得到巨大的回报罢了，可以料想向路易十六施舍恩惠的预期报酬包括阿尔萨斯、阿尔卑斯以及纳瓦尔。

俱乐部的民众领袖们发现议会的保王色彩太浓，于是再次发动群众来反对它。他们发起一项请愿，要求议会召集一个新的选举机构来审判路易十六。

不管怎么说，制宪议会还是对国王抱有敬意的，它感到革命越来越具有煽动性，于是决定对人民的行动进行反击。在拉法夷特的指挥下，国民自卫队的一个营开进马尔斯广场，驱散聚集在那里的人群，当场就有 50 人毙命。

但议会并没有坚持它的微弱抵制，出于对人民的极端畏惧，它对国王日渐傲慢，不断剥夺他的特权与权力。现在国王就像一个小小的公务员，得依别人的意志行事。

议会指望自己能够行使从国王那里僭夺的权力，但是这样的使命远远超出了它的能力。一个如此分散的权力必然是虚弱的，米拉波说："我不知道还有什么是比由 600 个人来行使主权更可怕的了。"

议会曾经夸下海口，认为它可以集中国家的所有权力，并像路易十六那样行使这些权力。但不久，议会就变得寸步难行了。

随着议会威信的削弱，无政府的混乱骤长。民众领袖不断地煽动暴民，骚乱和起义成了唯一的权力。议会每天都要受到喧嚣而专横的代表的冲击，他们时而提出要求，时而发出威胁。

对于这些群众运动，议会迫于恐惧的压力，无计可施，只得俯首帖耳。事实上它们并不是群众自发的运动，它们仅仅标志着新势力的登场，那就是与议会并存的俱乐部和巴黎公社 [11]。

在这些俱乐部中，最有势力的是雅各宾俱乐部，它在法国已经迅速地建立了超过五百个直接听命于总部的支部。在整个大革命期间，它的影响一直占据优势。它是议会的主人，因而也是法国的主人。它唯一的对手是起义者建立的巴黎公社，但后者的权力仅限于巴黎。

制宪议会的虚弱及其遭受的失败使它名誉扫地，它开始意识到这一点，并感到自己正在逐渐失势，于是决定加紧制定新的宪法以便自行解散。它的最后一项措施就是幼稚至极地规定制宪议会的成员不得被选进立法议会，这就等于说立法议会的议员将失去他们前辈的经验。

1791年9月3日，宪法制定完成，并在13日得到了国王的批准。此前，议会已经恢复了国王的权力。

制宪议会创建了一个代议制政府，由人民选举的代表行使立法权，国王行使行政权，并且他对议会的法令享有否决权。新的部门分工取代了旧的行省制，关税被废除，代之以至今仍在实行的直接税和间接税。

制宪议会在结束了领土分裂、推翻了旧的社会组织之后，以为自己的力量足以改造这个国家的宗教组织，它特别要求神职人员应该由人民选举产生，并且由此摆脱其最高首脑教皇的影响。

对教士的民事规定是一直持续到执政府统治时期的宗教斗争与宗教迫害的起因，三分之二的牧师拒绝对新宪法宣誓效忠。

在以制宪议会为象征的三年里，大革命所取得的成果相当可观。首要的成果或许就是特权等级的财富开始向第三等级转移。正是这一点引起大革命的热情追随者为新制度辩护的兴趣，一场得到既得利益者支持的革命必然是强大的。无论是排挤掉了贵族的第三等级，还是购买了国有土地[12]的农民，他们当然都清楚地知道旧制度的复辟将损害他们的利益，对大革命的积极辩护仅仅是为他们自己的财富辩护。

这就是为什么我们会看到，在大革命的某些阶段会有接近一半的地区揭竿而起反抗压迫他们的专制。共和党人战胜了一切反对派，他们之所以强大有力，是因为他们不仅要捍卫一种新的理想，而且要捍卫新的物质利益。我们将看到这两个因素的影响贯穿整个大革命，并且极大地促成了帝国的建立。

注释

1 法国大革命时期政权的更替大致如下：制宪议会（The Constituent Assembly），从 1789 年 6 月 20 日的网球场誓约开始，到 1791 年法国通过第一部宪法为止。其间，制宪议会虽然保留了国王，但它通过没收教产、更换旧的行政机构、公布《人权宣言》等行动使法国实现了国家的根本变革。立法议会（The Legislative Assembly），自 1791 年 10 月起，法国大革命进入立法议会时期，这一时期法国面临同欧洲各国的作战，1792 年 9 月 20 日外敌入侵被制止，立法议会结束。国民公会（The Convention），自 1792 年 9 月 22 日法国宣布为共和国开始，到 1795 年建立督政府为止。在此期间，先是山岳派与吉伦特派对抗，后来是雅各宾专政时期，最后在热月政变中罗伯斯庇尔倒台，热月党人当政。督政府（The Directory），1795 年 10 月根据共和三年宪法建立了督政府，其间政变频仍：1797 年的共和五年果月政变、1798 年的共和六年花月政变以及 1799 年的 6 月的牧月 30 日政变，1799 年 10—11 月的雾月 18 日政变推翻了督政府。其后直到 1804 年拿破仑加冕为执政府（The Consulate）时期。

2 这段话出自托克维尔《旧制度与大革命》第三章，参见商务印书馆 1992 年版冯棠译本第 51 页。

3 洪堡（Wilhelm von Humboldt，1767—1835），德国自由主义思想家、教育家和外交家，著有《论国家的作用》等。

4 第三等级代表把三级会议改名为国民议会发生在 1789 年 6 月 17 日。

5 这就是著名的（1789 年）"6 月 20 日网球场宣誓"。

6 原文有误，国民议会改名为制宪议会是 1789 年 7 月 9 日的事。

7 残废军人院（The Invalides），亦译荣军院。

8 另有一种说法是路易十六从巴黎市长巴伊手里接过三色帽徽。

9 扎克雷起义（Jacquerie），1358 年法国北部农民的暴动，此后泛指农民暴动。1789 年 7 月下旬遍及法国各地农村的动乱，史称"大恐慌"。

10 马尔斯广场（The Champ-de-Mars），又译练兵场。

11 巴黎公社（The Commune），又译"民众社团""市府"，攻克巴士底狱后，巴黎以及法国的其他地方都出现了地方政府，它们都叫公社，本书中所指的巴黎公社区别于 1870 年的"巴黎公社"，在不特别指出的情况下，本书中的巴黎公社均指大革命期间的巴黎公社。

12 指国家没收的教会和流亡贵族的土地，下文国有财产中的"国有"也是这个意思。

第二章

立法议会的心理

一、立法议会期间的政治事件

在考察立法议会的精神特征之前，先让我们简要地总结一下在它短暂的执政岁月中所发生的值得回顾的政治事件。这些政治事件在立法议会的心理表现中自然起到了十分重要的作用。

立法议会同样对君主制十分留恋，它并不比它的前任更想摧毁君主制。国王在它看来只是有些不可信任，但它仍然希望保留国王。

路易十六整日郁郁寡欢，他不断地企求外国的干涉。胆怯的国王被软禁在杜伊勒里宫，只有他的瑞士侍卫守护在身旁，他在一片反对声中无依无靠。他收买杂志企图扭转公共舆论，但是编辑这些杂志的愚暗文人们对群众的心理一无所知。他们唯一的手段就是用绞刑架来恫吓大革命的各路人马，以及预告一支解救国王的军队即将入侵法兰西。

王室此时可以寄托希望的只有外国宫廷，贵族们纷纷移居国外。普鲁士、奥地利和俄国向法国发出了战争威胁，路易十六也暗中支持它们的行动。面对三家国王的联合反法，雅各宾俱乐部提议反击各国的联盟。于是，吉伦特党人连同雅各宾党人成为革命运动的领导者，他们挑动群众武装自己——600万志愿者整装待发。宫廷接受了一位吉伦特派的大臣，在他的操纵下，路易十六被迫建议议会对奥地利作战，并很快得到同意。

在宣战时，国王是言不由衷的，王后将法国的作战计划以及委员会的秘密决议透露给奥地利。

战争之初法国损失惨重，好几个纵队遭到突袭，溃不成军。在俱乐部的煽动与说服——准确地说是在煽动下，巴黎近郊的人们相信国王与外敌相互勾结，于是发动起义。他们的领导者雅各宾党人，主要是丹东，在6月20日向杜伊勒里宫递交请愿书，以废黜国王相威胁，然后冲进杜伊勒里宫，对国王百般谩骂。

命运驱使着路易十六一步一步地走向悲惨的结局，当雅各宾党人对国王的威胁引起许多地方的义愤时，人们获悉一支普鲁士军队已经到达洛林前线。

国王与王后对外国支援的希望抱有很大的幻想，玛丽·安托瓦内特对奥地利与法国人的心理持有一种严重的错觉。看到法国人为一些狂热者所慑服，她就以为同样可以轻而易举地恐吓巴黎人，通过威胁使他们重新臣服于国王的权威。在她的授意下，费尔桑公布了布伦瑞克公爵的宣言，该宣言威胁说："如果王室受到什么侵扰，巴黎将被搅个底朝天。"[1]

但是，这项声明导致了与其料想的完全相反的后果，它激起人们对国王的极大愤慨，国王被视为外国入侵者的帮凶，更加声名狼藉。从那天起，他就注定要被拉上绞刑架。

在丹东的操纵下，一些地区的代表在巴黎市政厅成立了一个起义者社团[2]，他们逮捕了效忠于国王的国民自卫军司令，敲响了警钟，装备起国民自卫队，并在 8 月 10 日同平民一道开进杜伊勒里宫。路易十六招来的卫队一哄而散，很快就没有人守护在他旁边。国王身边仅有的瑞士侍卫以及几个绅士几乎全部遇难，只剩他孤身一人避难于议会。群众要求对国王进行审判，立法议会宣布中止他的权力，并留待未来的议会，即国民公会来决定他的命运。

二、立法议会的精神特征

立法议会是由新人组成的，从心理学角度看，它表现出一种特殊的重要性，很少有议会能像它这样深刻地反映政治集体的特征。

立法议会由 750 名代表组成，可以分为顽固保王派、立宪保王派、共和派、吉伦特派以及山岳派。他们大多数是律师和文人，此外还包括人数很少的高级官员、牧师和几位科学家。

这个议会成员的哲学思想似乎尚未成熟，许多人还醉心于卢梭回归自然状态的幻想。但和他们的前任一样，所有的人都热衷于对古希腊和古罗马遗风轶事的回忆，加图[1]、布鲁图斯、格拉古[2]、普鲁塔克、马可·奥勒留[3]以及柏拉图时刻充斥、装饰着他们的言论。当演说者想凌辱路易十六时，就直接叫他卡利古拉。

在希望破坏传统方面，这些议员们是革命的，但在主张回到遥远的过去时，他们又显得极端反动。

至于其他方面，所有这些理论都对他们的行为很少有什么影响。"理性"一词在他们的言论中频繁出现，但他们的行为却从未体现过理性，他们总是被情感的因素和神秘

---

[1] 加图（Cato），古罗马时代有两个著名的加图，老加图（234BC—149BC），政治家和将军，他在任监察期间，试图恢复罗马社会生活的简朴作风；小加图（95BC—46BC），斯多噶派哲学家、政治家，老加图的曾孙，他是恺撒政治野心的保守派对手。

[2] 提比略·格拉古（Tiberius Sempronius Gracchus，168BC—133BC），与其弟盖约·格拉古（Gaius Sempronius Gracchus，154BC—121BC），以"格拉古兄弟"之称闻名，他们先后寻求通过大规模再划分土地来帮助贫穷的农民，但都在暴乱中被杀。

[3] 马可·奥勒留（Marcus Aurelius，121—180），罗马皇帝，斯多噶派哲学家，著有《沉思录》。

主义的因素支配，这些因素的力量我们在前面已经反复强调过。

立法议会的心理特征也是制宪议会的特征，但前者更为突出，这些特征可以概括为：敏感、动摇、胆怯和虚弱。

这种动摇与敏感表现在他们行为的反复无常上：前一天还互相攻讦争吵，第二天我们就看到他们"相互拥抱，热泪盈眶"；他们为一场要求对那些请愿废黜国王的人进行惩罚的演说热烈鼓掌，然而，就在同一天，他们又将议会的荣誉授予一个要求国王下台的代表团。

在面对威胁时，议会的胆怯与虚弱表现得淋漓尽致，虽然他们带有保王色彩，但还是投票同意中止国王的权力，并根据巴黎公社的要求将国王及其家室监禁在丹普尔堡。

由于立法议会的软弱，它同制宪议会一样没有能力行使任何权力，只得听任民众社团和俱乐部摆布，这些社团和俱乐部的领袖人物包括埃贝尔、塔里安、罗西涅尔、马拉、罗伯斯庇尔等人。

直到 1794 年热月为止，起义者社团[3]一直是国家主要权力的中心，它的举动完全类似于它曾经指控过的巴黎市政府。

当议会打算把路易十六囚禁到卢森堡宫时，正是这个社团要求将他关押到丹普尔堡的塔楼，也正是这个社团将大量嫌疑犯投入监狱，然后下令处死。

我们知道，最骇人听闻的是，一伙大约 150 人的匪徒，领着每天 24 里弗的津贴，在几个社团成员的指挥下，4 天之内消灭了 1200 人，这就是众所周知的九月屠杀。巴黎市长佩蒂昂满怀敬意地迎接了这帮凶手，并款以美酒。几个吉伦特党人发出了些抗议，而雅各宾党人则对此默不作声。

起初，吓破了胆的议会对大屠杀不闻不问，噤若寒蝉，实际上屠杀还受到议会中几个较有影响的代表尤其是库通和俾约-瓦伦的纵容；当议会最后决定谴责他们时，却又没有采取任何措施阻止他们继续施暴。

意识到自己的虚弱，立法议会在两星期后自行解散，让位给国民公会。

立法议会的工作显然是灾难性的，虽然它的意图是好的，但结果却总事与愿违。作为保王党人，他们抛弃了君主制；作为人道主义者，他们允许了九月屠杀；作为和平主义者，他们把法国推向了一场可怕的战争。所有这一切都表明，一个软弱的政府注定要给国家带来毁灭。

早期两个革命议会的历史再次向我们证明，其间接二连三发生的事件有其内在的不可避免的因果关系。这些因果关系构成了一连串的必然性之链，我们有时可以选择其中的第一环，但是随后的发展就由不得我们了。我们可以自由地做出一个决定，却无力改变它的结局。

制宪议会最初的措施是理性的、自发的，但随之而来的后果却超出了所有人的意志、理性或预见。

无论是路易十六之死、旺代战争、大恐怖、旷日持久的断头台，还是最后的无政府状态，以及继之发生的一个军人铁腕统治之下传统与秩序的恢复，如果回到1789年，有谁胆敢期望或预测这样的事呢？

革命议会早期行为之后的事态发展中，最引人注目的或许就是大众政府、暴民统治的兴起与发展。

在我们已经考察过的这些事实——攻占巴士底狱、进军凡尔赛、九月屠杀、袭击杜伊勒里宫、残杀瑞士侍卫以及国王的垮台与入狱——背后，我们很容易察觉到影响群众及其领袖心理的规律。

现在就让我们来看一看群众的力量是如何逐渐加强，又是如何战胜其他所有力量并最终取代它们的。

注释

1 参见本书第一编第二卷第四章译注4。

2 即法国大革命期间的巴黎公社。

3 指大革命期间的巴黎公社。

第三章

国民公会的心理

一、国民公会的传奇

国民公会的历史不但为心理学提供了丰富的材料，而且揭示了这样一个真理，那就是，任何一个时代的见证者，哪怕是紧随其后的继承者，几乎都无法对他们所经历的事件和他们周围的人形成准确的看法。

自大革命以来，一个多世纪过去了，人们直到现在才刚刚开始对这一时期做出判断，尽管这些判断仍然疑窦重重，但至少已经比上一代人的看法正确些了。

这不仅仅是因为不断有新的文献材料从档案中被挖掘出来，更重要的是随着时间的流逝，围绕暴政时期的种种神话般的传说已经逐渐洗尽铅华，露出庐山真面目。

在所有的传奇中，最为持久的或许就是关于直到我们的父辈还被冠以"国民公会之伟人"这样显赫称号的大人物的传奇。

国民公会一方面得镇压国内的保王党叛乱，另一方面还要抵抗欧洲君主的入侵。这使人产生了这样一个印象，即这场艰苦卓绝的斗争中的英雄似乎是超人或是提坦巨人式的人物。

只要这一时期的事件仍然扑朔迷离，毫无头绪，"伟人"称号看来就还是正当的。仅仅因为同时发生的缘故，军队的成就被混淆为国民公会的成就。前者的光芒掩盖了后者的阴霾，并沦为辩护恐怖时期大屠杀、国内战争的暴行以及法兰西毁灭的借口。

在现代批判敏锐而细致的洞察下，事件的种种异质性谜团慢慢被解开。共和国的军队保持着他们素有的威望，但我们不得不承认：国民公会的成员完全消耗于内部的派系斗争，对军队的胜利几无贡献可言，至多只有两三个议会的委员会成员关注着军队；我们也不得不承认军队的胜利除了源于他们人数的优势以及年轻将领的天才之外，还要归功于一种新的信仰所激发的热情。

在后面专门讲述革命军队的一章里，我们将看到他们是如何在欧洲战场上大显身手的。自由、平等的思想成了他们的新福音，在这些思想的鼓舞之下，他们开赴前线，并在前线滞留了很久，但始终保持着一种特殊的精神状态，一种完全不同于政府的精神状态。他们对政府的精神状态起初一无所知，后来则极为鄙视。

国民公会成员与军队的胜利毫无关联，他们的行动仅限于依照领袖的指令，仓促地制定法律。这些领袖们声称法兰西可以通过断头台获得新生。

但是，正是靠着这些勇敢的军人，国民公会的历史被塑造成一部神话，它赢得了几代人宗教般的崇敬，时至今日仍余音不绝。

如果我们今天仔细研究一下国民公会那些"伟人"们的心理，就会发现他们的声誉将一落千丈。一般来说，他们都是些平庸之辈，就连他们最热心的辩护者，比如奥拉尔也不得不承认这一点。

奥拉尔在他的《法国大革命史》中对此做出如下评述：

人们以为从1789年到1799年的那一代人完成了如此伟大而可怕的事业，他们是一代天才，或者说得更直白一些，他们是空前绝后的一代伟人。这是人们在回顾历史时所产生的错觉，对大革命产生巨大影响的那些人，成立市政公社的市民以及雅各宾俱乐部等全国性团体的成员似乎并不比路易十五时代或路易-菲利普时代的法国人更出色，无论是在所受的教育上还是才智上。那些才华出众的人士至今仍然名垂青史，是因为他们出现在巴黎的舞台上，还是因为他们是各种革命议会中最雄辩的演说家呢？米拉波某种程度上可以配得上天才之称，至于其他人，像罗伯斯庇尔、丹东、维尼奥是否比我们今天的演说家更具才干呢？在1793年这个传说中的"巨人时期"里，罗兰夫人在她的回忆录中写道："法兰西仿佛耗尽了精英；他们在这场革命中的消逝确实令人惊讶；除了侏儒之外几乎看不到什么人物。"

在对国民公会单个成员进行考察之后，再把他们当作一个整体来看，我们可以说无论从智力、德行，还是从勇气上讲，他们都平庸无奇。从未有过哪个群体表现得如此胆怯，除了在演讲中，或危险远未来临之时，他们没有任何勇气可言。这个在谈到国王时是如此盛气凌人、不可一世的议会或许是有史以来最软弱、最驯良的政治集体了。我们看到它奴仆般地言听计从于俱乐部和社团的指示，在天天冲击议会的民众代表面前，它瑟瑟发抖；对暴动者的命令，它是如此驯服，以至于可以向他们交出自己最优秀的成员。国民公会向世人展示了这样一幅可悲的场景：它在民众指令下投票通过的法令竟然荒谬到一等他们离开大厅就不得不废止的程度。

很少有哪个议会表现得如此虚弱，假如我们想证明一个大众政府可能会堕落到什么程度，我们只消看看国民公会就可以了。

二、雅各宾宗教胜利之后果

在赋予国民公会特殊面貌的诸种事业中，最重要的莫过于一种革命宗教的牢固确立。革命教义起初尚在酝酿之中，但最终还是建立起来了。

这一教义由一些不那么协调的要素糅合而成，自然、人权、自由、平等、社会契约、对暴君的憎恨以及人民主权等等，构成了在它的信徒们看来是不证自明的福音书。新的真理俘获了这样一些使徒：他们拥有某种权力，并最终和世界上所有的信徒一样，试图通过武力推行这些真理；异教徒的观点和意见不必加以考虑，他们被消灭乃是罪有应得。

正如我们在宗教改革时期看到的那样，对异教徒的仇恨是所有伟大的宗教不可避免的一个特征，由此我们很容易就能理解雅各宾宗教的不宽容了。

宗教改革的历史同时表明，同种信仰的两个分支之间的冲突是异常尖锐的。所以，我们对此不必感到惊讶：在国民公会里，雅各宾党人猛烈地攻击另一派与自己的信仰几乎没有什么差异的共和党人。

新的使徒对布道充满热情。为了使外省皈依，在铡刀的护卫下，他们往那里派遣了热诚的使徒。有新信仰的检察官对谬误丝毫不含糊，正如罗伯斯庇尔所说："共和国就是摧毁一切反对它的事物。"如果国家拒绝获得新生又有什么要紧呢，无论它愿意与否，它必须再生。卡里埃说："如果我们不能以我们自己的方式改造法兰西，我们将成为它的掘墓人。"

由新的信仰所产生的雅各宾主义政策非常简单，即在一种不容忍任何反对意见的专政之指导下，实现一种平均主义的社会主义。

对于经济规律以及人的真实本性之类的实用性思想，统治法国的理论家们说不出什么名堂，他们完全沉溺于演讲和断头台。他们的演说幼稚至极，泰纳说："他们从不提及事实，除了抽象的事物之外一无所有，一长串的句子都是关于自然、理性、人民、暴君、自由等，如同许多吹得大大的气球，一升到高空就统统破裂。我们如果不知道所有这一切在实践中都以可怕的灾难而告终的话，可能还以为他们是在做逻辑游戏、学校作业、学术证明或思想实验呢！"

雅各宾党人的理论实际上无异于一种绝对专制，在他们看来毋庸置疑的是，拥有最高主权的国家必须得到服从，根本无须那些在地位和财产上大致平等的公民进行讨论。

他们赋予自己的权力比起他们之前的历代君主来，有过之而无不及。他们限定商品的价格，并僭称自己有权任意处置公民的生命和财产。

他们对革命信仰的再生功效是如此坚信不疑，以至于在对君主们宣战之后又对上帝宣战。新的历法被启用，历代圣人的名字被从上面抹去。他们建立了一个新的上帝——理性神，并在巴黎圣母院的"圣处女"祭坛上为之举行崇拜庆典，其仪式在许多方面与基督教毫无二致。这一祭祀一直持续到罗伯斯庇尔用一种私人宗教取而代之，罗伯斯庇尔任命他自己为这一宗教的大主教[1]。

作为法国唯一的主人，雅各宾党人及其信徒可以在全国进行肆无忌惮的抢劫，虽然他们无论在哪个地方都不是多数派。

我们无法确定他们的确切人数，只知道他们的人数并不多。泰纳估计在巴黎70万居民中有其5000党徒；在贝桑松30万居民中有其300党徒，在整个法国约有30万雅各宾党徒。

"一种小型的强盗封建制度接管着一个臣服的法国。"用泰纳的话说，虽然他们人数很少，却能够支配整个国家，这里有几个原因。首先，他们的信仰赋予了他们一种相当强大的力量；其次，由于他们代表政府，而法国人多少个世纪以来又一直都服从这些发号施令的人；最后，由于人们相信推翻他们将导致旧制度的复辟，许多国有土地的购买者对此深怀恐惧。他们的暴政只有变得非常可怕时，才会有那么多的地方起来反抗他们。

他们权力中的第一个要素至关重要，在强势信仰与弱势信仰的冲突中，胜利总是属于前者。由一种强势信仰所产生的坚强意志，总会压倒微弱的意志。雅各宾党人最终垮台，就是因为他们的暴力激起了成千上万微弱的意志的聚合，一旦这些意志团结起来，就会超过雅各宾党人的坚强意志。

被雅各宾党人残酷迫害的吉伦特党人，确实也有其坚定的信仰，但在随后的斗争中，他们所受的教育要求他们克制这些信仰，并尊重某些传统和他人的权利，而这些犹豫在他们的对手那里丝毫不成其为问题。

"吉伦特党人的情感，"埃米尔·奥利维尔写道，"多半是细腻而宽宏的；而雅各宾暴徒的情感则是低劣、粗俗而残忍的。'超人'马拉的声誉与维尼奥不可同日而语。"

起初，吉伦特党人凭借过人的才能和雄辩的口才在国民公会占据了主导地位，但很快他们就败倒在山岳党人手下。那帮不值一提的狂热分子善于活动，并知道如何煽动平民大众的激情。国民公会给人的印象是暴力，而不是理智。

三、国民公会的精神特征

除了一般议会普遍具有的特征之外，每一种议会还会受环境与时事的影响而形成一些特征，它们构成了任何一个具体议会的独特面貌。制宪议会和立法议会大部分引人注目的特征，以一种集合的形式再次体现在国民公会身上。

国民公会由大约750名代表组成，其中有超过三分之一的人曾在制宪议会或立法议会中任职。雅各宾党人为了确保在选举中获胜，对选民进行恐吓。结果，700万的选民中有 600 万的大多数选民选择了弃权。

从职业上看，国民公会成员包括大量法官、律师、公证人、法警、退职官员以及几个文人。

国民公会成员的精神状态并不是同质的，这样一个由特征迥然不同的个人所组成的议会很快就会分裂为几个小群体。国民公会很早就形成了三派：吉伦特派、山岳派以及平原派[2]。立宪君主派已经不复存在。

吉伦特派与山岳派作为两个极端，各自拥有大约 100 名成员，他们理所当然地成为领袖人物。山岳派包括最激进的成员：库通、埃贝尔、埃罗·德·塞舍尔、丹东、卡米尔·德穆兰、马拉、科洛·德布瓦、俾约-瓦伦、巴拉斯、圣茹斯特、富歇、塔里安、卡里埃、罗伯斯庇尔等人；吉伦特派则包括布里索、佩蒂昂、孔多塞、维尼奥等人。

国民公会中另外 500 名议员，即绝大多数人形成了所谓的平原派。

平原派是一个随波逐流的群体：他们没有一定的主见，优柔寡断，胆小怕事；他们随时听命于自己的冲动，并易为片刻的激情所感染而失去自制；他们对前两个派别中较为有力的一派俯首帖耳、言听计从。在追随了吉伦特派一段时间之后，他们又听命于战胜了对手的山岳派。这是我们前面已经表述过的规律之自然结果。按照这一规律，弱者不可避免地要服从于较强意志。

伟大的操纵者对人们的影响在国民公会统治时期表现

得尤为明显。国民公会通常受制于暴戾而狭隘的少数人，这些人强烈的信念赋予他们巨大的力量。

残忍而大胆的少数人总要支配胆小怕事、动摇不定的多数人，这可以解释我们在一切革命议会中所观察到的一个永恒趋势，那就是它们必然要走向极端。国民公会的历史再次验证了我们在另一章里所研究的加速度规律（the law of acceleration）。[3]

因此，国民公会的议员们注定要从温和一步一步滑向暴虐，最终走向自相残杀。在最初领导国民公会的180名吉伦特党人中有140人被处死或流放。最后，最狂热的恐怖分子罗伯斯庇尔，独自一人控制了这群吓破了胆的奴仆般温顺的代表们。

当然，这500名代表中的大多数人虽然没有自己的主见，惯于见风使舵，但其中不乏富有才智和经验之士，国民公会中承担实际工作的技术性委员会都得从平原派中征募委员。

平原派的成员或多或少都对政治漠不关心，他们非常不希望有人对自己表示出特殊的关注。他们把自己封闭在委员会中，几乎很少在议会中抛头露面，这就可以解释为什么国民公会的会议常常只有不到三分之一的代表出席。

不幸的是，正如我们经常看到的，这些能干而诚实的人完全缺乏个性，他们在恐惧的支配下，通常投票赞成他们暴虐的主人所提出的那些糟糕透顶的措施。

平原派议员们对强制他们接受的一切措施——设立革命法庭、实施恐怖政策等等——都投了赞成票。正是在他们的协助下，山岳派镇压了吉伦特派，罗伯斯庇尔清洗了埃贝尔派和丹东派。和所有孱弱的人一样，他们总是追随着强者。平原派的这些温文尔雅的慈善家们，虽然构成了国民公会的大多数，但由于他们的胆怯，反而促成了国民公会可怕的暴行。

盛行于国民公会中的一个值得注意的心理现象就是可怕的恐惧，正是由于这种异常特殊的恐惧，使得人人自危、相互猜忌：为了保住自己头颅，最保险的莫过于先砍掉他人的脑袋。

这样一种恐惧心理当然非常容易解释：不幸的议员们在民众领袖的叫嚣与喧哗中议事，并且时刻都会有手持长矛、粗鲁野蛮的家伙闯进议会，于是大多数议员不敢再出席会议。他们偶尔参加会议也仅仅是在山岳派的胁迫下默默地投票，尽管这些人只占议员总人数的三分之一。

其实，山岳党人自己也充满了深深的恐惧，只是很少显露出来罢了。他们清除异己，不仅是出于他们狭隘而狂热的党派之见，还在于他们确信自己的生存受到了威胁。革命法庭的法官们同样也在颤抖，他们其实并不希望宣判丹东、卡米尔·德穆兰的遗孀以及其他许多人有罪，但他们已经身不由己了。

不过，高悬于国民公会头顶的达摩克利斯之剑还是罗伯斯庇尔成为唯一主宰所造成的阴影。确实有这样的说法，领袖的一瞥使得他的同僚们瑟瑟发抖、面无人色，在他们的脸上只会看到"惊惧的苍白和绝望的呆滞"。

所有人都惧怕罗伯斯庇尔，而罗伯斯庇尔又惧怕所有人。正是因为他害怕反对自己的阴谋，所以他砍掉了人们的头颅，也正是因为恐惧，其他人默许了他的暴行。

国民公会议员的回忆录再清楚不过地显示了他们对这段黑暗时期所保留的记忆。泰纳说，在沉默了 20 年之后，巴雷尔对救国委员会的真正目的和隐秘想法做了这样的回答：

> 我们只有一个感觉，那就是自我保护；只有一个愿望，那就是保住自己的生命；我们每个人都相信自己的生命受到了威胁。你砍掉邻人的脑袋之后，就不用害怕他将把你拉上断头台了。

国民公会的历史为我们提供了一个非常显著的例子，它告诉我们领袖对议会所施加的影响是无所不在的。

注释

1 指 1794 年 5 月，国民公会通过罗伯斯庇尔以救国委员名义提出的"花月法令"，建立最高主宰崇拜。

2 平原派（The Plain），因其在国民公会中的座位在低层而得名，又因为他们的立场不坚定而被称为"藏蛤蟆的沼泽",故又称"沼泽派"。

3 具体请参见本书第一编第二卷第五章第三节及第三编第二章第二节内
容。勒庞的这一段文字显然受到了欧洲著名保守派政治家梅特涅的影
响,可以对照梅特涅的两句名言:"温和对各派都是不幸的,正如把
温和作为已确立的政权的根本原则一样。要求反叛者温和,就像去要
求他们破坏自己存在的基础";"在革命中,总是那些渴望得到一切的
人战胜那些要求有限的人"。

第四章

国民公会时期的法国政府

一、国民公会时期俱乐部与巴黎公社的活动

在整个国民公会存在期间，它一直为俱乐部和巴黎公社的领袖所支配。

我们已经看到他们对前两届议会的影响，在国民公会期间他们的势力达到了无以复加的地步。国民公会的历史实际上可以看作俱乐部和巴黎公社控制国民公会的历史。他们不但操纵议会，而且控制整个法国。众多外省的小型俱乐部在首都俱乐部的指示下监督地方官员，惩治嫌疑犯，执行一切革命命令。

当俱乐部和巴黎公社决定采取某些措施时，他们就会要求议会当场投票通过。如果议会加以抵制，他们就向议会派出武装代表，也就是由平民中那些渣滓充任的武装团

伙。他们传达的指令总能得到无条件的服从。巴黎公社对他们的势力是如此自信，以至于可以直接要求国民公会驱逐他们不喜欢的议员。

国民公会的成员一般都是受过教育的人，而巴黎公社的成员则大半是小店主、佣工以及手艺人，他们根本没有自己的观点，总是受他们的领袖丹东、卡米尔·德穆兰、罗伯斯庇尔等人操纵。

在俱乐部和巴黎公社这两股势力中，后者在巴黎行使着更大的权力，因为它拥有一支自己的革命军队。国民自卫队只接受其48个委员的命令，这些委员要他们所做的无非是杀人、洗劫，并且首先就是抢劫。

巴黎公社对巴黎实施的暴政是可怕的，譬如，它任命了一个名叫夏朗东的皮匠对首都的部分地区实行监控，这意味着他可以把任何他认为有嫌疑的人送上革命法庭，并由此送上断头台，巴黎某些街区的人口几乎就这样被他给消灭了。

起初，国民公会与巴黎公社做了微弱的斗争，但无济于事。冲突的顶点是国民公会想逮捕巴黎公社的朋友埃贝尔，而巴黎公社立即派出武装威胁议会，并要求驱逐提出该项动议的吉伦特党人。针对国民公会的拒绝，巴黎公社在1793年6月2日按照昂里奥的命令，派它的革命武装包围了议会。议会惊恐不已，只得开除了27名议员。[1]具有讽刺意味的是，巴黎公社随即派了一个代表团向议会祝贺它的屈服。

在吉伦特党人垮台之后，国民公会就完全听命于无所不能的巴黎公社了。巴黎公社下令招募一支革命军队，以配合革命法庭和断头台。为了惩治嫌疑犯，这道法令贯彻到全法国。

直到罗伯斯庇尔倒台以后，国民公会才力图挣脱雅各宾党人和巴黎公社的羁绊：关闭了雅各宾俱乐部，并处死了它的首要分子。但此时国民公会自身也即将不复存在。

尽管采取了这些措施，民众领袖们仍然继续煽动平民对国民公会发起进攻。在共和三年芽月和牧月[2]，国民公会再次受到围攻，武装代表团甚至成功地迫使国民公会通过法令重建巴黎公社，并召集新一届的议会。这项措施在起义者撤离后被国民公会赶忙废除。国民公会耻于自己的恐惧与屈服，它召集军队解除了巴黎近郊的武装，并拘押了近1万人，起义的26个头目被处死，与暴动有关的6名山岳派议员也被送上了断头台。

但是，国民公会的反抗是徒劳无益的，当它摆脱了俱乐部和巴黎公社的控制之后，它又对救国委员会唯命是从，对它的法令无须讨论就投票通过。

"完全可以这么说，"威廉斯写道，"国民公会把欧洲一切的君主和国王都打翻在地，但它自己却成了一小撮唯利是图者的囚徒。"

二、国民公会时期的政府：大恐怖

1792 年国民公会刚刚召开就颁布法令废除君主制，并且宣布成立共和国，尽管当时有很多议员尚存疑虑，因为他们知道外省都是保王的。

它非常相信这样的宣言可以把法国改造成一个文明的世界，它制定了一种新的纪元方式和历法，这种纪元的第一年标志着一个只受理性统治之世界的黎明。国民公会在对路易十六的审判中开幕，这一举动是在巴黎公社的指令下进行的，但国民公会的大多数议员并不希望这样做。

事实上，在一开始，国民公会中占主导地位的是它相对温和的部分，即吉伦特派。国民公会的主席和秘书都是从这个著名的派别中选举出来的。后来成为国民公会绝对主宰的罗伯斯庇尔，这时候的影响非常之小，在主席选举中只获得了 6 票，而佩蒂昂则获得了 235 票。

山岳派最初的影响力微乎其微，他们的权力是后来逐渐增长的。在他们掌权时，温和派议员在国民公会已经毫无立足之地了。

尽管是少数派，山岳党人还是找到了一个办法迫使议会将路易十六交付审判。对国王的审判是山岳派对吉伦特派的一大胜利，也是对所有国王的谴责，它标志着新秩序与旧秩序的彻底决裂。

为了实现他们的目的，山岳派圆熟地耍弄政治手腕：从外省发出的要求审判国王的请愿书雪花般涌向国民公会；巴黎的起义者公社派出的一个代表团也提出同样要求。

按照大革命时期所有议会的一个共同特征，国民公会只能向威胁屈服，做出与自己愿望完全相反的事情。国民公会的议员们不敢抵制这些要求，只得决定审判国王。

从个人来说，吉伦特党人决不希望处死国王，可是一旦集合到一起，就出于害怕而投赞成票了。为了保住自己的脑袋，路易十六的堂兄奥尔良公爵和他们一起投了赞成票。1793 年 1 月 21 日，路易十六被送上了断头台。假如上帝能让他预见未来的话，那么他会看到，这些由于软弱而助纣为虐的吉伦特派议员们，其大部分将一个一个地跟在他后面走向死亡之渊。

即使从纯粹功利的角度考虑，处死国王也是大革命的一大错误，因为它导致了国内战争和欧洲的武装干涉；在国民公会内部，它引起了派系斗争，并最终由此造成山岳党人的获胜和吉伦特党人的被清洗。

在山岳党人影响下通过的措施最后变得极为暴虐，以致有 60 个地区（包括西部和南部）都爆发了叛乱。如果不是由于保王党人参与其中，从而导致人们对旧制度的复辟产生恐慌，这场由被放逐的国民议员们所领导的起义或许就成功了。事实上，在土伦，起义者们就高呼路易十七的名字。

从此在大革命的大部分时间里，国内战争一直都在持续。战争进行得极其残酷，老人、妇女、儿童都不能幸免于难，村庄、谷物被焚毁一空。仅在旺代一地，就有大约50万到100万人被杀。

紧随国内战争而来的是对外战争。雅各宾党人希望通过制定一部新的宪法来缓解内忧外患。所有的革命议会都有这样一个传统，即相信法律的神奇法力。在法国，这个信念从未因实践的失败而破灭。

大革命的一位伟大的仰慕者朗博先生这样写道："一个坚定的信仰在支撑着国民公会的事业，它深信一旦大革命的原则被制定为法律，它的敌人就将束手无策，甚或改变信念；正义的降临将会平息一切叛乱。"

在国民公会存在期间，它曾前后起草过两部宪法，1793年宪法或共和元年宪法和1795年宪法或共和三年宪法。前者从未付诸实施，它很快就被一种绝对专政取而代之；第二部宪法则是在督政府时期制定的。

国民公会里有一大批律师和行政官员出身的议员，他们马上意识到政府的职能是不可能通过一个庞大的议会来行使的。于是，国民公会不久就被划分为一些小的委员会，它们各自独立存在，比如商业委员会、立法委员会、财政委员会、农业委员会以及艺术委员会等等。这些委员会提交的法案，议会通常闭着眼睛就投票通过了。

幸亏有了他们，国民公会的工作才不至于完全是破坏性的。他们制定了许多非常有效的议案，比如建立一些重要的大学、确立度量衡公制等等。正如我们已经看到的，议会的大多数成员试图在这些委员会中寻求庇护，以躲避构成其性命之虞的政治冲突。

居于这些与政治没有多大关系的事务委员会之上的是救国委员会[3]，它成立于1793年4月，有9名成员。救国委员会最初由丹东领导，同年7月改由罗伯斯庇尔领导。它逐步把持了所有的政府权力，包括对部长和将军发号施令的权力。其中，卡尔诺指挥军务，康蓬管理财政，圣茹斯特和科洛·德布瓦负责日常政务。

尽管技术性的委员会所通过的法案通常都是明智的，并构成了国民公会的不朽事业，但是全体议员在闯入议会的代表团之威胁下通过的那些法案则相当荒谬。

这些法案与公众的利益或者国民公会自身的利益都没有多大关系，其中包括1793年9月通过的最高限价法令，它打算固定日用品的价格，结果导致了持续的短缺；此外，还有毁坏圣丹尼的王家墓地、审判王后、大规模焚毁旺代、建立革命法庭等等。

恐怖政策是国民公会时期政府的主要手段，它开始于1793年9月，共持续了6个月，直到罗伯斯庇尔之死为止。虽然某些雅各宾党人——丹东、卡米尔·德穆兰、埃罗·德·塞舍尔等——曾经徒劳地建议审判应当温和进行，但这项建议的唯一结果就是提议者被送上断头台。最终导致这一可耻阶段终结的恰恰是公众的厌倦。

持续不断的派系斗争以及趋于极端的倾向，把曾经在国民公会里叱咤风云的重要人物一个一个都吞噬了。最后，它沦落到罗伯斯庇尔的绝对支配之下。就在国民公会把法国搞得动荡不安、饱受蹂躏之际，法国军队却赢得了辉煌的胜利，他们攻占了莱茵河左岸、比利时和荷兰，《巴塞尔条约》[4]认可了这些征服。

我们已经指出，并且我们后面还要回到这个问题上来，即必须把军队的工作与国民公会的工作完全分开来考虑。那个时代的人很容易理解这一点，但今天它却常常被忽视。

当1795年国民公会在存在了三年之后被解散时，它已经引起了普遍的不信任。由于长期充当民众奇思怪想的牺牲品，它不但没有使法国恢复安定，反而把它推进了无政府状态的深渊。瑞典驻法国临时代办德林克曼男爵在1799年7月的一封书信中极好地概括了人们对于国民公会的一般看法："我冒昧地希望不要有哪个民族，再被像法国自它新的自由开始以来一直统治它的那些人所统治了，他们简直就是残酷低能的无赖。"

三、国民公会的终结与督政府统治的开始

在它行将解散的时候，一贯相信立法力量的国民公会

起草了一部新宪法，即共和三年宪法，以替代从未付诸实施的 1793 年宪法。立法权被 150 人组成的所谓元老院和 500 人的众议院分享；行政权被委托给由 5 个执政官组成的督政府，执政官由元老院根据 500 人院的提名任命，每年通过选举更换其中的一人。它特别规定新的议会中三分之二的成员应当从国民公会的议员中选出，这项谨慎的措施成效不大，只剩下 10 个部门仍然效忠于雅各宾党人。

为了避免保王派当选，国民公会决定将所有的流亡者永远驱逐出境。

这部宪法的公布并没有对公众产生预期的效果，它并未能制止平民的暴动。其中最重要的一次是 1795 年 10 月 5 日威胁国民公会的暴动，起义领导人对议会动用了一支正规武装。面对这样的挑衅，国民公会最后忍无可忍，决定反击，它召集了军队，并将指挥权委托给巴拉斯。

波拿巴受巴拉斯之命承担了这次的镇压任务，从此他开始脱颖而出。有这样一个指挥官，行动自然是迅捷而有力的。圣卢克教堂附近枪林弹雨，炮声隆隆，最后起义者败退，几百人当场被击毙。

这次行动显示了一种国民公会还很不习惯的果断，但它完全得归功于军事行动的神速，因为就在采取军事行动的同时，议会还准备像往常一样俯首帖耳地听命于起义者派出的代表。

对这次暴动的镇压是国民公会的最后一次重要行动，

1795 年 10 月 26 日，国民公会宣告自己的使命完成，并让位于督政府。

我们已经着重强调了国民公会政府所提供的一些心理学教训，其中最显著、最重要一点的就是：暴力不能永久地支配人的心灵。

从来没有哪个政府使用过如此可怕的手段，然而，尽管断头台血流不断，派往外省的特派员杀气腾腾，法律无所不用其极，国民公会还是不得不终其一生都在不断的暴动、起义和阴谋中度过；各城市、各地方以及巴黎近郊的叛乱从未间断，即使掉脑袋的人数以千计。

根深蒂固地存在于人们心灵中的那些法力无边的力量，绝不是物质上的强制所能征服的。国民公会自以为拥有至高无上的权力，它与这些力量做了殊死搏斗，但由于它从来没有理解这些潜在的动机性力量，因此只能徒劳地与之抗争，最后不得不以这些无形力量的胜利而告终。

注释

1 原文有误，1793 年 6 月 2 日起义中，国民公会被迫开除并监禁了 29 名吉伦特派议员和 2 名吉伦特派部长。

2 指 1795 年 3 月和 5 月的巴黎公民起义。

3 救国委员会（The Committee of Public Safety），旧译"公安委员会"，1793 年 4 月由国民公会选举 9 人组成，权位在其他委员会和政府各部之上；同年 7 月改组，罗伯斯庇尔等加入，其成员变成 12 人。救国委员会以及治安委员会（"社会保安委员会"）是雅各宾专政的领导机构，热月政变后权力被削弱，1795 年 10 月解散。

4《巴塞尔条约》(The Treaty of Basle)，1795 年 4 月由法国和普鲁士签订，该条约确认莱茵河为两国天然边界。

第五章

革命暴行的实例

一、革命暴行的心理动机

我们在前面的章节里已经说过，革命理论构成了一种新的宗教信仰。

作为人道主义者，革命者常常感情用事，他们热情地鼓吹自由和博爱，但是同许多宗教一样，我们可以看到在他们的学说与实践之间存在着巨大的反差。实际上，没有什么自由被容忍，博爱也很快为狂热的屠杀所替代。

原则与行为之背离源自一切信仰都不可避免的不宽容，一种宗教或许充满了人道主义和自制精神，但它的信徒总是想通过武力把它强加给其他人，于是，暴力就成了必然。

所以，大革命的暴行是一种新教义在传播过程中与生俱来的结果。宗教裁判所、法国宗教战争、圣巴托罗缪之夜大屠杀、《南特赦令》的废止、龙骑兵对新教徒的迫害以及对詹森教派信徒的迫害[1]等等，和大恐怖都同属于一个家族，都来自同一种心理根源。

路易十四其实并不是一个残酷的暴君，但是，他在信仰的冲动下，先是射杀了一批相当数量的新教徒，又把其他一些人放逐，最后将几十万新教徒驱逐出法国。

一切信徒所采取的迫害手段绝不是出于他们对异教徒的恐惧，路易十四时代的新教徒和詹森派教徒毫无危险可言。不宽容首先源自心灵产生的义愤，它深信自己掌握着最确凿无疑的真理。对于那些否认这些真理，因而必定不会根据良善的信仰行事的人，怎么能保持宽容呢？当一个人拥有足够的力量剪除谬误的时候，他怎么可能容忍谬误呢？

这种心态体现在各个时代的信徒身上，无论路易十四还是大恐怖时代的人，概莫能外。后者同样坚信自己掌握了绝对的真理，在他们看来，这些真理是显而易见的，并且它们的胜利必然会使人类实现再生。这样，他们对待自己的对手会比法国的教会与国王对待异教徒更宽容吗？

我们不得不承认恐怖是所有信徒都视为必然的一种手段，因为历代的宗教法典从一开始就建立在恐怖的基础之上，为了强迫人们遵守他们的规定，信徒们试图用永恒的炼狱来威吓他们。

雅各宾信仰的使徒们的行为与他们的前辈如出一辙，

如果类似的事件再次发生，我们将看到同样的行为会一而再、再而三地出现，如果一种新的信仰明天取得了胜利，那么它将会采用类似于宗教裁判所和大恐怖的布道方式。

但是，如果我们仅仅把雅各宾派的恐怖政策看作一种宗教运动之结果，我们就无法全面地理解它。诚如我们在宗教改革时期所看到的，在一种取得了胜利的宗教信仰周围，聚集着许多个人的利益，这些个人利益附着于这一信仰。大恐怖是由几个狂热的使徒所指挥的，但是除了这少数几个一心梦想改造世界的热诚皈依者之外，还有一大帮只想从中肥己谋私的人，他们欣然地追随那些首先获得胜利的领导人，因为这些领导人允诺他们可以享受掠夺的成果。

"大革命时期的暴徒，"索列尔写道，"之所以求助于恐怖政策，是因为他们希望保持自己的权力，而这是其他手段所无法做到的。他们使用恐怖政策是为了拯救自己，但在事后他们却声称自己是为了挽救国家。在恐怖成为一种制度之前，它仅仅是一种统治手段，而制度只不过是使手段合法化而已。"

因此，我们完全可以同意埃米尔·奥利维尔在其关于大革命的著作中对大恐怖做出的如下结论："大恐怖首先是一场暴动，一场合法化的抢劫，一场纠合了各种罪行的规模浩大的盗窃。"

二、革命法庭

革命法庭（The Revolutionary Tribunals）是大恐怖行动的主要机构，除了巴黎外，革命法庭还遍及整个法国。具有讽刺意味的是，巴黎革命法庭在一年后就将它的建立者丹东送上了断头台。

泰纳指出："当时法国一共有178个法庭，其中有40个巡回法庭，它们可以在法国任何一个地方宣判死刑，而且往往是就地执行。在1793年4月16日到共和二年热月9日之间，巴黎的革命法庭共处死了2625人。而外省的法官们几乎和巴黎的法官们一样忙碌，在奥林奇小镇一地，有331人被送上断头台；在阿拉斯市，299名男子和93名妇女被处死；……在里昂市，革命专员们批准了1684宗死刑；……所有这些数字加起来大约是17000人，其中有1200名妇女和一些80多岁的老人。"

尽管巴黎的革命法庭只宣判了2625个死刑者，但千万不要忘记，所有的嫌疑犯在9月那些暗无天日的日子里就已经被草率地处决了。

巴黎革命法庭事实上只是救国委员会的一件工具，就如富基埃-丹维尔在对他的审判中所公正评价的：它只限于执行救国委员会的命令。起初，革命法庭还遵循一些法律形式，但很快就被取消了；质询、答辩、证据最后统统不需要了，道德证据，也就是纯粹的猜疑就足以定罪，法庭庭长通常只需要对被告提一个含糊的问题即可。尽管如此，为了提高工作效率，富基埃–丹维尔还提议就在法庭内设立断头台。

巴黎革命法庭不分青红皂白地把因党派之争而被捕的人一律送上断头台，并很快落入罗伯斯庇尔的掌握之中，成为血腥暴政的工具。它的始作俑者之一丹东，在作为它的牺牲品走向断头台之前，曾公正地请求上帝和人类宽恕自己曾协助建立了这样一个法庭。

在这里，没有任何怜悯可言，无论以拉瓦锡[2]之天才、卢茜娅·德穆兰[3]之温厚，还是以马尔泽布[4]之美德都在劫难逃。"这些天才，"本杰明·贡斯当[5]说，"就这样被一帮最胆怯、最野蛮的人给杀害了。"

如果要为革命法庭找什么理由，我们得回到建立和控制它的雅各宾党人的宗教心理上，这项工作无论在精神上还是在目标上都可以与宗教裁判所相提并论。那些为之供奉牺牲的人——罗伯斯庇尔、圣茹斯特、库通——相信自己是人类的救星，因为他们是在镇压异教徒，那些新信仰的敌人，而这些信仰将使地球获得新生。

在大恐怖时期，受到惩罚的不仅仅是特权阶级，有大约4000名农民和3000名工人也成了铡刀下的冤魂。

今天我们在目睹执行一桩死刑时，往往会产生恻隐之情。有人由此设想，一次对那么多人处以死刑，将使人们产生一种什么样的强烈情感呢？但是，实际上人们所拥有的感觉是如此迟钝，以致对这样的场面最后见怪不怪、不以为然了。那时候母亲们带着孩子去看刽子手行刑，就像今天她们带孩子去看木偶戏一样。

日常的杀人场景使得那个时代的人们对于死亡无动于衷，泰然自若。吉伦特党人在登上断头台时无一不异常平静，他们高唱着《马赛曲》仿佛自己是在攀登楼梯。

这种逆来顺受的态度源自习惯的法则，它可以迅速钝化人的情感。面对络绎不绝的保王党人起义，人们感到断头台已经不足为惧。大恐怖在进行，却不再使人感到恐惧；只有在它尚未实施时，恐怖才是一种有效的心理策略，真正的恐怖与其说来自它的实现，毋宁说来自它的威慑。

三、大恐怖时期的外省

外省革命法庭的死刑只能反映大恐怖时期各个地方发生的屠杀事件之一部分。由流浪汉和土匪组成的革命军队在法国境内烧杀劫掠，肆意横行。泰纳下面的一段叙述很好地说明了它的行事手段：

> 在贝多因，一个只有 2000 居民的小镇，不知是谁砍倒了那里的自由树，于是，433 座住宅被毁坏或焚烧，16 人被推上断头台，47 人被射杀；其他人则被

驱逐，沦落到在山林里当流浪汉的地步，并且只得在地上挖出洞穴来遮风避雨。

被送到革命法庭的那些不幸者的命运也好不到哪儿去，对革命审判的谴责很快被压制。在南特，卡里埃根据他的猜疑，将近 5000 人（包括男子、妇女和儿童）淹死或射杀。

这些屠杀的细节记录在热月反动之后的《政府通报》（Moniteur）上，我这里征引几则：

托马斯说："我看到在攻占努瓦尔穆捷后，许多男人、妇女和老人被活活烧死……妇女、十四五岁的女孩遭强暴后被残杀；稚弱的婴儿被刺刀挑来挑去；他们把幼儿从母亲身边拉开，并当场绞死。"

同一期通报上，我们还可以读到一个名叫朱利安的人提供的证词，他说卡里埃强迫受害者自掘坟墓，然后把他们活埋。1794 年 10 月 15 日的通报上，刊载了蒂翁维尔的梅兰的报告，证实勒德斯尼号舰长受命将 41 名受害者沉到海里溺死，"在他们当中，有一名 78 岁的盲翁、12 名妇女、12 名女孩和 15 名儿童，这些儿童有 10 人在 6 岁到 10 岁之间，其余 5 人还未断奶"。

在对卡里埃的审判中（见通报，1794 年 12 月 30 日），他还被证实曾"下令溺死、射杀妇女和儿童，并且命令哈克索将军屠杀旺代所有的居民，焚毁他们的住所"。

同所有集体屠杀的凶手一样，卡里埃从目睹受害者的痛苦中获得了极大的乐趣。"在革命法庭捕杀牧师的过程中，"他说，"每当看到他们垂死前面部的扭曲表情时，我就会开怀大笑，生平快事莫过于此。"（见通报，1794年12月22日）

为了迎合热月政变，卡里埃受到了审判。但是，在其他许多城镇，都发生了类似于南特屠杀的事件，富歇在里昂杀害了2000多人；在土伦那么多人遇害，以至于几个月里该地人口从29000锐减为7000。

我们必须公正地说，卡里埃、弗雷隆、富歇以及所有这种邪恶的家伙，可以为自己辩护的是他们得到救国委员会的不断鼓励，卡里埃在对他的审判中给出了这一证据：

"我承认，"他说（见通报，1794年12月24日），"每天有150名或200名囚犯被枪毙，但那都是委员会的命令，我只不过是奉命行事而已。我告诉国民公会，数以百计的匪徒被击毙，他们对这一数字叫好，并命令把它载入公告。为什么当初这样做的代表们现在却对我如此愤慨激昂呢？为什么他们当时会拍手叫好，并继续让我执行任务呢？难道因为那时我是国家的救世主，而现在却成了一个嗜血的人？"

不幸的是，卡里埃不知道就在他做出上述评论时，国民公会还掌握在七八个人手里，吓坏了的议会唯这七八个人马首是瞻，所以他们不可能说出什么名堂来反驳卡里埃的辩白。卡里埃被送上断头台当然是罪有应得，但整个国民公会也难辞其咎，他们应该一道被处死，因为他们批准了屠杀。

卡里埃的辩白为救国委员会留下的信件所证实，这些信件始终督促那些"执行任务"的代表们采取行动。这就表明大恐怖时期的暴行源自一种机制，而不是像某些人声称的那样，是少数几个人的自发冲动。

大恐怖时期的这种破坏欲望并不满足于对人的毁灭，对无生命事物的破坏更为严重。真正的信徒总是喜欢打破偶像，一旦大权在握，他在消灭一切能够让人回忆起旧信仰的偶像、庙宇以及象征方面，所表现出的热情一如他在消灭自己信仰上的敌人。

我们知道提奥多西皇帝在改信基督教以后，所做的第一件事就是推倒已经在尼罗河畔屹立了6000多年的大部分庙宇。因此，当我们看到大革命的领导人攻击纪念碑和艺术作品，认为它们是一个令人憎恨的过去时代之遗迹时，千万不要感到奇怪。

塑像、手稿、镶嵌着彩色玻璃的窗户以及金银餐具通通被砸烂，当富歇——未来拿破仑时代的奥特朗托公爵、路易十八的大臣——作为国民公会的代表被派到涅夫勒时，他下令毁掉所有城堡的塔楼和教堂的钟楼，"因为它们同样是有害的"。

对艺术品的革命破坏行为甚至祸及坟墓，在巴雷尔向国民公会宣读了一份报告之后，位于圣丹尼的宏伟壮观的皇家墓室——其中包括热尔曼·皮隆设计的让人惊叹不已的亨利二世陵墓——被砸成碎片，棺材被撬开；蒂雷纳的尸体在被一个看守拔出牙齿当古董卖掉以后，被送到了博物馆；亨利四世的上髭下须也被一拔而光。

当我们看到这些相对来说还是比较有文化修养的人，竟然会同意毁坏那些包含着法兰西爱国主义精神的艺术珍品时，怎么能不痛心疾首呢？为了原谅他们，我们应当铭记：强烈的信仰必然会导致最恶劣的暴行，国民公会也不例外。几乎天天都要面对暴徒的冲击，这些议员们只得屈从于大众的意志。

这一关于破坏的生动记录所显示的不仅仅是狂热盲信的力量，它还告诉我们：人们一旦摆脱了一切社会约束，将会变成什么样子；国家落在他们手里，将会有什么样的后果。

注释

1 1598 年亨利四世颁布了《南特赦令》，赐予胡格诺派宗教自由和政治自由，宗教纷争暂告结束，但 1685 年路易十四宣布撤销《南特赦令》，大批新教徒被迫流亡；龙骑兵迫害（Dragonnade），指路易十四派龙骑兵（日耳曼雇佣兵）对新教徒进行的迫害；詹森教派（Jansenist），亦译作"冉森派"，17 世纪法国的一个天主教新教派，在法国曾多次遭到镇压。

2 拉瓦锡（Lavoisier，1743—1794），法国化学家，氧的发现者。

3 卢茜娅·德穆兰（Lucile Desmoulins，1770—1794），法国记者，卡米

尔·德穆兰之妻，她曾主张温和统治。

4 马尔泽布（Malesherbes），路易十六受到审判时主动要求为之辩护的贵族，后来也被处死。

5 本杰明·贡斯当（Benjamin Constant，1767—1830），法国文学家和政治思想家，主要著作有《立宪政治教程》《古代人的自由与现代人的自由》等。

第六章

大革命时期的军队

一、革命议会与军队

如果我们对革命时期的议会，尤其是国民公会的情况一无所知，不知道它们的内部纠纷、它们的弱点、它们的暴行，那么对它们的回忆必然是暧昧含混的。

但是，即使在它敌人的心目中，这个血腥的时代也仍然保持着一项无可否认的光荣，那就是它军队的成功。就在国民公会解散的时候，法国的版图已经包括了比利时，并且一直延伸到莱茵河左岸。

如果把国民公会作为一个整体来看，说它推动了法国军队的胜利似乎还是公平的。但是，如果我们分析这个整体的目的是为了进一步研究它们各自的因素，那么它们之间的分离与独立立刻就会显示出来。我们马上可以看到，国民公会在这时候对军事行动的贡献是微乎其微的。前线的军队与巴黎的革命议会俨然属于两个不同的世界，二者之间几乎不存在相互的影响，它们看问题的视角亦截然不同。

我们已经看到国民公会是一个软弱的政府，它在大众的裹挟下，时刻都在改变自己的想法。它的确是无政府状态的一个深刻典型。它决定不了任何东西，相反倒在不断地受人使唤。所以，它又如何能指挥了军队呢？

议会完全消耗在内部的争吵上，根本无暇顾及军事问题，它把军务交给了一个特别委员会，这个委员会几乎由卡尔诺一人指挥，而卡尔诺的真正作用就是为军队提供后勤和弹药。卡尔诺的功绩在于他除了要将752000军人置于法国的控制之下——这一点从战略上讲至关重要——之外，还要督促军队的将领们采取进攻，并保持严格的纪律。

国民公会在国家防务上仅有的贡献就是颁布了普遍征兵的法令。不过，面对大批强敌压境，哪个政府都会采取这样的措施。也有过一段极短的时间，国民公会曾经派代表到军队里指示处决某些将领，但这一做法很快就被取消了。

议会在军事活动上无足轻重，这是千真万确的。军队靠的是他们的人数、热情以及年轻将领所采取的灵活战术，才取得了这些胜利。他们南征北战，东突西进，完全独立于国民公会。

二、反对大革命的欧洲战争

在列举那些促成了革命军队获得成功的各种心理因素之前，简要地回顾一下欧洲战争的起源与进展是很有帮助的。

在法国大革命爆发之初，外国的君主们对法国君主制的危机是幸灾乐祸的，他们长期以来一直把法国国王视为一个有力的竞争对手。普鲁士国王相信法国将由此受到严重削弱，自己可以从中渔利，所以，他建议奥地利的皇帝以占据佛兰德斯和阿尔萨斯为条件帮助路易十六。这两个君主在1792年2月签订条约建立了反法联盟。在吉伦特党人的影响下，法国先发制人对奥宣战。起初，法国军队受到了几次挫折，反法联军突进到香槟省，并且离巴黎只有130英里。迪穆里埃在瓦尔米取得胜利后，奥普联军被迫撤退。

尽管在这次战斗中，只有300名法国士兵和200名普鲁士士兵战死，但它却具有非常重大的意义。号称无敌之师的普鲁士军队之英勇不及年轻的革命军队，被迫撤退，而法国军队则四面出击，几周之内，瓦尔米的士兵就将奥地利人逐出了比利时，在那里他们被当作解放者受到了热烈的欢迎。

但正是在国民公会的统治时期，战争才显得如此重要，1793年初，议会宣布将比利时并入法国，由此导致了与英国的冲突，这一冲突一直持续了20年。

1793年4月，英国、普鲁士和奥地利的代表在比利时的安特卫普集会，他们决定肢解法国，普鲁士人打算吞并阿尔萨斯和洛林，奥地利人想得到佛兰德斯和阿图瓦，而英国则觊觎敦刻尔克。奥地利的大使主张通过恐怖粉碎大革命，"从肉体上消灭统治这个国家的整个派别"。面对这样的宣言，法国必然要么打垮敌人，要么坐以待毙。

在1793年到1797年第一次反法联盟期间，法国不得不在从比利牛斯山到北部的所有边境拉开战线。

在战争初期，法国不但失去了先前的战果，而且受到几次重创：西班牙人占领了佩皮尼昂和巴约纳；英国人占领了土伦；奥地利人占领了瓦朗谢讷。正是在这个时候，1793年末，国民公会命令从所有年龄在18岁到40岁的法国男性中，实行普遍征兵制，并成功地将大约75万人送到前线。旧的王室军队各兵团被合并到志愿军与义务兵的队伍中。

反法联军被击退，在茹尔丹取得瓦提尼大捷后，莫伯日的围困被解救；奥什收复了洛林；法国采取攻势，再次占领比利时和莱茵河西岸；茹尔丹在弗勒留斯击败了奥地利人，将他们赶回莱茵河，并占领了科隆和科布伦茨；荷兰也被侵犯。反法联盟的君主们被迫求和，并承认了法国的军事战果。

法国的胜利得益于这样一个事实，那就是它的敌人从未全身心地投入这场战争，它们那时正忙于瓜分波兰，从

1793年开始直到1795年才如愿以偿，每一方对此都心无旁骛以期得到更多的领土。这一念头已经导致普鲁士国王在1792年瓦尔米战役后就撤军了。

反法联盟各国的迟疑和相互猜忌对法国人极为有利。蒂埃博将军说，奥地利人如果在1793年夏就坚持向巴黎长驱直入，那么，"我们的败局将难以挽回；但他们却贻误了战机，结果拯救了我们，为我们赢得了训练士兵、培养军官和将军的时间"。

《巴塞尔条约》签订以后，法国在欧洲大陆除了奥地利之外已经没有什么对手了。在督政府时期，法国在意大利向奥地利人发起了进攻，波拿巴受命负责这次战役，经过1796年4月到1797年4月一年的战斗，法国的最后一个敌人被迫求和。

三、决定革命军队胜利的心理因素与军事因素

要想弄清楚革命军队节节胜利的原因，我们必须牢记：这些装备极差甚至经常赤脚的队伍，拥有巨大的热情、忍耐与克制，他们对革命的原则坚定不移，他们相信自己是一种新宗教的传播者，这种宗教将使世界获得新生。

大革命军队的历史让我们回想起阿拉伯的游牧部落，他们受到穆罕默德理想的热情鼓舞，变成了一支战无不胜的可怕军队，迅速征服了古代罗马世界的大部分。类似的

信仰赋予了共和国战士一种英勇无畏、坚韧不拔的精神，这种精神他们始终保持着，从未动摇。当国民公会让位于督政府的时候，他们已经解放了全国，并把战争推进到敌国境内，在这一时期，法国只有士兵是真正的共和主义者。

信仰是会传染的，法国大革命被视为一个新时代的开端，所以几个受到专制君主制压迫的国家都把入侵者当成了解放者。萨瓦的居民跑出来迎接法国军队；在美因茨，人们带着极大的热情种植自由树来欢迎他们，并效仿巴黎成立了一个国民议会。

所以，只要大革命的军队所面对的民族仍然处在绝对君主制的重轭之下，并且没有个人的理想值得捍卫，那么他们要取得成功就相当容易。但是，如果与他们发生冲突的民族拥有和他们同样强烈的理想，他们遇到的困难就将大得多。

自由和平等的新理想对于那些没有明确信念且苦于他们主人专制压迫的民族充满了诱惑，但是对于那些有着自己根深蒂固之理想的民族，它自然无计可施。正是由于这个原因，对宗教和君主制怀有十分浓厚感情的布列塔尼人和旺代人，与共和国的军队抗争了若干年。

1793 年 3 月，旺代与布列塔尼的起义已经蔓延到 10 个地区，旺代人在普瓦图、舒安分子[1] 在布列塔尼共投入了 8 万人作战。

两种对立的理想之间——也就是在理性根本起不了作用的信仰之间——的冲突总是无情的，在旺代的战争立即变得极为残酷野蛮，其惨烈只有在宗教战争中才能见到。这场战争一直持续到1795年，是奥什将军使国家获得了最后的"安定"，这种"和解"的实现仅仅是其捍卫者在肉体上被消灭的结果。

"两年的国内战争以后，"莫雷纳写道，"旺代地区无异于一片废墟，大约有90万人——男人、女人、孩子和老人——在兵燹中死于非命，大屠杀中幸免于难的少数人也躲不过冻馁之灾，因为田地被毁坏，篱笆和围墙被推倒，房子被焚毁。"

使大革命的士兵无往不胜的，除了他们的信仰之外，还有那些杰出将领的指挥，这些将领们往往热情饱满，身先士卒。

大部分先前的军队将领，因为贵族出身都被撤换了，于是不得不组织一个全新的军官集体，其结果是那些军事天才得以大显身手，脱颖而出，几个月内就可以被提拔，越过所有军衔。比如奥什，1789年还是一个下士，可是到他25岁时就成了一个师的将军，并成为一支部队的司令。这些极其年轻的军事领袖们所具有的积极进取精神是他们的敌手所不习惯的。他们完全靠军功升迁，在战斗中果断勇敢，丝毫不墨守成规，他们可以迅速地制定出能够适应新形势的战术战略。

革命军队中的士兵虽然缺乏与老练的职业军队作战的经验，但他们的训练和操练方法与七年战争[2]以来普遍使用的方法大相径庭，因为老式的方法根本无法应付复杂的战略。

他们在进攻时采取简单的大批军队同时行动的方式，由于他们配置的人数很多，相当数量的缺口可以通过这种野蛮但不失有效的方式得以迅速填补。

人数众多的军队可以用刺刀袭击敌人，并且迅速地击溃那些习惯于传统的、更重视士兵生命的作战方式的军队。那个时代烽火传递信息的速度很慢，所以以法国人的策略比较容易奏效。但是，它的成功是以士兵的大批伤亡为代价的，据统计，在1792年到1800年期间，法国军队在战场上损失了超过三分之一的有生力量（200万人中的70万）。

从心理学的角度考察历史事件，我们可以从这些作为结果的事实中继续推演出一些结论。

对巴黎的革命群众和军队中的革命群众进行的一项对比研究，展示了两幅截然不同但易于理解的画面。

我们已经指出，群众根本没有能力运用理性，他们仅仅受自己变化无常的冲动支配，但是，我们看到，他们也乐于接受英雄主义，甚至经常产生高度的利他主义，所以很容易发现成千上万人准备献身于一种信仰的现象。

他们的心理特征复杂多变，根据环境的不同可以产生相去甚远乃至截然对立的行为。国民公会和其军队的历史就证明了这一点，它向我们展示了由相似要素所构成的群众在巴黎和前线的行为方式是如此不同，以至于几乎无法让人相信我们所谈论的是同一个民族。

在巴黎，群众是混乱的、暴虐的、凶残的，他们的要求反复无常，一切政府管理由此陷于瘫痪。

而在军队中则完全是另一番景象，同样是一群不寻常的人：他们恪守勤劳农民所具有的那种本分与克制，严格地遵守军纪；他们在富有感染力的热情的激励下，仗义地扶助穷人，蔑视危险；他们表现出令人难以置信的应变能力，并打垮了欧洲最为可怕的军队。

这些事实无疑可以拿来证明纪律的力量：纪律可以改造人；一旦摆脱了它的约束，任何民族和军队都可能蜕化为野蛮的游牧部落。

这一真理在日常生活中却经常被遗忘，我们日渐忽视了人类集体逻辑的基本规律，越来越习惯于追随大众的意志，而不是学会如何引导它；群众必须被指引上路，他们不适合自己选择。

注释

1 舒安分子（Chouans），亦译"朱安党人"，指 1793 年起在布列塔尼、诺曼底等地进行叛乱的保王派，他们的活动一直持续到拿破仑帝国初期。

2 七年战争（The Seven Years' War），指 1756 年到 1763 年间普鲁士联合英国对法国和奥地利的战争。1793 年法国试行"混合编制"，即士兵入伍后与训练有素的老兵混编，以便新兵尽快掌握基本作战技能，从而使军队在尽可能短的时间里获得所需要的补充兵员。

第七章

大革命领袖的心理

一、大革命时代人的精神状况；暴力与虚弱的影响

人们往往根据自己的智力做出判断，而其行动却受自己性格的支配。为了充分地理解一个人，必须把这两个因素区分开来考虑。

在重大的变革时期——革命运动当然属于这样的时期——性格通常是最重要的因素。

我们在好几章里都曾描述过盛行于动乱时代的各种精神状态，所以我们不必马上就回到这个问题上来。这些精神状态属于一般的类型，此外它们还要受到每一个人的遗传性和获得性精神状态的修正。

我们已经看到，神秘主义因素对雅各宾党人的心理起到了十分重要的作用，并且在新信仰的皈依者那里导致了

残忍的狂热。

同时，我们也看到，并不是所有的国民公会成员都是狂热的盲信者，甚至到后来，只有少数人是盲信者。因为，即使在革命议会最为暴虐的时候，绝大多数议员也都是些胆小怕事、性格温和的中间派。在热月政变之前，议员们因为害怕而投票赞成暴力，热月之后他们又附和温和派。

在革命时代，这些适中性格的人在人数上和其他时代一样，都占大多数，然而他们却屈服于最极端的冲动。事实上，他们和那些暴力性格的人一样危险，后者的力量因为前者的软弱而更加嚣张。

在所有的革命中，尤其是在法国大革命中我们看到，一小部分心灵狭隘但意志坚定的人，专横傲慢地支配着绝大多数通常富有才能但缺乏个性的人。

除了狂热的使徒和性格软弱者之外，一场革命总要产生一些只考虑如何谋取一己私利的人。在法国大革命时期，这样的人不在少数，他们的唯一目标就是利用环境牟取私利，比如巴拉斯、塔里安、富歇、巴雷尔等等，他们唯一的政治信条就是迎合强者，欺压弱者。

从大革命一开始，这些"暴发户"——我们今天这样称呼他们——就为数众多，卡米尔·德穆兰在1792年写道："我们的革命扎根于每一个人的利己主义和自爱，它们集合起来就构成了普遍利益。"

如果我们把观察到的这些细节加到另一章中，即关于政治巨变时代人们所体现出的各种精神状态的那一章中，我们将得出关于大革命时代人们性格的一个一般性观念。现在我们就把这些已经得到详细说明的原则运用到革命时期最为显赫的那些人身上。

二、委员会委员或特派员们的心理

在巴黎，国民公会议员们的行动总是受到外部力量——比如，他们的同僚以及环境——的支配、限制或鼓动。

为了对他们做出恰当的评价，我们应该在他们行动自由、不受外部控制，也就是在他们享有充分自由的时候观察他们，当国民公会派遣特派员到各个部门或地方"执行公务"的时候，就是这种情形。

这些特派员们的权力是没有限制的，他们不会受到任何责难，文职官员和地方官员必须绝对地服从他们。

一个"执行公务"的特派员可以视其需要，对个人财产实行"征用"、扣押或充公；如果他认为合适，可以任意抽税，可以把任何一个人监禁、放逐或斩首，在他的辖区他就是一个"帕夏"[1]。

他们把自己视为"帕夏"，在地方上作威作福，"乘坐着六匹马的马车，前后卫兵环绕；坐在铺了30张罩子的华贵餐桌旁，一边用餐，一边听音乐，周围簇拥着一群演员、交际花和阿谀奉承者"。在里昂，"科洛·德布瓦的庄严威仪活脱脱一个土耳其显贵。不经过三番五次的请求，没有人能见到他一面；在进入他的接待室之前得先通过好几个房间，并且必须和他保持至少 15 步的距离"。

我们可以想象这些擅权者耀武扬威地出现在市镇时所表现出的傲慢和自负，卫队前簇后拥，有谁胆敢轻举妄动就可能脑袋搬家。

此前，他们都是些找不到顾客的律师、没有病人来就诊的医生、被革去圣职的牧师、落魄的代理律师，生活再困顿乏味不过；如今却一下子可以和历史上最有权势的暴君平起平坐。他们毫无怜悯地斩首、溺亡、射杀，拿自己的奇思怪想来冒险，于是，他们从先前卑微的地位青云直上，成为最显赫的当权者。

无论是尼禄还是赫利奥盖巴勒斯[2]的暴政都没有超过国民公会的特派员们，前者在某种程度上还要受到法律和习俗的限制，而这些特派员们根本没有任何限制。

泰纳写道："富歇拿着望远镜从他的窗户里观看对里昂 210 名居民的屠杀；科洛、拉波尔特和富歇在执行死刑（对犯人排射连发）的日子里大宴宾客，每一次发射，都要发出欢乐的叫喊，舞动他们的帽子。"

在那些"执行公务"的特派员中，我们可以引证前牧师勒蓬作为一个典型，来看一看他嗜血好杀的精神状态，这家伙凭借无上的权威蹂躏了阿拉斯和坎布雷。他以及卡里埃的例子有助于显示一旦人类摆脱了法律和传统的约束，会堕落成什么样子。这个凶残的议员所表现出的残忍因虐待狂而加重，他在自家的窗户下架起断头台，这样他、他的妻子以及助手就可以从屠杀中获得即时的乐趣！在断头台的底下建有一个小酒馆，无套裤汉们可以进来喝酒，为了给他们娱乐，刽子手们在人行道上把被斩首者的裸尸摆成各种荒谬的姿势。

阅读 1795 年在亚眠印刷的对他进行审判的两本卷宗，就好像经历一场梦魇。在 20 次的开庭过程中，阿拉斯和坎布雷大屠杀的幸存者们每次都经过亚眠古老的市政大厅。那里，前国民公会的议员在接受审判。那些哀恸的亡灵在述说着什么，我们已经听不到了，整条街整条街的人被处死；90 多岁的老人和 16 岁的女孩就因为谴责了一次审判而被斩首；一边是被殴打致死，遭受凌辱，一边是张灯结彩，眉飞色舞；伴着音乐执行死刑；童子军被征募来守卫断头台；这样一个精神变态的总督道德败坏，玩世不恭；萨德[3]的传奇故事竟然变成了英雄的史诗。当我们看到这一幕幕骇人听闻的事件被揭露时，仿佛整个国家在经历了长期的恐怖统治之后，在最终吐净它的暴戾，为自己向那些怯懦的人复仇，可是它覆灭的都是些不幸的人，他们成了一个令人憎恶的已经消失的制度的替罪羊。

唯一可以为这个前牧师辩护的就是他是奉命行事，他受到指控的那些事实早就众所周知，但国民公会从未因此而谴责过他。

我已经指出，这些"公务在身"的特派员们一下子就拥有了一种超过以前最有权势之暴君的权力，自然会嚣张至极，但这还不足以解释他们何以如此凶残。

这源自其他的因素。作为一种严格宗教信仰的使徒，国民公会的特派员们就像宗教法庭的检察官，对他们的牺牲者不会感到任何怜悯。而且，一旦摆脱了所有传统和法律的束缚，最残忍的本能就失去了羁绊，留在他们身上的就只有原始的兽性了。

文明抑制了这些本能，但它们从未根绝。猎人的搏杀欲望就是一个永久的证据，居尼塞-卡尔诺在下面的这段文字里向我们展示，这种遗传性倾向在最没有危险的游戏中是如何表现其力量的，它唤醒了每一个猎人身上残留的野性：

可以说，为杀戮而杀戮的乐趣是非常普遍的，它是狩猎本能的根基，因为我们必须承认，在现代文明国家中，狩猎本身已经无足轻重。事实上，我们继续从事的这种活动，在我们未开化的祖先那里是生存所强加的：他们要么去捕获猎物，要么就得饿死。而今天它已经没有继续存在的合法理由了。但是，它还继续存在着，对此我们无能为力，或许我们永远也挣脱不了这一加在我们身上如此之久的枷锁。我们无法消除自己在看到动物流血时产生的那种强烈的、经常是充满激情的快感。当我们为一种追捕的欲望所支配时，我们就丧失了一切怜悯之心：最优雅、最机灵的造物，歌唱的小鸟，春天里的宁馨儿，栽倒在我们的枪口下，或者卡死在我们的陷阱中；我们看到它们受惊吓、流血，在可怕的痛楚中扑腾，用它们可怜的断爪寻求逃生之路或者拼命地抖动根本无法支撑它们的翅膀，这一切都是我们给它们造成的，我们却从中发现了乐趣，丝毫没有同情的战栗……唯一的借口是这种返祖现象是如此强烈的冲动，即使我们当中最优秀的人也无法抗拒。

在正常的年代里，这种异常的返祖现象出于对法律的畏惧而受到了限制，它只能发泄在动物身上。但是，当法律规范不再有效的时候，它立即就会转移到人身上。这就是为什么会有如此多的恐怖分子可以从杀戮中获得强烈的乐趣。卡里埃说他在看到那些受害者承受痛苦的面部表情时会感到莫名的快乐，就是一个典型。在许多文明人中，残忍是一种受到限制的本能，但它绝没有被根除。

三、丹东与罗伯斯庇尔

丹东和罗伯斯庇尔是大革命中的两个中心人物，对于前者我不打算着墨过多：他的心理状态并不复杂，而且我们较为熟悉。起初他是俱乐部里的雄辩家，冲动而激烈，似乎总是乐于煽动人民。但他的残酷仅仅体现在言辞中，他常常为这些言辞所导致的结果感到后悔。从一开始，丹东就在上流社会中光彩照人，而他未来的对手罗伯斯庇尔，几乎一直就默默无闻地生活在社会的最底层。

丹东曾经一度成为大革命的灵魂，但他缺乏韧性和坚定的行为，并且他生活窘困，而罗伯斯庇尔则不是。[4] 罗伯斯庇尔持续的狂热击败了丹东间歇性的努力，然而令人惊讶的是，罗伯斯庇尔这样一个强大的民众领袖最后竟然被他软弱无力、平庸无能的对手送上了断头台。

作为大革命中最有影响力的人物，罗伯斯庇尔已经被人反复加以研究，但所获甚少。要想弄清楚到底是什么样的一种巨大力量赋予了他生杀予夺的大权是困难的，无论对大革命的敌人，还是对那些根本不可能敌视现存政府的同僚，都是如此。

我们当然不应满足于这样的解释：泰纳说罗伯斯庇尔是一个沉溺于抽象观念的冬烘先生；米什莱认为他的成功取决于他的原则；他同时代的人威廉斯说："他统治的一大

秘密武器是通过诽谤或栽赃陷害而使对手臭名昭著，以此作为实现自己野心的垫脚石。"

认为罗伯斯庇尔成功的原因在于他雄辩的口才是不得要领的：他总是把眼睛掩藏在风镜背后，痛苦地宣读他的演说，通常是一堆艰涩而含混的抽象文字。国民公会里有的是才华出众的雄辩家，比如丹东和吉伦特党人，然而，他们都被罗伯斯庇尔击败了。

我们确实也无法接受这样的主流观点，即最后获得胜利的总是独裁者，罗伯斯庇尔在国民公会里毫无影响就逐步地成了议会和雅各宾党人的主人。俾约-瓦伦说："当他进入救国委员会的时候，他就已经是法国最重要的人物了。"

"他的历史叫人不可思议，"米什莱写道，"远比波拿巴的历史更了不起。他的崛起没有露出任何蛛丝马迹，看不到手腕，看不到力量的蓄积。这是一个正直的人，操行一丝不苟而尽忠职守，中等天赋，却能在一夜之间崛起，我不知道这是什么样的大变革，就是在《天方夜谭》里也见不到这样的事。他随即拥有了比君主还要高的权威，并猛烈地攻击教权，真是一段惊人的历史！"

当然，环境也帮了他不少忙，人们把他当作主人寻求安慰，所有的人都需要这样一个主人，但是，当时他已经声名远播，而且我们力图寻找的是他迅速崛起的原因。我愿意相信在罗伯斯庇尔身上存在着一种特殊的个人魅力，只不过逃过了今人的眼睛，这一点可以从他与妇女的良好关系中得到证明。那些日子里，"他的演讲可以让妇女泣不成声。……七八百人坐在看台上发出雷鸣般的掌声。在雅各宾俱乐部，他的讲话引来女人动情的呜咽与叫喊，男人们的跺脚声则似乎要震翻大厅"。一个每年拥有 1.6 万英镑收入的年轻寡妇夏拉布尔夫人，给他写了热情如火的情书，并急切地盼望嫁给他。

我们不可能在他的性格中找到他受到人们普遍欢迎的原因是：他是一个性情急躁的忧郁症患者，资质平平，抓不住现实，沉溺于幻想，狡猾而造作；他的突出特征是极端自负，这种自负日胜一日，并在他的末日来临时达到顶点。作为一个新宗教的大主教，他相信自己是被上帝派到人间来建立美德之统治的，他甚至声称自己就是永恒之主应允派来改造尘世的弥赛亚。

为了文字上的虚荣，他殚精竭虑地修饰自己的演讲稿。他对诸如卡米尔·德穆兰这样的雄辩家或文学之士，怀有深深的嫉妒，这也正是他们死亡的原因之一。

"暴君怒火发泄的特殊对象是那些饱学之士，"我们上面征引过的那位作者写道，"对于他们，一种对同僚的嫉妒混杂着被压抑者的愤怒，因为他在迫害他们时所表现的憎恨与其说源于他们对其专制的反抗，不如说源于他们使之黯然失色的天才。"

独裁者对他的同僚们极为蔑视，这一点他几乎毫不隐晦：他在盥洗的时候接见巴拉斯，修完胡须后对着同僚漱口，仿佛他根本就不存在似的，在回答他的问题时更是傲慢至极。

他对待资产阶级和议员们几乎是同样的鄙弃，只有群众才能在他的眼里发现善意。"当至高无上的人民在行使其权力时，"他说，"我们在他们面前只有低头，他们所做的一切都是美德和真理，不存在任何过激、错误和罪恶。"

罗伯斯庇尔患有一种被迫害妄想症，他砍掉别人的头颅不仅仅是因为他肩负着使徒的使命，还因为他相信自己处在敌人和阴谋者的包围之中。索列尔写道："尽管他所顾虑的那些同僚们是如此懦弱胆怯，但他对他们的恐惧还是与日俱增。"

罗伯斯庇尔在长达五个月的时间里所实行的绝对专制，是某种领袖权力的一个令人惊讶的例子：我们可以理解，一个得到军队有力支持的暴君可以轻而易举地摧毁任何一个他想剪除的人。但是，仅凭一人之力竟然成功地将一大批与他平起平坐的人送上断头台，这实在是一件不可思议的事情。

罗伯斯庇尔的权力是如此专横，以致他可以把最显赫的国民公会议员如德穆兰、埃贝尔、丹东以及其他许多人送上革命法庭，因而也就等于送上断头台。煊赫一时的吉伦特党人在他面前不堪一击，他甚至对可怕的巴黎公社发起了进攻，处死了其领袖，并代之以一个听命于他的新公社[5]。

为了加快除掉他所不喜欢的那些人，他诱使国民公会颁布了牧月法令，该法令允许处死仅仅有嫌疑的人，正是借助这一法令，罗伯斯庇尔49天内在巴黎让1373人身首异处。他的同僚们，成了一场疯狂恐怖的牺牲品，再也不敢在自己家里睡觉；每次开会不到100名代表出席；大卫说："我相信我们山岳党人将会剩下不到20个成员。"

让罗伯斯庇尔丢掉性命的正是他过分地相信自己的权力和国民公会的懦弱。他打算让他们投票通过一项措施，该措施将允许不经过议会授权，而只需救国委员会的命令就可以把国民公会的代表送上革命法庭，也就意味着被送上断头台。几名山岳党人和平原派的一些成员合谋起来推翻他。知道自己已经被列入死刑黑名单，因而也就不必害怕失去什么的塔里安，在国民公会会议上大声地控诉罗伯斯庇尔的暴政。罗伯斯庇尔希望通过宣读在手里放了很久的一份演讲稿来为自己辩护，但是他很快就意识到这是白费口舌：以逻辑的名义摧毁对手是可行的；以逻辑的手段来领导议会却是痴心妄想。合谋者的叫喊湮没了他的声音；由于精神传染的作用，在场的许多议员都跟着重复"打倒暴君！"的口号，这就足以导致罗伯斯庇尔的垮台。议会当机立断，逮捕了罗伯斯庇尔等人，并宣判了对他的指控。

巴黎公社打算营救他，但议会宣布被捕者"不受法律保护"，在这一充满魔力的口号之作用下，罗伯斯庇尔彻底倒台。[6]

"在这一时期，被宣判不受法律保护，"威廉斯写道，"对一个法国人所产生的效应无异于被宣判患上瘟疫；宣判不受法律保护就等于对民事权的褫夺，就好像人们相信自己会因患者所呼吸过的空气而受到传染一样。这对那些曾经把他们的大炮对准过议会的炮手们同样有效，无须进一步的命令，只消听到公社已经'不受法律保护'，他们立即就会掉转炮口。"

罗伯斯庇尔和他的所有同伙——圣茹斯特、革命法庭庭长、社团主席等等——在热月10日到21日之间一一被送上断头台；次日，新一批70名雅各宾党人紧随其后；再往后一天，13人被处决。于是，持续了10个月之久的大恐怖终于结束了。

雅各宾大厦在热月的垮台是大革命期间最让人费解的心理事件之一，那些促成了罗伯斯庇尔倒台的山岳党人从未料到它竟标志着大恐怖的终结。

塔里安、巴拉斯、富歇等人推翻罗伯斯庇尔是因为他曾经镇压了埃贝尔、丹东、吉伦特党人以及其他许多人。但是，当群众的欢呼告诉他们罗伯斯庇尔之死被当作大恐怖的终结时，他们赶忙装得好像这是在他们事先意料之中的一样。他们更多是被迫这样做的，因为平原派——也就是议会中的大多数人——曾经听凭罗伯斯庇尔宰割。现在他们要猛烈地攻击这种政策，长期以来，哪怕是在他们对之憎恨至极的时候，他们也不得不在表面上装作赞同它。最可怕的事情莫过于一群人曾经恐惧过，但现在不再恐惧了：平原派要为自己在山岳党人当政期间所经历的恐怖复仇，他们反过来要对山岳党人实施恐怖。

罗伯斯庇尔在国民公会中的同僚们对他的卑躬屈膝，绝不是建立在心悦诚服的情感之上。独裁者让他们感到一种无法形容的恐惧，出于害怕，他们对他竭尽吹捧之能事，但在这些钦佩和热情的掩饰下，隐藏着一种强烈的仇恨。当我们在1794年8月11日、15日和29日的《政府通报》上读到各个代表们所撰写的报告，尤其是关于"罗伯斯庇尔、库通和圣茹斯特这三驾马车的阴谋"之报告时，同样会感到不可理喻，就连奴隶也不会对一个倒台的主人如此恶言相加！

我们读到，"这些恶魔一度重新起用了最恐怖的马略[7]和苏拉的伎俩"，罗伯斯庇尔被视为一个非常可怕的恶棍，我们被告知"同卡利古拉一样，他不久就会要求法国人民对他的坐骑也要顶礼膜拜……他为了确保自己的安全，就把所有哪怕引起他一丝怀疑的人都处死"。

这些报告忘记了补充一点，即他们所影射的马略和苏拉之权势得到了各自强大军队的支持，而罗伯斯庇尔的权力则除了多次得到国民公会议员们的纵容之外，没有得到过任何支持。要不是他们极端胆怯，独裁者的权力一天也不会维持。

罗伯斯庇尔是历史上最可憎的暴君之一，但是，他与其他所有暴君不同的是，他的暴政是在没有士兵支持的情况下实行的。

我们可以这样总结罗伯斯庇尔的信条：或许除了圣茹斯特之外，他是雅各宾信仰最完美的化身，这种信仰之狭隘的逻辑、强烈的神秘主义色彩以及不折不挠的严峻无一不体现在他身上。他至今还不乏仰慕者，阿梅尔就称他为"热月的殉道者"。已经有人提议为他树立一块纪念碑，我对此欣然同意，因为它有助于保存这样的证据：只要领袖们知道如何去操纵，群众将是何等盲目，议会将是何其温顺。他的塑像将让我们回想起，就是在国民公会打算推翻他的前一天晚上，他们还在为独裁者最具威胁的措施发出赞许和热情的呼喊！

四、富基埃-丹维尔、马拉、俾约-瓦伦等人

我将用一节文字来谈一谈某些以其残忍本性著称的革命者，他们的暴行由于掺杂了其他的一些情感、恐惧和憎恨而变本加厉。

富基埃-丹维尔是革命法庭的检察官，他给人们留下的印象最为险恶。此人从前颇有慈善仁义的美名，后来却变成了一个嗜血动物，以致对他的回忆只能激起人们的无限厌恶，这恰恰可以证实我在其他著作中的一个观点，即

人的某些本性在革命时期会发生质变。

在君主制被颠覆的时候，他还极其贫困，在这场社会巨变中他渴望得到一切，却不怕失去任何东西。他属于那种在动乱时期总是乐于把无政府状态维持下去的人。

国民公会把它的权力丢给他，他不得不对近两千名被告的命运做出判决，这些被告中，有玛丽·安托瓦内特、吉伦特党人、丹东、埃贝尔等等。他当面处决了所有的嫌疑犯，并毫不犹豫地叛卖他先前的保护人，一旦他们中的哪一个——卡米尔·德穆兰、丹东或其他人——落入他的手中，他都会做出指控。

大革命为富基埃-丹维尔非常低劣的灵魂提供了一个让其发挥到极致的机会。在正常的时代里，由于职业规则的限制，他一生也就是一个平静而黯淡的公务员，这正是他在革命法庭的副手或者说代理人吉贝尔-利当东的命运。迪雷尔写道："他应该和他的同僚一样为恐怖政策感到惊骇，然而，他却在帝国长官的高位上完成了使命。"

一个有序社会的最大好处之一就是它确实能钳制那些危险人物，对于这些人，只有通过社会的约束才能控制。

富基埃-丹维尔至死都没有明白为什么他会被判有罪，从革命的立场来看，对他进行审判是没有理由的。他难道不是仅仅在热心地执行他上级的命令吗？把他与派往各省的、无法控制的特派员们等量齐观是不合理的，国民公会的议员们审查了所有他经手的判决，并最终批准了这些判决。他的暴行以及他审判囚犯的简便程序如果没有得到他上司们的鼓励，他还能留在职位上吗？在宣判富基埃-丹维尔有罪的同时，国民公会也等于在宣判自己那套骇人的统治体制有罪。它当然理解这一事实，它把一些恐怖分子送上了断头台，而富基埃-丹维尔只是其中的一个忠实代表。

除了富基埃-丹维尔外，我们还可以提一下主持革命法庭的迪马，他也表现出了一种极度的残酷，这种残酷因强烈的恐惧心理而增强。他在外出时总要带上两把装满子弹的手枪，他为自己的住宅设置了种种障碍，来访者只能通过一个小窗口和他说话。他对任何人都完全不信任，包括自己的妻子，他甚至把她投进了监狱，并打算在热月前把她处决。

在国民公会所揭露的人当中，俾约-瓦伦是最为疯狂、最为残忍的一个，他或许可以被视为野兽般凶残的一个完美典型。

哪怕是在极为愤怒与痛苦的时候，他也能保持平静，喜怒不形于色，并有条不紊地完成自己的任务，一项可怕的任务：在阿培监狱大屠杀时，他代表官方向刽子手们祝贺，并许诺给他们金钱，然后就若无其事地回家了，就好像他只是在散步一样。他身兼数职：雅各宾俱乐部主席、国民公会议长、救国委员会委员。

他先是把吉伦特党人送上了断头台，然后是王后；他以前的资助人丹东在提到他时说，"俾约是口蜜腹剑的家伙"；他先后批准了里昂的炮击、南特的溺杀、阿拉斯的屠杀；他组织了残酷无情的奥伦治委员会；他参与了牧月法令的炮制；他曾竭力怂恿富基埃-丹维尔；在所有的死刑判决书上都有他的签名，而且通常是第一个，并往往当着同僚的面率先签名；他毫无同情心、感情和热情可言；当其他人畏惧、犹豫、退缩时，他夸口要"揪住狮子的鬃毛"自行其是；为了使他那张阴沉冷漠的面孔与他周围的热烈气氛更协调，他现在给自己套上一副黄色假发，除了俾约-瓦伦那阴险的脑袋之外，任何人戴了这副假发都会使人发笑；当罗伯斯庇尔、圣茹斯特和库通反过来遭难时，他又弃之而去投向敌人，并把他们推到屠刀之下……为什么？他的居心何在？没有人知道，他没有任何野心，既不爱权，也不贪财。

我认为这个问题不难回答，我们已经说过，在某些罪犯那里非常普遍的对血的渴望可以很好地解释俾约-瓦伦们的行为。这一类罪犯为了杀戮而杀戮，犹如运动员的射击游戏，他们仅仅是为了体验破坏的乐趣。在正常时期，具有此类嗜血倾向的人，一般出于对警察和绞刑架的害怕而克制了这些冲动，一旦他们可以自由地发泄它们，就任何东西都制止不住了。俾约-瓦伦以及其他许多人就属于这种情况。

马拉的心理状态更为复杂，这不仅是因为他对杀戮的渴望结合了其他因素——受到伤害的自尊、野心、神秘主义信仰等等，而且我们必须把他当作一个半精神错乱者来看，他一直都经受着自大症和各种顽固思想的折磨。

在大革命爆发之前，他提出了一些伟大的科学构想，但没有人对他的唠叨感兴趣；他梦想着地位和荣誉，结果只在一个大贵族家里谋得一个极低微的差事。大革命为他打开了前途无量的未来之门，他带着对没有能够认可他才能的旧制度的满腔仇恨，成了最暴虐的那伙人的首领。在公开进行了九月屠杀之后，他创办了一份杂志，公然抨击每一个人，并不断叫嚣要求更多的死刑。

马拉言必称人民的利益，一时成了群众的偶像，但他的大多数同僚对他却极为鄙视。就算他能逃过夏洛特·科黛的匕首，也必然躲不了断头台的铡刀。

五、大革命后幸存的国民公会成员的命运

国民公会中除了那些心理状态表现出特殊个性的成员之外，还有一些人，如巴拉斯、富歇、塔里安、蒂翁维尔的梅兰等等，完全没有原则或信仰可言，他们只知道牟取一己私利而已。

他们竭力从公众的不幸中聚敛巨大的财富，在正常的年代，他们只会被视为十足的无赖，但在革命时期，一切善恶准则似乎都消失了。

尽管还有几个雅各宾党人仍然执迷不悟，但大多数人在得到财富以后就和他们的信仰断绝了关系，并成了拿破仑的忠实朝臣。康巴塞雷斯在与沦为阶下囚的路易十六的谈话中称呼他路易·卡佩[8]，等到第一帝国时，他却要他的朋友们在公开场合叫他"殿下"而在私人场合叫他"阁下"，这就充分暴露了许多雅各宾党人在对平等的渴求中所暗藏的嫉妒之心。

"大多数雅各宾党人，"马德林写道，"都非常富有，而像沙博、巴齐尔、梅兰、巴拉斯、布尔索、塔里安、巴雷尔等人都拥有城堡和地产，那些至今还不富裕的人不久也会腰缠万贯……在共和三年的委员会中，仅热月党成员中，就有1个未来的公爵，13个未来的伯爵，5个未来的男爵，7个未来帝国的参议员，6个未来的地方议员；除了他们之外，在国民公会里，还有未来的奥特朗托公爵和未来的勒戈尔特伯爵，不下于50个共和派在15年后都拥有了头衔、纹章外套、羽饰、马车、养老金、必要的不动产、旅馆以及城堡；富歇在死的时候资产竟达60万英镑。"

于是曾经被严厉谴责的旧制度之特权很快又为了资产阶级的利益而重新恢复。为了实现这一结果，毁灭法兰西、焚烧整个外省、扩大苦难、使无数家庭陷入绝望、颠覆欧洲，乃至在战场上牺牲几百万人的生命都是必要的！

在这一章即将结束的时候，我们再次回顾一下我们对这一时期的人们可能做出的评价。

伦理学家不得不对某些个人的道德品行做出严格的区分，是非善恶泾渭分明，因为他所依据的评判标准是社会如果要成功地维持下去就必须遵从的标准；但心理学家不能这样：他的目标首先是理解，知道其所以然，批评将在完全的理解面前退隐。

人类的心灵是一种非常脆弱的机制，在历史舞台上粉墨登场的木偶很少能摆脱那些驱动他们运转的专横力量。这些力量包括遗传、环境与现状。我们现在正试图对那些人的行为做出解释，但没有人敢肯定假如自己就是那些人，其行为会是什么样子。

注释

1 帕夏（pasha），古代土耳其和埃及的高级官衔，长官、总督一类。

2 赫利奥盖巴勒斯（Heliogabalus，204—222），也作埃拉伽巴路斯（Elagabalus），古罗马暴君，在位时间为218—222年。

3 萨德（Sade，1740—1814），法国作家，其作品以过多地描写性暴力和虐待为特征。

4 原文如此，事实上丹东的生活比罗伯庇尔奢靡得多。

5 指罗伯斯庇尔在1794年对埃贝尔、肖梅特和雷阿尔等埃贝尔派公社领袖的镇压。

6 事实上，罗伯斯庇尔等人在热月9日（1794年7月27日）被捕后的当晚曾被群众救出，但他们优柔寡断，不愿领导起义，结果热月10日凌晨，国民公会的军队赶到，再次将他们逮捕，当晚即处死。

7 马略（Marius，约157BC—86BC），古罗马将军和政治家，曾7次被选为执政官，后败于苏拉之手。

8 卡佩王朝是法国最早的王朝（987—1328），路易十六所属的波旁家族是其旁系后裔，故有此称呼。

第三卷

古代传统与革命原则之间的冲突

第一章

无政府状态的最后挣扎：督政府

一、督政府的心理

由于各种革命议会的部分成员是同一些人，所以，有人可能就认为他们的心理状态是非常相似的。

在正常情况下，这或许是事实，因为一种不变的环境往往意味着性格的稳定。但是，一旦环境发生如大革命时期那样的迅速变化，人的性格必然会发生改变以适应它，督政府的情况就是如此。

督政府包括几个迥然不同的议会：两个大议会，由不同类别的代表组成；一个非常小的议会，由五个督政官构成。

两个较大的议会因其软弱而很容易让人回想起国民公会：它们不再受民众暴动的胁迫，督政官们已经有效地防止了此类事件的再次发生，但是，它们得无条件地服从督政官们的专断指令。

由选举产生的第一类代表大多数都是温和派，他们已经厌倦了雅各宾党人的暴政。新的议会梦想在法兰西的一片废墟上重建家园，并建立一个没有暴力的自由政府。

但是，由于命运的提弄，这些代表们同他们的前任一样，或许可以说他们所做的事情总是与他们所希望的恰恰相反，这是大革命的一条规律，同时它也表明事件的发展往往超出人们的意志。他们希望适可而止，结果却暴戾如故；他们打算清除雅各宾党人的影响，结果却被他们牵着鼻子走；他们力图挽救败落的国家，结果却带来了新的祸患；他们立志实现宗教和平，最终却用比大恐怖时期更为严厉的方式迫害、屠杀牧师。

由五位督政官所组成的小议会之心理状态完全不同于下院。面对每天新出现的困难，督政官们不得不解决它们，而大议会却全然不顾现实，一心想着实现自己的抱负。

督政官中盛行的想法非常简单，他们对原则不感兴趣，他们首先想到的是如何保住自己法兰西主人的地位。为了实现这个目的，他们毫不犹豫地采取最不明智的措施，为了扫除障碍，他们甚至取消了许多地区的选举。

督政官们感到自己没有能力统治法国，索性就让她放任自流。他们竭力通过专制手段支配法国，却从未治理法国，而在这个节骨眼上，法国最需要的就是治理。

人们往往有这样一个印象，即国民公会在历史上是一个强硬的政府，而督政府则是一个软弱的政府。事实正好相反：称得上强大政府的恰恰是督政府，而不是国民公会。

从心理学角度看，我们或许很容易就可以解释督政府时期的政府与此前国民公会时期的政府之间的差异，只要我们记住这样一个事实：一个由 600 或 700 人构成的集体极易受到感染性狂热情绪的影响，就如 8 月 4 日之夜贵族主动放弃自己的特权那样；甚至容易受到个别意志坚强者之一时冲动的支配，就如他们向欧洲诸君主发起挑衅那样。但是，这样的热情或冲动实在太短暂，不足以拥有持久而强大的力量，而一个五人委员会则很容易为一个人的意志所左右，因而更容易受到持续的决心之影响，也就更容易遵循一个固定的行为模式。

督政府时期的政府被证明是缺乏治理能力的，但它从不缺乏坚强的意志：没有什么可以制约它的行动，无论是对法律的尊崇，对公民的顾虑，还是对公众福利的热爱；它把一种专制强加给法国，这种专制之程度不亚于大革命开始以来的任何一个政府，包括大恐怖时期的政府。

尽管它所使用的方法与国民公会的方法颇为相似，并且它以一种最为残暴的方式统治着法国，但是，督政府和国民公会一样，它从来就不是法国的真正主人。

这一事实再次证明了我前面已经指出的：物质的强制不足以支配道德的力量。怎么强调也不为过的是：人类的真正指导原则乃是其历代祖先建立起来的道德架构。

我们已经习惯于生活在一个秩序井然的社会里，受庇护于法律和值得尊敬的传统之中，所以我们很难想象在这一基础已被抽空了的国家里，生活状态将会变成什么样子。对于周围的环境，我们只看到这一伟大事物的令人厌恶的一方面，而很容易忘记社会只有在强加了某些限制的条件下才能存在。法律、礼仪和习俗对人类那些野蛮的自然本能构成了一种制约，这些本能在我们身上从未根绝。

国民公会以及随后的督政府的历史明白无误地向我们证明：一个摧毁了自己传统结构的民族，妄图依靠并不充分之理性来充当人为的社会黏合剂，将会导致何等程度的混乱。

二、督政府的专制统治，大恐怖的复发

为了转移人民的注意力，使军队忙于军务而无暇他顾，并掠夺邻国以获取财富，督政官们决定再次发动征服战争，这一伎俩在国民公会时期曾颇为灵验。

督政府的这一招果然奏效：军队赢得了辉煌的战果，尤其是在意大利。

一些被入侵的民族是如此天真，以至于指望这些入侵者能够保护他们的利益，但他们不久就发现所有的军事行动都伴随着压迫性的税收、对教堂和国库的掠夺等等。

这一扩张政策的最终结果是导致一个新的反法联盟形

成，该联盟一直维持到 1801 年。

督政官们对国家的状况以及自己在重建国家方面的无能漠不关心，他们首先关注的是如何与一系列的阴谋做斗争以保住自己的权位。

这项任务足以使他们自顾不暇，因为各个政治派别的武装尚未被解除。国家的无政府状态已经达到这样的地步，以至于所有的人都在企盼一个强有力的手腕来恢复秩序。每个人都感觉到，督政府以及共和政体将不复存在。

一些人梦想复辟王政，一些人妄图重建恐怖体制，而其他人则在期待一位将军主政，唯有那些国有财产的购买者害怕政府发生任何变动。

督政府的不得人心日甚一日，1797 年 5 月，议会的三分之一成员改选，新当选的大多数议员都对督政府体制充满敌意。

督政官们当然不会为这样的小事所掣肘，他们宣布 49个地区的选举无效；154 名新议员的资格被取消，其中 53人被判处流放，在后一批人中有大革命时期最杰出的人物：波塔利斯、卡尔诺、特隆松·杜·库德雷等等。

为了胁迫选民，支持督政府的军事委员会胡乱地判处了 160 人死刑；将 330 人放逐到圭亚那，其中有半数的人不久就死于非命；那些回到法国的流亡者和牧师被大批驱逐，这就是所谓的果月政变。

这场政变主要以温和派为打击对象，但也并不限于温和派；对激进派的迫害接踵而至，督政官们发现雅各宾派的议员太多了，于是宣布取消其中60人的选举结果。

上述事实充分暴露了督政官们的专横本性，在那些措施的细节中，这一点表现得尤为明显。法国的新主人被证明同大恐怖时期最残忍的代表们一样，嗜血好杀，残酷无情。

虽然没有再架起断头台来当作家常便饭，但是，取而代之的是流放，把受害者们置于极少有生还机会的条件下。比如，装在铁笼里送到罗什福尔，暴露在各种恶劣的天气中，然后，把他们塞到小艇上运走。

"在代卡德到贝翁内瑟之间的甲板上，"泰纳说，"可怜的囚犯们，在热带的高温下由于缺少空气而窒息不堪，他们受尽欺辱压榨，最后死于饥饿或窒闷；到圭亚那航程结束时，押送的193名犯人在22个月后到达代卡德时只剩下39人；送抵贝翁内瑟的120人中只有1人存活。"

督政官们看到每个地方都出现天主教的复兴，他们认为这些牧师正在阴谋反对他们，于是一年之内，有1448名牧师被驱逐或送上船艇，不用说他们中的大部分人都被草率地处死了。大恐怖事实上完全死灰复燃。

督政府独裁专制的触角延伸到各个行政部门，尤其是财政部门。它打算收取6亿法郎的税收，于是就强迫那些唯命是从的议员们通过一项增税法案，但最后只收到了1200万法郎。迫不得已，它决定强制借贷1亿法郎，结果导致大批工厂关闭、商业停顿和家庭失业，以这一毁灭性

275

代价换取了 4000 万法郎的收入!

为了确保对外省的控制,督政府通过了所谓的质押法(The Law of Hostages),根据这项法律,每个地区都因为各种过失上缴了一大批抵押财产。

不难想象这样一个体制会激起人们怎样的憎恨,到1799 年底,先后有 14 个地区爆发叛乱,46 个地区的起义一触即发。如果督政府继续执政,社会的彻底解体将无可挽回。

就财政方面来讲,当时的社会解体已经很严重了:金融、工商,所有的一切都在崩溃;随着指券贬值到原来价值的百分之一,财政部的借贷收据几乎成了一张废纸;政府债券的持有人和政府公务员根本拿不到报酬。

这个时候的法国给外国旅行者留下的印象是一个饱受战争蹂躏并被其居民遗弃的国家。毁坏的桥梁、堤坝和荒废的建筑物使交通极为不便;废弃已久的道路上土匪横行,有些地段甚至只有从这些帮伙的头目那里购买通行证以后才能通过;工厂和商业基本歇业,在里昂,15000 家工厂和作坊中有 13000 家被迫关闭,里尔、勒阿弗尔、波尔多、里昂、马赛等地都变成了一座座死城;贫穷与饥荒成了普遍的现象。

道德上的混乱与失序同样骇人听闻:奢侈与享乐的欲望、豪华的宴会、珠宝以及富丽堂皇的豪宅为一个新的社会阶层所独占,他们包括股票经纪人、军队承包商以及那些实际上靠掠夺发家的掩人耳目的金融家。[1] 他们使巴黎呈现出一幅繁华祥和的虚假景象，它迷惑了多少研究这一阶段的历史学家，惊人的奢侈挥霍掩盖了普遍的穷困。

书本里的督政府编年史有助于我们理解谎言是如何编织成历史之网的。近来的戏剧常以这一时期为题材，并且仍然有人在仿效这种风尚，它给人留下的似乎是一种大恐怖后歌舞升平的记忆。但事实上，督政府上演的戏剧比起大恐怖来几乎没有什么改进，其残忍暴虐如出一辙。督政府最终引起了人们极大的憎恨，以致它自己都感觉到已经无法维持统治，于是他们就为自己物色了一个独裁者，这个独裁者不但要能够替代他们，而且还要能够保护他们的利益。

三、拿破仑的崛起

我们看到在督政府统治的末期，法国的无政府状态及社会解体已经达到这样一种程度，以至于每一个人都在绝望地祈盼一个精力充沛、足以恢复社会秩序的人。早在1795 年，一些议员们就曾经考虑过复辟王政，但是路易十八愚不可及地宣称，他将彻底恢复旧秩序，把所有财产归还给它原来的主人，并将惩罚那些参加革命的人，于是他很快就被人抛弃了。基贝隆毫无意义的冒险最终使那些未来王权的支持者们与之疏远。[2] 在整个大革命期间，保王党人所表现出的平庸无能和心胸狭窄证明了对他们采取的措施大部分都是合理的。

既然恢复君主制已成泡影，那么，寻找一位将军就成了当务之急，当时可以承担此重任的只有一个人，那就是波拿巴。意大利战争使他威名远播，在穿越了阿尔卑斯山之后，他取得一个又一个胜利，先后攻破米兰和威尼斯，几乎是攻无不克，战无不胜。然后，他又向维也纳挺进，当奥地利皇帝决定战败求和的时候，他的军队距维也纳的城门只有25里格之遥。

尽管他已声誉渐隆，但是，年轻的将军并没有满足，为了进一步抬高自己的名望，他说服督政府相信入侵埃及将会削弱英国的势力，1798年5月，他从土伦誓师出发。

这种对威望的不断需求源自一个非常深刻的心理学观念，这一点拿破仑本人在被流放圣赫勒拿岛时说得很清楚：

> 那些最有势力、最开明的将军们，长期以来一直力劝这位出生于意大利的将军采取措施，登上共和国元首的宝座，但他拒绝了；他尚未强大到仅靠自己的力量就可以稳操胜券的程度。他深谙统治的艺术以及什么是这个伟大民族所需要的；他的想法与大革命时代的人以及议会的想法格格不入，他知道自己还不能一意孤行，他不愿意拿自己的声誉冒险。他决定向埃及出发，但是一旦环境许可，他就会再度崛起。

拿破仑在埃及并没有待多久，他的朋友很快就将他召回，他在弗雷瑞斯登陆。他的归来激起了人们的普遍热情，处处张灯结彩。两位督政和一些主要部门的部长早已事先做好了准备。计划在不到 3 个月的时间就已经出炉，雾月 18 日的政变易如反掌地取得了成功。

在摆脱了那伙压迫、剥削这个国家如此之久的邪恶小人之后，所有的派别都感到无比兴奋。毫无疑问，法国将出现一个专制政体，但它不可能像已经压迫了人们十多年之久的那个政体一样，让人无法接受。

雾月政变的历史充分证明我们已经说过的一点是正确的，即那些从表面上看来很容易理解与确认的历史事件，不管有多少人亲历其中，仍然不可能形成准确的判断。

我们知道 30 年前人们对雾月政变是怎么评价的，它被视为一个得到其军队支持的野心家所犯下的政治罪行。但事实上，军队在整个事件中并没有发挥什么作用，把少数几个顽抗的议员驱逐出议会的甚至并不是士兵，而是议会自己的卫队。政变的真正发动者是政府本身，而整个法兰西都是同谋。

四、大革命持续的原因

大革命的基本原则产生了一系列后果：法律面前人人平等，公职的开放，人民主权，国库开支的控制，等等。

如果我们以此为出发点来限定大革命持续的时间，那么我们或许可以说大革命只持续了几个月。到 1789 年年中时，所有这些目标都已基本实现，接下来的岁月里没有增加什么新花样。然而，大革命实际上所延续的时间要长得多。

假若局限于官方历史学家们所承认的期限，我们将看到大革命只延续到拿破仑的崛起，其跨度在 10 年左右。

为什么会出现这样的事情呢，即在新的原则确立之后，接踵而至的竟是这样一个混乱不堪、暴力丛生的阶段？我们不可能从对外战争中找到原因，对外战争曾因反法联盟内部的同床异梦以及法国的节节胜利而多次中断。我们更不可能归咎于法国人对革命政府的同情，因为没有哪种统治会比大革命时期历届议会的统治更让人痛恨和鄙视了。无论是造反还是麻木的投票，大多数法国国民对这种体制都表明了自己的厌恶。

最后一点，即法国人对革命制度的憎恶长期以来一直被误解，近来的历史学家们对此深有揭露。最新出版的一部关于大革命的著作的作者马德林，对他们的观点做了这样的总结：

> 从 1793 年开始，一部分人——但绝对不是很多人——就一直把持着法国、大革命和共和国；现在，有四分之三的法国人希望大革命得到遏制，或者宁愿把它从那些可憎的剥夺者手中解放出来，但这些人千

方百计地控制着这个不幸的国家……只要他们继续执
政，大恐怖就仍然是他们不可缺少的手段，无论谁在
任何时候胆敢反对恐怖政策，都会受到他们的打击，
哪怕他是大革命最忠实的奴仆。

直到督政府结束统治的时候，政府还掌握在雅各宾党
人手里，他们一心只想维护自己的权力，希望保有通过谋
杀与掠夺获得的不义之财，他们愿意把法国交给任何一个
能保证他们继续享有这些东西的人。他们同拿破仑议定雾
月政变，仅仅是因为路易十八不能满足他们的愿望。

但是，到底应该如何解释这样一个暴虐而软弱的政府
竟然能够苟延残喘这么多年呢？

这不仅仅是因为革命宗教仍然存活在人们心中，或是
因为人们受到了迫害和杀戮的威胁，而主要是因为，一如
我前面已经说过的，有很大一群人可以从大革命的延续中
获得巨大的利益。

这一点是根本性的原因：大革命假如只是一种理论信
仰，那么它很可能只是昙花一现，但是这种刚刚确立的信
仰随即就溢出了纯理论的范畴。

大革命确实没有仅仅满足于褫夺君主、贵族和教士的
政治权力，它在将旧的特权阶级之财富和特权转移到资产
阶级和大多数农民手里的同时，也为自己赢得了革命体制

顽固的支持者。那些人得到了从贵族和教士那里掠夺来的财产，他们以极低的价格购买了土地和城堡，他们对君主制的复辟甚为警觉，唯恐旧制度卷土重来，自己将不得不支付巨大的赔偿。

很大程度上正是因为这些原因，一个在正常时期绝对无法维持的政府才得以存活，直至一个铁腕人物横空出世，重建社会秩序。这个铁腕人物所许诺的不仅是大革命的道德成果，还包括其物质结果。波拿巴对这些要求了然于心，所以他很快就受到了热烈的欢迎。大革命尚存争议的物质后果以及仍很脆弱的理论原则都为他的制度和法律所吸收。所以，说大革命因拿破仑之崛起而告终是错误的，恰恰相反，拿破仑完成并巩固了大革命，而不是破坏了大革命。

注释

1 即所谓的"新贵名流"。

2 指 1795 年 6 月到 7 月期间，法国流亡的保王党人图谋在基贝隆半岛登陆，结果失败。

第二章

秩序的恢复：执政共和

一、大革命的成果如何为执政官所认可

执政府的历史为我们提供的心理学材料一如先前的阶段那样丰富。首先，它向我们揭示，一个强有力的个人的工作效率要优于一个强有力之集体的效率。波拿巴很快就结束了困扰共和国10年之久的血腥的无政府状态，使社会暂时恢复了秩序。大革命时期的四届议会没有哪一个能做到这一点，哪怕是采用最严厉的镇压手段，然而，他一个人却在如此短暂的时间里实现了。

波拿巴的权威立即平定了巴黎的各种叛乱和企图复辟君主制的反抗，并重新确立了法兰西在精神上的统一，它曾经由于强烈的敌视和仇恨而分崩离析。波拿巴用一种组织得极为完善的个人专制代替了无秩序的集体专制，使每一个人

都能从中获益，毕竟他的专制远比已经持续了10年之久的暴政要宽松。而且我们必须承认，对他的统治表示厌恶的人非常之少，不久人们就怀着无限的敬意接受了他的统治。

过去的历史学家认为是波拿巴颠覆了共和政体，今天看来，这显然是迂腐之论，事实恰好相反：他保留了一切可以保留的共和遗产，要是没有波拿巴，共和主义的遗产将所剩无几，正是波拿巴通过制度和法典，巩固了大革命一切可行的工作——特权的废除，法律面前的平等，等等。此外，执政府还继续称自己为共和政府。

如果没有执政府，取代督政府的很可能是复辟的君主制，大革命的绝大多数成果将毁于一旦。让我们假设一下，如果波拿巴从历史上消失了，那么我想没有谁会认为，督政府能在人们的普遍厌恶中幸存下来，它必然要被每天都在发生的保王党人阴谋推翻，路易十八很可能将登上王位。当然，16年以后，他还是如愿以偿了，不过在这一段间歇中，波拿巴通过法律和习俗赋予了大革命诸原则如此大的力量，以至于复辟的君主根本不敢触动它们，财产权也没有恢复到旧制度下的状况。

如果路易十八当时就取代了督政府，那么事情将截然不同：他可能会恢复所有的旧制度，而旨在推翻他的新一轮革命势必要爆发，我们知道导致查理十世垮台的原因就是他企图回到过去。

抱怨波拿巴的专制多少有些天真：在旧制度下，法国人受着各种各样专制的压迫，而共和政体建立的是一种比君主制还有过之而无不及的专制。那时候，专制是一种正常情况，除非它带来了秩序的混乱，否则它就不会引起人们的反抗。

大众心理的一条永恒规则是：在他们制造出无政府的混乱之后，就会寻求一位能够使他们摆脱这种状态的主人。于是，波拿巴应运而生。

二、执政官时代法国秩序的重建

一旦大权在握，波拿巴就得承担起重建法兰西的艰巨任务：国家现在是满目疮痍，百废待兴。在雾月政变的第二天，拿破仑就着手起草了一部宪法——几乎是他独自一人操办。这部宪法注定要授予他绝对的权力，以使他能够统御各个派别，重整国家。只花了一个月时间，这部宪法就制定出来了。

这就是所谓的共和八年宪法，这部宪法一直沿用到拿破仑统治结束为止，其间只有少许修改。行政权由三位执政官行使，其中两位执政官只有建议权，因此第一执政官也就是波拿巴本人，成了法国的唯一的主宰。他可以任命大臣、国务委员、大使、地方行政长官以及其他官员，并拥有宣战或媾和的权力；立法权也归他所有，因为只有他可以创立法律，这些法律随后被交给三个议院：参政院（Council of State）、保民院（Tribunate）和立法院（Legislative Corps）讨论和投票，第四院也就是元老院（Senate）事实上充当了宪法的护卫者。

尽管拿破仑是专制的，但是在议定最琐碎的事务之前，他也要召集其他的执政官来商议；立法院在他统治期间并没有发挥多少重大影响，但在没有向参政院咨询之前，他从不签署任何法令。参政院由全法国最知名、最博学的人士组成，他们准备好法律之后，交送立法院讨论通过。由于投票是秘密进行的，所以他们可以自由地对法案提出批评。在波拿巴的主持下，参政院在某种程度上就是最高法庭，它甚至可以审察大臣们的行为。[1]

---

[1]　拿破仑虽然经常否决参议院的提案，但并不总是如此，据《圣赫勒拿岛回忆录》记载，有一次除了他自己外，别人都反对他的看法，于是他不得不接受大多数人的看法，他说了这样一段话："先生们，这件事就按照大多数人的意见决定，我是孤家寡人，我不得不让步。但我声明：从内心说，我只是表面上服从，你们可以逼迫我沉默，但绝没有让我信服。"

还有一次，皇帝的发言三次被人打断，于是他对刚才打断他发言的人说道："先生，我还没有结束我的发言，请你让我把它说完，好吗？我认为，在这里每一个人都有表达他自己观点的正当权利。"

与通常的想法恰好相反，皇帝并不是独断专行的，他与参议院的关系很融洽。他常常因为某个参议员私下里向他提出了新的建议，或劝说他接受大多数人的意见，而重新进行讨论，甚至取消一个决定。

新的主人对参政院非常信赖，因为它的大多数成员都是杰出的法学家，他们每个人只负责自己的专长。波拿巴是一个非常优秀的心理学家，他从不信任那些平民出身的夸夸其谈但平庸无能的大多数议员，整个大革命期间，这些人给国家带来的灾难性后果，他再熟悉不过了。

波拿巴希望实现为人民的统治，但从不求助于他们；人民在他的政府中没有立足之地，他只为他们保留了对新宪法投票的权利；偶尔他也会诉诸普遍的投票，但这种情况极少。立法议会成员的填补更替由各议院相互推选产生，而不由选举产生。

在筹划一部旨在巩固自己权力的宪法过程中，第一执政从未指望它能在重建国家方面发挥什么作用，所以在他草拟宪法的同时，也为重新建设法兰西承担了大量行政、司法和财政方面的工作。各种权力都集中到巴黎，每个省（department）设省长，由一名秘书长协助工作；每个大区（arrondissement）设区长，配备一个委员会；市镇（commune）设一名市长，设一个市政委员会。所有的官员都由部长们任命，而不是像共和国时期那样由选举产生。

这套行政体系确立了一个全能的国家和一个强有力的中央政府，它为后来的政府所继承，并一直延续到今天。尽管有种种缺陷，但是在一个自身陷于深刻分裂的国家里，作为避免地方专制的唯一手段，中央集权始终被沿袭着。

这套行政组织的基础是对法国人国民性的深刻认识，它很快就恢复了法国被中断了如此之久的平静与秩序。

为了完成国家的精神和解，政治放逐犯被赦免，教堂重新向教徒开放。

在重建社会大厦的过程中，波拿巴还亲自操刀起草了一部法典，其中很大一部分是对旧制度之习俗的借用，正如有人指出的，它是旧法律与新法律的一种过渡或妥协。

考虑到第一执政在如此短暂的时间里完成了这么繁重的任务，我们就会明白为什么他首先需要的是一部能够授予他绝对权力的宪法。如果他把重建法兰西的一切措施都提交由律师们组成的议会，那么他绝不可能将国家从无政府状态中解救出来。

共和八年宪法显然已经把共和政体改造成一个君主政体，这个政体起码和路易十四之"君权神授"的君主政体一样专制。作为适合于当时形势的唯一可供选择之宪法，它反映了一种心理上的必然性。

三、执政府事业成功的心理因素

所有能够对人发生作用的外部力量——经济的、历史的、地理的等等——最后都有可能转化为心理的力量。一个善于治理国家的统治者必须理解这些心理力量才能实现自己的目标，历届的革命议会完全忽视了这些力量，而波拿巴却深谙如何运用它们。

历届革命议会，尤其是国民公会都是由相互对立的派别组成。拿破仑意识到要想驾驭这些派别，自己就不能属于其中的任何一个。他深深地懂得，一个国家的精华乃是那些散布于各个政治派别之中的优秀分子，于是他对他们多方笼络，一律加以擢用。他在政府中的代理人——部长、教士、地方行政长官等等——都是从自由主义者、保王主义者、雅各宾党人等多种政治势力中分别挑选的，尽量做到唯才是举。

波拿巴一方面接受旧制度支持者的帮助，另一方面还是谨慎地让他们知道他打算维持大革命的基本原则，尽管如此，许多保王党人还是团结在了新政府周围。

从心理学角度看，执政府最突出的贡献之一就是它实现了宗教和平。造成法国分裂的原因与其说是政治意见的纷争，远不如说是宗教意见的纷争。旺代一部分地区的彻底性破坏因为军事斗争的结束而终止，但它并未平息人们的心灵。既然只有一个人，即基督教会的首领可以促成这种和平，波拿巴就毫不犹豫地同他妥协。他与教皇签订教务专约乃是一个真正心理学家的明智之举，他知道道德的力量无须使用暴力来征服，武力迫害只能导致更大的危险。他尽管与教士实现了和解，但仍然竭力将他们置于自己的控制之下，主教由国家任命并发给薪俸，这样他依旧是主人。

拿破仑的宗教政策是深谋远虑的，其意义往往为现代雅各宾党人所忽视，他们一味地沉溺于自己狭隘的盲信，他们看不到这一点：将教会从政府中分离出去就意味着在一国之内又建立了一个新的国家，所以他们很容易发现自己将遇到一个难以对付的反对阶层，一个在法国境外对法国怀有敌意的主人——教皇，将会操纵这些人反对本国政府。给敌人一种他们本不该拥有的自由是极端危险的，无论是拿破仑还是在他之前的任何一个统治者都不会让教士独立于国家之外，而我们今天却反其道而行之。

第一执政波拿巴此时所面临的困难要远远大于他在加冕称帝以后所遇到的困难，只有对人的深刻理解才能帮助他战胜这些困难。未来的主人迄今还远不是真正的主人：许多地方仍在爆发叛乱，土匪还在四处横行，米迪地区正在经受各派党徒的兵燹之灾。作为执政，波拿巴还不得不对塔列朗、富歇以及一些自以为可以和他平起平坐的将军们进行周旋与抚慰，甚至连他的兄弟也合谋反对他。拿破仑是皇帝的时候，他没有敌对的党派要对付。但在他还是执政的时候，他就得和所有派别斗争，并在他们中间保持平衡。这的确是一项艰巨的任务，自上个世纪以来，还很少有政府可以成功地做到这一点。

成功地完成这一任务需要策略、意志以及交际手腕的一种非常巧妙的混合。作为执政，波拿巴感到自己此时尚未足够强大，于是他就为自己建立了一条准则，用他自己的话说，就是"按照大多数人所希望的那样来统治"。作为皇帝，他通常不需要考虑这么多，只要根据自己的理想来统治即可。

曾经很长一段时间，无论是极其愚昧的历史学家还是才华横溢但缺乏心理学知识的伟大诗人，都对雾月政变横加非议，这样的时代已经一去不复返了。断言"法兰西在稻月的阳光普照中获得解放"实际上包含了何等严重的幻觉！维克多·雨果等人对这一时期所做的判断同样荒谬不堪。我们已经看到"雾月罪行"的积极同谋不仅包括政府本身，还包括所有的法国人，事实上，把法兰西从无政府状态中拯救出来的正是雾月行动。

有人或许要问，那些聪明饱学之士怎么会对这样一个再清晰不过的历史阶段做出如此错误的论断呢？毫无疑问，是因为他们在根据自己的信念看待历史事件。我们知道，真理在那些挣脱不掉信仰之束缚的人那里会发生什么样的变异。最明显的事实也会被遮蔽，事实之历史沦为梦想之历史。

希望理解我们刚才简略勾画的这段历史的心理学家，如果他独立于任何一个党派之外，并对一切党派所具有的激情了如指掌的话，他所能做的也就仅此而已，他决不会奢望对过去横加指责，那是一个受不可克服之必然性支配的时代。当然，拿破仑也让法兰西付出了沉重的代价：他的壮丽史诗因两次远征的失败而告终；即使在他去世以后，他所遗留的威望还能将继承他姓氏的侄子推上帝位，但拿破仑三世所发动的第三次远征同样功亏一篑，其影响我们至今挥之不去。[1]

所有这些事件都和它们的起源紧密地联系在一起，它们是一个民族在其发展过程中、在其理想演变中，为一种重要现象所付出的必要代价：那就是人们不可能一下子就与他们的祖先割断联系，除非他们自己的历史过程发生了深刻的变化。

注释

1 指普法战争等一系列德法交恶事件。

第三章

最近一个世纪传统与革命原则
相冲突的政治后果

一、法国革命运动不断的心理原因

在后面检讨最近一个世纪里革命思想之演进的一章中，我们将看到，在半个多世纪里，革命思想在社会各阶层中的传播非常缓慢。

在这一段时间里，绝大多数人民和资产阶级对革命思想并不感兴趣，只有非常有限的几个信徒受其蛊惑，但他们的影响足以激发几次革命，这主要得归咎于政府的过失。在我们考查了引发革命的心理因素之后，我们将对这些革命做简要的检讨。

我们最近一个世纪的政治动乱史足以证明——哪怕我们尚未认识到这一点：人们更多的是受自己心理意识的支

配，而不是受他们的统治者竭力强加给他们的制度之支配。

法国接二连三的革命是这个国家中心理意识迥然不同的两部分人相互斗争的结果：一部分人信仰宗教，主张实行君主制，并长期以来一直受传统影响；而另一部分人实际上也受传统影响，但赋予传统一种革命的形式。

从大革命一开始，两种对立的心理意识之间的斗争就已经昭然若揭。我们看到，尽管进行着最可怕的镇压，叛乱和阴谋却一直没有停止，直到督政府统治的结束。它们证明，过去的传统深深地扎根于大众的心灵之中。有那么一段时期，60个地区都发生叛乱，反对新政府，直到几次大规模屠杀之后才被镇压。

如何在旧制度与新理想之间建立某种妥协，是波拿巴所要解决的最棘手的问题，他必须找到一些制度来调和造成法国分裂的这两种对立的心理意识。正如我们已经看到的，他成功地做到了这一点，主要是采取了一些折中的措施，此外就是为非常古老的事物冠以新的名称。

在他统治的时期，法兰西实现了精神上的完全统一，这在法国历史上非常罕见。

但这种统一依赖拿破仑的权威，在他垮台之后，原来的各个派别马上就死灰复燃，并一直延续到当代。一些派别附着于传统势力，而另一些派别则剧烈地排斥传统势力。

如果这种冲突发生在信徒与冷漠者之间，那么它就不会持续很久，因为冷漠总是宽容的。但不幸的是斗争产生于两个不同的信仰之间。世俗的派别很快就采取了一种宗教的外表，它伪称的理性主义几乎成为最狭隘的教士精神的替代形式，尤其在近些年更是如此。现在，我们已经指出在不同的宗教信仰之间没有和解的可能。因此，一旦教士们掌权，他们对自由思想家们不可能比今天后者对前者更宽容。

这些由信仰不同而产生的分歧，掺和上由此出现的政治观念的差异就变得更加错综复杂。

许多头脑简单的人长期以来一直认为法国的真正历史是从共和元年开始的，这种幼稚的观念现在已近绝迹，就连最僵化的革命者也不再坚持了。[1] 他们开始乐于承认，比起一个受浅薄之迷信所支配的野蛮时期，过去总要好一些。

在法国，大多数政治信仰的宗教起源，甚至在老练的政治家身上都能激发起强烈的仇恨，这常常让外国人大为惊讶。

巴雷特·温德尔先生在他论述法国的著作中写道：

---

[1] 我们可以从饶勒斯（Jaures，1859—1914，第一次世界大战前法国社会党领导人，历史学家。——译注）先生在下院发表的一段演说中对这一观念的最新演进做出判断，他说："我们今天的辉煌是建立在过去若干世纪的成就之上的，法兰西并不是由一天，或者一个时代构成的，而是由所有的岁月、所有的时代以及它所有的黎明与黄昏构成的。"

确凿无疑的事实是：保王党人、革命党人和波拿巴主义者总是在拼命地相互攻讦，而且由于法国人热情如火的性格，他们总是对对手的智识怀有深深的厌恶。相信自己掌握了真理的人禁不住断言，那些与自己想法不同的人是谬误的玩偶。

每个派别的人都会危言耸听地告诉你，敌对事业的鼓吹者是如何愚蠢或如何不诚实，倘若你遇到了这些人的对手，他们也会用同样的言辞攻讦他们的毁谤者。但是实事求是地说，你得承认，无论是谁都既不愚蠢也不是不诚实。

在法国，不同信仰者之间的相互憎恨、攻讦常常加速政府及内阁的倒台，少数派之间从不拒绝联合起来反对得势的党派。我们知道一大批革命的社会主义者被选进当今的议会，靠的就是保王党人的支持，这些人和他们在大革命时期一样，还是愚蠢至极。

在法国，宗教分歧与政治分歧并不是导致争执的唯一原因，在这些分歧上僵持不下的人们常常为一种特殊的心理状态所支配，这种状态就是我在前面所描绘过的革命心理。我们已经看到，任何一个时代里总会有那么一些人，他们蠢蠢欲动，妄图推翻现存的秩序，无论这一秩序本身如何，哪怕它是所有人都渴求的。

法国各个党派之间的不宽容以及它们攫取权力的欲

望，由于得到一种盛行于大革命时期的信念的支持而进一步强化，这个信念就是社会可以通过法律的手段来重建。在群众及其领袖看来，在现代国家中，无论其领导人是总统，还是首相，都继承了过去赋予国王的神秘权力，那时候国王被视为上帝意志在尘世的化身。不但人民迷信这种对政府权力的崇拜，就连我们的立法者们也是乐此不疲。[1]

政治家们在制定法律的时候从未意识到：制度是结果而非原因，它们本身事实上没有多大效力。这些政治家们因袭了革命的巨大幻觉，而没有看到人类是依据过去而塑造的，我们根本无法撼动传统的根基。

造成法国分裂的诸原则之间的冲突已经持续了一个多世纪，而且它肯定还要延续很长一段时间，没有谁可以预见它将来可能会导致什么样的巨变。纪元之前的雅典人如果能够推知他们的社会纷争将导致整个希腊的倾覆，那么他们毫无疑问会停止内讧，但是他们如何才能预见这一点呢？吉罗德公正地写道："能够意识到自己正在完成什么使命的一代人是极其罕见的，他们在为未来做铺垫，但这个

---

[1] 我的一篇关于立法机关之幻觉的文章发表以后，我收到了当代一位杰出的政治家、参议员布当托先生的来信，他在信中写道："我在下院和参议院20年的经验告诉我，阁下的看法是非常正确的。我曾多次听到我的同僚们发出诸如'政府应该管这管那'的议论。你说该怎么办呢，君主制虽然已经不复存在，但它毕竟延续了14个世纪，我们仍然摆脱不掉隔代遗传的影响。"

未来常常与他们所希望的大相径庭。"

二、百年法国革命回顾

在考查了过去一个世纪里法国所经历的革命运动的心理原因之后，我们现在就可以对这些接连不断的革命做一下大致的概括了。

反法联盟的君主们在击败了拿破仑之后，将法国的疆土缩减到它原来的边界，并把唯一的君主候选人路易十八拥上了王位。

通过一个特别宪法，新国王接受了代议制政府下立宪君主的地位，他认可了大革命的一切成果：民事法典、法律面前的平等、信仰自由以及对国有财产的售出不予追究等等；但投票权受到了限制，它仅限于确定税收的数目。

这部带有自由主义色彩的宪法遭到了极端保王党人的反对，他们妄图复辟旧制度，归还国有财产，并重新确立他们的古代特权。

路易十八害怕这样一种反动会导致一场新的革命，于是不得不解散议会，温和派议员再次当选。路易十八清醒地认识到，在法国任何复辟旧制度的企图都将激起一场普遍的叛乱，因此，他能够按照既定原则继续他的统治。

不幸的是，1824年路易十八去世后，继承王位的是前阿图瓦伯爵查理十世，此人心胸狭窄，目光短浅，他根本不理解周围的新世界；他吹嘘自己从 1789 年以来从未改变过想法，他准备了一系列反动的法律：给予流亡贵族 4000万先令的赔偿，渎神法，恢复长子继承权以及授予教士特权，等等。

大多数议员对他的计划的反对呼声越来越高。1830 年，查理十世签署法令解散议会，镇压舆论自由，并着手复辟旧制度。

对于这种独裁行为，各派领袖随即做出反应，联合起来进行反抗，共和主义者、波拿巴主义者、自由主义者和保王党人团结一致准备发动巴黎人民起义。在解散议会的法令公布四天后，首都爆发了叛乱，查理十世逃亡英国。

运动的领袖梯也尔、卡齐米尔-佩里埃、拉法夷特等人，传唤路易-菲利普——此前人们很少注意过他的存在——到巴黎，并宣布他为法国的新国王。

面对人民的冷漠以及仍然效忠于正统王朝的贵族的敌意，新国王不得不主要依靠资产阶级。一项新的选举法把选举人减少到 20 万人，资产阶级在政府中占绝对支配地位。

此时国王的处境也很不容易：他不得不既与查理十世的外孙亨利五世的支持者，即正统主义者作斗争，又反对波拿巴主义者，他们拥立皇帝的侄子路易-拿破仑为首领。此外，他还要提防共和主义者。

共和主义者通过他们的秘密社团——类似于大革命时期的民众社团，在 1830 年到 1840 年间发动了数次间歇性的暴动，但都很快被镇压了。

另一方面，教士和正统主义者也没有停止他们的阴谋：亨利五世的母亲德贝里公爵夫人在旺代试图起义；至于教士，他们的要求最后使他们变得如此不宽容，竟然发动了一场叛乱，巴黎的大主教宫就是在这次叛乱中被毁坏的。

作为一个党派，共和主义者并不很危险，因为议会站在国王一边与他们斗争。首相基佐主张强有力的中央集权，他宣称有两样东西是政府必不可少的，那就是"理性和大炮"。这位著名的政治家相信理性的必要性或功效，表明他多少还迷惑于言辞。

尽管中央政府号称是强有力的，但事实上它并不强硬。共和主义者，尤其是社会主义者仍然在继续反对它，他们中最有影响的人物之一路易·布朗声称为每一个公民提供工作乃是政府的义务之一。拉科代尔和蒙塔朗贝尔领导的天主教党和社会主义者团结在一起反对政府，就像今天的比利时那样。

一场支持选举改革的运动在1848年演化为一场新的暴动，结果出人意料地推翻了路易-菲利普。

路易-菲利普的倒台比之于查理十世的倒台更没有理由，他很少有什么值得指责的地方。毫无疑问，他对普选是持怀疑态度的，但是，法国大革命已经多次证明这种怀疑是正确的。路易-菲利普并没有像督政府那样成为一个独裁的统治者，他甚至不能像后者那样宣布不合己意的选举无效。

一个临时政府在巴黎市政厅宣告成立，以代替倒台的君主。它宣布建立共和国，确定普选，并颁布法令，要求人民对一个 900 人的国民议会进行选举。

从新政府成立的第一天起，它就发现自己要遭遇社会主义计划和暴动的冲击。

在第一次大革命中出现的心理现象如今再度上演，新成立的民众社团的领袖们不时地鼓动群众胁迫议会，而其理由通常严重缺乏常识，比如要求政府去镇压波兰的一次起义等等。

为了满足每天都在议会前请愿的工人阶级代表，议会不得不建立国家工场，在这里，工人们从事各种劳动，其 10 万工人每周要花费国家超过 4 万英镑的开支。工人们提出的不工作而取得报酬的要求最后迫使议会不得不关闭这些工场。

这一举措导致了一场棘手的暴动，5 万名工人起来造反。议会害怕了，他们把一切行政权托付给卡芬雅克将军。经过四天的战斗，三位将军以及巴黎的大主教在动乱中丧生；3000 名起义者被捕，议会把他们流放到阿尔及利亚。革命的社会主义运动从此一蹶不振，直到 50 年后才再度兴起。

这些事件导致了政府股票从 116 法郎跌至 50 法郎；工商业陷于停顿；农民认为自己受到了社会主义者的威胁；资产阶级在议会将税收提高了一半以后，转而反对共和国。

因此，当路易-拿破仑允诺重建秩序的时候，他发现自己受到了热烈的欢迎。根据新宪法，共和国的总统必须由全体公民选举产生，结果他以 550 万张选票当选。

不久，他就与议会发生了龃龉。于是，亲王发动了一场军事政变，议会被解散；3 万人被逮捕，1 万人被驱逐出境，100 名议员被流放。

这场军事政变虽然乏善可陈，却受到了普遍的欢迎，因为提交全民公决时，它赢得了 800 万选票中的 750 万。

1852 年 9 月 2 日，拿破仑三世在绝大多数人的支持下加冕称帝，法国人对煽动家和革命者的普遍厌恶促成了帝国的复辟。

在拿破仑三世统治初期，它是一个专制的政府；在其后期，则是一个自由主义的政府。他的统治维持了 18 年，1870 年 9 月 4 日的起义推翻了帝国，那是色当投降之后发生的事情。

自此以后，革命运动就很少发生了，唯一一次重要的革命就是 1871 年 3 月的革命[1]，这次革命致使巴黎的许多纪念物被焚毁，2 万多名起义者被处死。

1870 年战争以后，选民们在经历了这么多的灾难后显得有些无所适从，他们把大批奥尔良派和正统派的保王党代表送进了立法议会。[2]由于无法在建立君主制问题上达成一致，他们任命梯也尔为共和国总统，后来又代之以马歇尔·麦克马洪。1876 年的选举，同后来的所有选举一样，大多数共和主义者再次被选进了议会。

在此之后各种各样的议会通常都分裂为数个派别，并由此导致内阁多次更替。

然而，多亏这种党派分裂所形成的平衡，它给我们带来了40多年的相对平静。共和国的四任总统都不是因为革命而下台的，即使有零星的暴动，如香槟省和米迪的暴动，也没有产生什么严重的后果。

1888年一场声势浩大的支持布朗热将军的民众运动差一点颠覆了共和国，但它最终还是安然无恙地幸存了下来，并成功地击败了各个派别的进攻。

目前这个共和国得以维持，有这样一些原因：首先，在相互对立的派别中还没有一个强大到可以压倒其他所有派别的程度；其次，国家首脑纯粹是象征性的，并没有实权，所以无法把国家所遭受的不幸归咎于它，把它推翻也于事无补；最后，由于最高权力分布在数千个人手里，责任同时也就分散了，因此很难确定谁是始作俑者。一个暴君很容易就可以被推翻，但是对于一群匿名的小暴君，你怎么来反对他们呢？

如果我们打算用一句话来概括法国在经历了一个世纪的暴乱和革命后所发生的巨大变化的话，那或许就是：个人的暴政为集体的暴政所取代，前者是弱小的，因而容易推翻，而后者是强大的，因而难以摧毁。对一个民族而言，如果一味地醉心于平等，习惯于政府对每一件事情负责，

303

那么个人的专制似乎就是难以忍受的，而集体的专制则是可以接受的，尽管它所导致的后果一般来说要严重得多。

因此，国家的暴政不断地得到延伸。这是我们历次革命的最终结果，是我们所知道的法国一切政府体制的共同特征。这种形式的暴政或许可以被看作一种民族观念，因为法国持续动荡的唯一结果就是这一暴政的强化。国家主义（Statism）是拉丁民族真正的政治制度，其他的政府形式——共和制、君主制、帝国制——都不过只是空洞的标签、毫无意义的影子。

注释

1 指 1871 年的巴黎公社起义。

2 奥尔良派和正统派保王党分别支持路易-菲利普（原奥尔良公爵）王朝后裔和波旁王朝后裔。

第三编

革命原则的新近发展

第一章

大革命以来民主信仰的发展

一、大革命后民主思想的逐步传播

任何理论一旦在人们的思想中稳固地扎下根来，并裹以坚硬的外壳，它就会经历多少代的风风雨雨而不衰，持续地发挥作用。同其他的理论一样，在法国大革命中形成的那些理论也遵循这一法则。

尽管作为一种政府形式而言，大革命的历史是短暂的，但是，与之相反，大革命的原则却具有持久的生命力，这些原则以一种宗教信仰的形式深深地影响了几代人的情感和思想方向。

虽然几度中断，但大革命却薪尽火传，直到今天依然可见其影响。拿破仑的作用不仅在于他颠覆了旧世界，改变了欧洲的版图，再现了亚历山大大帝当年开疆拓土的奇迹，更重要的是，由大革命及其制度所树立的新的人民权利观念已经通过他产生了深刻的影响。征服者军事上的丰功伟绩早已烟消云散，但是他致力传播的革命原则却得以传之后世。

继法兰西第一帝国之后出现的五花八门的复辟，使人们对大革命的原则多少有些遗忘了。在其后近50年的时间里，大革命原则的传播极为缓慢，有人甚至认为，人民已经完全把这些原则抛于脑后了。只有那么几个理论家还接受革命原则的影响。作为雅各宾派简单主义精神的继承人，他们相信通过法律可以实现社会从头到脚的彻底改造；他们试图说服人们，让人们相信，第一帝国只是中断了大革命的任务，他们希望把这项任务继续下去。

他们期待着卷土重来，重整河山，同时，他们致力于以著述的形式传播大革命的原则。作为大革命时期革命者的忠实追随者，这些理论家从来就没有停下来问一问自己：他们的改革计划是否同人类的本性相一致。他们实际上正在为一种理想的人建立一个空想的社会（chimerical society），并且相信，一旦他们的梦想得以实现，人类将经历一次脱胎换骨的转变。

无论哪一个时代的理论家都缺乏建设性的设计，他们总是倾向于破坏。拿破仑在圣赫勒拿曾断言："即使专制的存在坚如磐石，那些理想主义者和那些理论家们也会千方百计地将它捻为粉末。"

一大串空想家如星河灿烂，如圣西门、傅立叶、皮埃尔·勒鲁、路易·布朗、基内[1]等等，在他们当中，我们发现只有奥古斯特·孔德才懂得态度和思想的转变必须先于政治的重建。

这一时期理论家们的改革蓝图绝不是支持了民主思想的传播，反倒是阻碍了它们的传播。有几位理论家声称，共产社会主义（Communistic Socialism）将重振大革命的雄风，结果，这不但让资产阶级而且让工人阶级感到恐慌。我们已经看到，对这些念头的恐惧正是导致帝国复辟的主要原因之一。

19世纪上半叶那些作者们苦心经营出来的空想主义著作没有一部值得探讨，今天，我们对这些观念本身已经不屑一顾了，尽管如此，仔细考量一下宗教观念和道德观念在其中所起的作用，还是非常有趣的。改革家们深信，新社会的建立同当初旧社会的建立一样，没有宗教信仰和道德信仰将会一事无成。为此，他们总是孜孜以求建立这样的信仰。

但是，这样的信仰应该建立在什么基础之上呢？答案不言自明，当然是理性。既然人们可以通过理性创造出复杂的机器，那么，为什么理性就不能创造出宗教和道德这些表面上看起来如此简单的东西呢？那些改革家中没有谁会怀疑宗教或道德的信仰是以理性逻辑为基础建立起来的。奥古斯特·孔德对这一点再清楚不过了。我们知道，他曾创立过一个所谓的实证宗教[2]，而且至今还有一些追随者。在这个宗教里，科学家将在一个新教皇的指导下构成新的教士阶级，这个新教皇将取代天主教教皇。

我再重复一遍，所有这些观念——政治的、宗教的或道德的——从长远来看，都只能产生一个结果，那就是使群众离民主原则越来越远。

如果那些民主原则最后确实被普遍接受了，那么，它也不能归功于这些理论家，而只能归功于在新的环境中，人们的生活条件得到了改善。由于科学技术的不断进步，工业得到了进一步发展，并推动了大型工场的建立。经济的扩张必然性逐渐开始支配政府和人民的意志，并最终为社会主义尤其是工团主义的扩张创造了一个有利的环境，社会主义和工团主义成了民主思想的当代形式。

二、大革命三个基本原则的不均衡发展

我们可以用一个警句完整地概括法国大革命的遗产，那就是"自由、平等和博爱"。正如我们已经看到的，平等原则所产生的影响最为深远，这是其他两个原则所无法望其项背的。

虽然这些字眼的含义看起来十分清楚，但是，不同的时代、不同的人对它们会有不同的理解。我们知道，不同精神状态的人会对同一字眼做出截然不同的解释，这是历

史上引发各种冲突的最常见原因之一。

譬如，对于国民公会的代表来说，"自由"仅仅意味着拥有无限专制的权力；对于一个年轻的现代"知识分子"来说，同样的一个单词就意味着摆脱了那些让人厌恶的东西：传统、法律、高傲等等；而对于现代雅各宾主义者来说，自由的意义则主要在于迫害对手的权力。

尽管现在政治演说家们在他们的演讲中还不时地提起自由，但他们一般已经不再提博爱了。他们今天要教导我们的不是社会各阶级间的联合，而是它们之间的冲突。社会不同阶层之间以及领导它们的政党之间从未像今天这样充满了刻骨的仇恨。

自由已经变得疑窦重重，博爱也消失得无影无踪，然而就在此时，平等的原则却在毫无节制地疯长。在上一个世纪法国所发生的一切政治变革中，平等原则取得了至高无上的地位，它的发展已经达到这样一种程度，以至于我们的政治生活和社会生活，我们的法律、行为模式以及风俗习惯都必须建立在平等的基础上，至少在理论上是如此。平等原则构成了大革命的真正遗产。对平等的渴求——不仅是法律面前的平等，还包括地位和财产的平等——正是民主的最新产物即社会主义运动的枢轴。这种渴求尽管与一切生物学和经济学的法则相背离，但它仍然非常强烈，以至在社会各个方面散布开来。一度中断的情感与理性之争，由此进入了一个新的阶段；不过，立于不败之地的依然是情感，而不是理性。

三、知识分子的民主与大众民主

迄今为止，一切导致人世间发生巨变的思想观念都遵循两条规律：一条是，这些思想的演变非常缓慢；另一条是，它们的意义将随着接受者精神状态的改变而发生彻底的改变。

一种学说就好比一个生物体，它只有通过不断的进化以适应环境，才能存活。对那些瞬息万变的事物，著作显然是无法做出及时回应的，所以，它们所代表的事物发展的阶段只能属于过去。著作无法反映活生生的现实，而只能反映那些死寂的东西。一种学说的书面陈述常常代表了该学说中最没有生气的部分。

我在另一本著作中已经探讨了制度、艺术以及语言等要素在由一个民族向另一个民族传播的过程中是如何发生变化的；我还探讨了这些变化所遵循的规律与书本中所描述的真理是如何不同。我现在提起这个问题仅仅是为了说明，在检讨民主思想这一主题时，为什么我们很少会把注意力放在反映这一学说的文本上，以及为什么我们只关注隐藏在民主思想背后的心理因素和这些心理因素在接受了民主思想的各色人等中激起的反应。

怀有不同心理状态的人在接受同一种理论时，会从各自不同的立场出发，对它加以修正。于是，到最后原来的理论几乎已经变得面目全非，它仅仅成了一张标签，甚至可以把它贴到那些与它完全不同的理论上。

这些原则不但适用于宗教信仰，而且同样适用于政治信仰。例如，当一个人说到民主时，我们就必须去追问这个词汇对不同的民族意味着什么，以及即使在同一个民族中，知识分子的民主与大众民主之间是否存在巨大的差别。

首先，我们来考察一下大众的民主。我们很容易认识到，书本或期刊上的民主思想仅仅是文人们的抽象理论罢了，民众对它们一无所知，而且，实现这种理论不会给民众带来任何东西。尽管从理论上说，工人们可以通过一系列的竞争和考验，打破他们与上层阶级之间的藩篱，从而跻身上层。但是，现实生活中又有多少人能够做到这一点呢？

知识分子民主的唯一目标就是建立一种选择机制，以便从他们当中挑选精英，充当领导阶级。如果选择是真实的，那么，这种民主本无可厚非，它恰好印证了拿破仑的那句格言："统治的真正方法就是雇佣精英，但必须在民主的形式下进行。"

不幸的是，知识分子的民主只能导致一小撮专制寡头的神圣权力取代国王的神圣权力，它的狭隘与暴虐有过之而无不及。自由之花并不会因一种暴政替代另一种暴政而绽开。

大众民主绝不会以产生统治者为目标，它完全为平等精神和改变工人命运的渴望所支配。因此，大众民主拒绝博爱的观念，在自由方面，它也没有多少热情。除非是在独裁制度下，否则政府是不可能实现大众民主的。因此，我们看到，在历史上，大革命以来的所有专制政府都受到了热烈的欢迎；而在今天，工人阶级的工会也是按照独裁的方式运作的。

知识分子民主与大众民主之间有着深刻的差异，工人阶级对此远比那些知识分子有更清楚的认识。在知识分子与工人阶级之间不存在任何共同的精神状态，这两个阶级甚至连语言都不相同。工团主义者今天特别强调，在他们与资产阶级的政治家之间不存在任何联合的可能。这种声明非常真实地反映了两者之间的差异。

情况向来如此，毫无疑问，而且这也正是从柏拉图时代到我们这个时代的大思想家从来就没有谁拥护过大众民主的原因。

这一事实让埃米尔·法盖大为震惊，他指出："几乎所有的 19 世纪思想家都不是民主主义者。当我写《十九世纪的政治思想家》（*Politiques et moralistes du XIXe siècle*）一书时，这令我十分沮丧。我找不到什么人曾经是民主主义者，尽管我很想找到这么一位，以便我能介绍他所阐述的民主学说。"

当然，这位杰出的作者可以找到大量民主主义的职业政治家。但是，这些职业政治家同时也是思想家的却凤毛麟角。

四、天赋不平等与民主平等

民主平等与天赋不平等之间的调和问题是当今最难解决的问题之一。我们知道民主渴望的是什么，现在就让我们来看一看自然（nature）是如何回应这些要求的。

从古希腊英雄时代一直到当代，民主理想曾多次激荡全球，但它却总是与天赋不平等发生冲突。一些观察家——如爱尔维修——认为人与人之间的不平等是由教育造成的。

事实上，自然并不知道什么是平等，它从不均匀地赋予人们天才、美貌、健康、活力、智力以及所有那些使一部分人比其他人优越的能力。

没有什么理论能够改变这些差异，因此，民主的学说将只能停留在字面上，除非遗传的法则可以让人类在能力上实现整齐划一。

让我们来设想一下，社会能够人为地建立起为自然所拒绝的平等吗？

长期以来，一直有一些理论家相信教育可以使人们达到一种大致的平等，但是，多年的经验表明这只是一种不切实际的幻想而已。

然而，一种取得胜利的极权主义通过残酷地清除所有天资出众的个人，从而建立起暂时的平等，这也不是不可

315

能的。如果一个国家压制其最优秀的分子，而它周围的国家则借助精英分子谋求发展，其结果会是如何，这不难想象。

自然不但不知道如何促进平等，而且，自创世以来，它始终借助连续的差异，也就是说，借助逐渐的不平等来实现进步。恰恰是这些不平等才使得早期地质时代那些低微的细胞进化为高等生物，这些高等生物的出现改变了地球的面貌。

同一种现象也发生在社会当中。那种从平民阶级（popular classes）中挑选优秀分子的民主形式，最终将导致知识贵族的产生，这一结果与那些抽象的理论家的梦想是矛盾的，他们的梦想在于将社会中的精英分子贬低到一般人的水平。

自然的法则虽然与平等理论互相矛盾，但却为现代社会的进步提供了条件。科学和工业要求越来越多地考虑知识的作用，由此而产生的精神上的不平等和社会地位的差别必然会进一步扩大。

因此，我们会看到这样一个显著现象：法律与制度试图缩小个人之间的差距，而文明的进步则倾向于进一步扩大个人之间的差距。封建制度下的农民与男爵在知识上的差异并不是很大。但工人与工程师之间的差异却非常明显，并且，这种差异正在与日俱增。

当能力成为促成进步的主要因素之后，每一个阶级中那些精明强干之人的地位就会直线上升，而那些庸庸碌碌的人则只能维持原状，或者是每况愈下。必然性之所瞩，势不可挡，法律又能做些什么呢？

那些能力不济的人声称自己在数量上占据优势，因而也就在力量上占据优势，这可真是自欺欺人。优秀的大脑所做的工作将使所有的工人受益，一旦没有了这些大脑，他们将很快坠入贫穷与无政府的深渊。

在现代文明社会中，精英的重要角色似乎太显而易见了，以至于无须过多强调。一个民族，无论是文明还是野蛮，其一般民众皆为平庸之辈，在这一点上，各民族之间相差无几，而前者唯一的优势就在于它所拥有的那些优秀大脑。美国人对此有深刻的认识，所以，他们禁止亚洲工人移民入境，因为这些亚洲工人与美国工人在能力上是接近的，但他们要求的工资较低，这将对美国本土工人构成强大的竞争。尽管如此，我们还是看到，群众与精英之间的对抗日趋严重。没有哪个时代的精英像今天这样不可或缺，但也没有哪个时代的精英像今天这样难以为继。

极权主义运动最坚实的基础之一就是对精英的强烈仇恨。科学、艺术以及工业的进步增强了一个国家的实力，促进了成千上万工人的幸福，而这正是一小部分优秀的大脑所带来的。但是，那些极权主义者对这一切却熟视无睹。

如果说工人们如今生产的产品数量是100年前的三倍，而他享受的日用品则是100年前的豪门望族闻所未闻的，那么，这些成就得完全归功于精英。

设想一下，如果发生什么奇迹使得极权主义早在100年前就被人们广泛地接受了，那么，会出现什么样的后果呢？风险、投机、首创精神——一句话，所有激发人类积极性的东西——都将受到压制，进步将是不可能的，那些劳工还将一如既往地贫困下去；人们所获得的将仅仅是一种一群平庸的心灵出于嫉妒而渴望实现的贫穷中的平等。人类永远都不会为了满足如此低劣的理想而终止文明的进步。

注释

1 圣西门（Saint-Simon，1760—1825）、傅立叶（Fourier，1772—1837）、皮埃尔·勒鲁（Pierre Leroux，1797—1871）、路易·布朗（Louis Blanc，1811—1882）、基内都是法国著名的空想社会主义者。

2 实证教（positivist religion），也称人道教，孔德将其实证主义同宗教理论相结合而创立的一种宗教，不仅有"大我"作为偶像，而且创立了一套烦琐的仪式。

第二章

民主演进的结果

一、非理性价值对社会进化的影响

我们看到，自然的法则与民主的热望并不协调。我们还知道，这一事实从来就没有动摇过人们心目中的教条，被信仰支配的人是不会为民主的真正价值所困扰的。

研究一种信仰的哲学家当然会探讨它的合理性，但他更关心的是这种信仰对普通人的影响。

如果用理性来解释历史上曾经出现过的伟大信仰，那么，这一对比的重要性立刻就会显示出来。诸如朱庇特[1]、摩洛神、毗湿奴[2]、安拉[3]之类名目繁多的神祇，如果从理性的角度来看的话，毫无疑问，他们仅仅是一些幻想而已；然而，他们对人类生活所产生的影响却是不容低估的。

这一对比同样也适用于中世纪流行的诸多信仰。虽然都是些幻象，但它们却产生了深远的影响，就好像它们与现实完全吻合似的。

如果有谁对此表示怀疑的话，就让他来比较一下罗马帝国的统治和罗马天主教会的统治吧。前者的统治是极为务实的、脚踏实地而丝毫不掺杂幻想的东西；而后者虽然纯粹建立在空想的基础之上，但却是完整而强大的。在中世纪的漫漫长夜中，正是由于教会的统治，那些半野蛮的民族才接受了社会的约束和规范，并形成了自己的民族精神——没有这种民族精神，也就没有文明可言。

教会所拥有的力量再次向我们证明，某些幻象的力量是巨大的，它甚至足以使人们产生——至少可以暂时维持——一些与个人利益乃至社会利益截然对立的情感，比如对修道院生活的迷恋、对殉道的渴望、十字军东征、宗教战争等等。

如果我们从上述角度来思考民主思想和社会主义思想的话，我们就会发现这些思想是否拥有坚不可摧的基础并不重要，只要它们能够给人留下深刻的印象，并能够改变人的精神，这就足够了。这些理论的后果可能是极端危险的，但我们却没有办法来预防和阻止它们。

新教义的使徒们殚精竭虑地为自己的信仰寻求理性依据，这实在是得不偿失。如果他们专心致志地妄下断言，唤醒人们的希望，他们可能会更加令人信服。他们的真正力量源自人们心中内在的宗教情感，这种情感在若干个世代的演变中仅仅变换了具体崇拜的对象。

在接下来的章节中，我们将从哲学的角度来审视民主的演进所带来的各种后果。我们看到，民主正在加速其演进过程。对于中世纪的教会，我们可以说，它拥有一种能够深刻地影响人们心理状态的力量。在考量民主学说所导致的某些后果时，我们会发现，它们的力量比之于教会的力量，丝毫不显逊色。

二、雅各宾精神与民主信仰的心理

当今一代的雅各宾主义者不但继承了雅各宾派的革命原则，而且也继承了促使他们成功的特殊心理状态。

在我们考察雅各宾精神（Jacobin spirit）时，我们曾经描述过这种心理状态，我们看到，它总是试图通过暴力推行其自以为真实的幻想。在法国以及其他一些拉丁国家，雅各宾精神最终变得如此普遍，以至于所有的政党都受到了它的影响，甚至包括那些最保守的政党。不但资产阶级深受它的影响，而且，普通大众更是有过之而无不及。

雅各宾精神的膨胀导致了这样一种结果，那就是政治观念、政治制度以及法律无不倾向于通过暴力来实施。在其他国家能够十分和平地进行的工团主义，一到了法国就表现为骚乱、怠工以及暴动等形式，从而暴露出强硬和无政府主义的一面。

懦弱的政府根本就无法控制雅各宾精神的蔓延，这一精神的蔓延可悲地影响了那些平庸者的精神状态。在最近的一次铁路工人代表大会上，有三分之一的代表投票赞成怠工，大会的一位书记这样开始他的发言："在这里，我要向那些怠工者致以兄弟般的问候和衷心的赞美。"

这种普遍的心理状态导致了一种与日俱增的无政府主义。但正如我已经指出的，法国也不可能永远处在一种无政府状态之中，这是因为造成法国分裂的那些政党之间达到了某种平衡。这些政党彼此之间存在着不共戴天的仇恨，但是，它们中的任何一个都没有强大到足以压倒对手的程度。

这种雅各宾式的不宽容（Jacobin intolerance）流毒甚广，以致统治者们常常肆无忌惮地采取最革命的手段来对待他们的敌人：任何一个政党只要稍加反抗，就会遭到残酷的迫害，甚至会被剥夺财产。时至今日，我们的那些统治者，其一举一动还同古代那些征服者如出一辙，被征服的人别指望从胜利者那里得到任何宽恕。

不宽容绝不是只限于社会下层阶级，在统治阶级之间，不宽容同样盛行。米什莱早已指出，有教养的阶级实施的暴力常常甚于普通大众。当然，这些人并不会去砸毁街灯，但是，他们却足以让人人头落地。在革命的过程中，最激烈的暴力莫过于有教养的中产阶级所实施的暴力，比如教授、律师等等。人们常常以为接受过古典教育的大学教授们一定是彬彬有礼的，但是，从他们今天的所作所为来看，情况并不是这样。如果你去读一些高水平的期刊——其撰稿人和编辑主要是来自大学的教授——你就会对我刚才所说的确信不疑了。

这些人的著作同他们的文章一样，充斥着对暴力的赞美。人们不禁感到奇怪，这些命运的宠儿们内心怎么会埋藏这么多的仇恨？

他们信誓旦旦地向我们保证，他们是受到了一种强烈的利他主义（altruism）热情的驱使，但这一点很难让人相信。我们更愿意相信，抛开狭隘的宗教心理（religious mentality）不说，希望受到当权者的注意或希望得到一种有利可图的声望，才是他们在作品中竭力鼓吹暴力的唯一可能的解释。

在我以前的一部作品中，我曾经从法兰西学院一位教授的著作中摘录了几段文字。在那里，作者对资产阶级猛烈攻击，并竭力煽动人民剥夺他们的财产。我还得出一个结论，那就是，在诸如此类著作的作者当中，一场新的革命很容易就会找到它所需要的马拉、罗伯斯庇尔和卡里埃们。

雅各宾主义的信仰（Jacobin religion）——尤其是其社会主义形式——同古代的信仰一样，对那些低能的心智具有强烈的吸引力，这些人为其信仰所蒙蔽，他们相信理性是自己的指南，但实际上，真正让他们心驰神往的只是他们的热情和梦想。

因此，民主思想的演进不仅产生了我们在前面已经提到的各种政治后果，而且它还对现代人的心理状态产生了巨大的影响。

古代教条的魅力早已消失殆尽，而民主理论的影响却远未走到尽头。我们看到，民主理论所引发的种种后果日趋显现，尤其是人们对优越者（superiority）的普遍仇恨。

任何人在社会财富或智力上只要一超出一般人的水平，就会招来嫉恨。这种对优越性的仇恨心理今天盛行于社会所有阶级中，从下层的工人阶级到上层的资产阶级，概莫能外。其结果就是嫉妒、诽谤、好斗、嘲讽、迫害、愤世嫉俗以及对正直、无私和知识的不信任。

在法国，从最普通的公民到那些最有教养的名流，他们之间的交谈无不充满了对一切事物、一切人的诋毁和辱骂之词，甚至连那些最伟大的死者都在劫难逃。从来没有出现过这么多贬低著名人物丰功伟绩的书籍，哪怕这些人曾经被视为我们这个国家最宝贵的财富。

嫉妒和仇恨似乎在任何时候都与民主理论脱不了干系，但是这些感情从未像今天这样肆意蔓延，它让任何观察者都感到触目惊心。

布尔多先生写道："有一种低级的、蛊惑人心的本能，它没有任何道德上的企图，它只是妄想将人性拖到最低级的层次；在这种本能看来，任何优越，甚至是文化上的优越，都是对社会的一种冒犯……正是这种可耻的平等情感鼓动雅各宾派的屠夫们砍下着拉瓦锡和谢尼埃[4]的头颅。"

对优越者的这种仇恨是当代极权主义运动中最显著的要素之一，但它并不是民主思想所催生的新精神的唯一特征。

其他的一些后果虽然是间接的，但其意义之深刻却毫不逊色。比如说，国家主义的发展、中产阶级权力的萎缩、金融家日渐活跃的参与、阶级冲突的加剧、旧的社会约束的消失以及道德的沦丧等等，不一而足。

所有这些影响均以一种普遍的不服从和无政府状态的形式表现出来：儿子反抗父亲、雇员反抗老板、士兵反抗军官，不满、憎恨和嫉妒统治了一切。

继之而来的社会运动必然就像一台加速运转的机器，因此，我们会发现，这种感情的结果将变得更加重要。这种感情一次又一次地暴露在那些后果日趋严重的罢工事件当中，例如，铁路工人的罢工、邮政工人的罢工以及船员的罢工等等。一项导致"自由女神号"船舰遭到毁坏的提议几乎是在一分钟内耗费了200万镑，使200人的命运发生逆转。前海军大臣德·拉内桑就此发表了他的看法：

> 侵蚀着我们舰队的这种罪恶同时也在吞噬我们的军队、我们的公共行政、我们的议会体系、我们的政府体制以及我们的整个社会结构。这种罪恶就是无政府主义，也就是说，精神和事物处在一种无序的状态之中，没有什么事情会遵循理性的指导，人们的行为

举止无一不偏离职责或道德责任的要求。

对于继"勒拿号"事件之后发生的"自由女神号"悲剧，巴黎市政议会主席费利克斯·鲁塞尔先生在一次演说中指出：

> 就我们今天来说，导致这种罪恶的原因不足为奇。这种罪恶现在更加普遍，它有三个名字，那就是玩忽职守、目无法纪和无政府主义。

这里所征引的言论只不过是叙述了我们每个人都非常熟悉的一些事实，它向我们表明：就连共和政体最坚定的支持者自己都认识到了社会的无序化发展。[1] 每个人都看到了这一事实，但人们也都意识到，事已至此，谁都无法挽回。实际上，这一局面完全是由心理影响造成的，它的力量比我们意志的力量要大得多。

三、普选权及其代表

在民主的所有信条中，最基本的、最具吸引力的可能

---

[1] 这种无序状态在所有的政府部门中都是一样的，那些有趣的例子可以在多斯先生的市政报告中找到。

就是普选权了。普选权赋予大众一种平等的观念，因为，起码就在将选票送入投票箱的那一刻，不管是穷人还是富人，不管你是博学多识还是目不识丁，都一律平等。大臣与其仆人比肩而立，在这短暂的一刻，每个人的权力和其他人都是一样的。

所有的政府，包括革命政府都害怕普选。实际上，只要稍做观察，普选的缺陷就会暴露无遗。仅仅因为数量上的优势，就认为群众能够有效地选出合适的统治者，就认为那些道德冷漠、知识贫乏、心灵狭隘的个人具有某种对候选人做出判断的能力，这样的想法难道不是愚不可及？

如果我们像帕斯卡[5]那样想的话，从一种理性的角度看，以数量为原则的投票在某种程度上就是合理的，他说：

> 多数原则是最好的方法，因为它比较直观，而且，多数原则能够让更多的人服从。然而，它却只能作为少数精英的参考。

既然在我们这个时代，普选制不可能被其他任何制度代替，那么，我们就必须接受它，并试着适应它。如果与它相抗争或仿效玛丽·卡罗琳王后，都是徒劳无益的。在与拿破仑的斗争中，卡罗琳说过这样一段话："没有比在这个启蒙的世纪里进行统治更可怕的事情了，甚至连一个皮匠都可以对政府说三道四，吹毛求疵。"

实事求是地说，它的缺陷并不像表面上看起来那么大。从大众心理的规律来看，有限选举比之于普选是不是一个更好的选择，恐怕还有待商榷。

　　有关大众心理的那些规律还向我们表明，所谓的普选权实际上纯属一个幻想。除了极个别的情况之外，群众只会唯领袖马首是瞻，他们根本就没有自己的主见。因此，普选实际上意味着最为有限的选举。

　　这才正是它真正的危险所在：在普选过程中存在着一些小的地方委员会，它们非常类似于大革命时期的俱乐部，而群众领袖实际不过是这些委员会的傀儡罢了，因为他要想获得它们的授权和提名，就得屈从于它们的意志。

　　一旦被提名，他就可以在地方履行其绝对的权力了，但他必须首先满足地方委员会的利益。正因为如此，当选的代表几乎完全置国家的普遍利益于不顾。

　　这些只需要温顺奴仆的委员会，自然不会挑选那些具有过人才智的个人，更不会挑选那些具有高尚品德的个人来承担这一任务；它们必须选择那些没有个性、没有社会地位、温顺听话的人。

　　正是由于这些原因，代表们对于这些赞助他们的小团体必然会表现得卑躬屈膝。没有它们的支持，他们几乎什么也不是。他们只能按照自己委员会的指示来发言、投票，他们的政治理想或许可以用这么一句话来形容，那就是：要想保住自己的地位就必须服从。

当然，在少数情况下，某些代表也可能由于自己巨大的声誉、地位或财富而享有崇高的威望，这时，他们就可以克服地方委员会中那些厚颜无耻的少数人的专横，按照自己的意志对普选施加影响了。

像法国这样的民主制国家仅仅是表面上实行了普选。所以，有许多人民根本不感兴趣并不需要的议案都获得了通过，比如说购买西部铁路的决议、关于集会的法律等等。这些荒谬的措施仅仅反映了那些狂热的地方委员会的要求，是它们将这些措施强加给了它们所挑选的代表们。

当我们看到这些温文尔雅的代表们被迫向那些无法无天的兵工厂的破坏者屈尊俯就，以便和反军国主义者结为联盟时，或者说白了，就是屈从于最恶劣的要求以赢得下一届选举时，这些委员会的巨大势力就昭然若揭了。因此，我们看到，民主政治的低劣就体现在当选代表的行为举止中；我们得承认，我们所认可的道德也是最低劣的。政治家就是政府的雇员，他们正像尼采所说的：

> 哪里有公仆（public employment），哪里就有伟大喜剧演员的吵闹声和有毒蚊虫的嗡嗡声……喜剧演员常常相信这能让他们获得最好的演出效果，能让别人相信他。明天，他会有一个新的信仰，明天的明天又会再来一个……所有伟大的存在都远离公仆和荣誉。

四、对改革的狂热

对改革的狂热，尤其是对通过法令突然地强加改革的狂热，是雅各宾精神中最具危害性的思想之一，也是法国大革命最可怕的遗产之一。它是上一个世纪法国接二连三地发生政治剧变的主要原因之一。

面对种种令人痛恨的罪恶，人们往往很难找出它们的真正起因，这正是导致人们对改革产生如此强烈渴望的心理因素之一。为了解释的需要，人们就编造出最简单的理由，这样，对它们进行补救似乎也就轻而易举了。

40年来，我们不断地进行改革，每一次改革都不亚于一次小规模的革命。尽管如此，或者毋宁说就是因为如此，法兰西和别的欧洲民族一样，几乎并没有进步多少。

如果我们将社会生活中的主要因素，如商业、工业等，同其他国家加以比较的话，我们或许会发现，我们的发展实际上是相当缓慢的。别的国家，尤其是德国，正在取得长足的发展，而我们的步伐显得实在太慢。

我们的行政机构、工业和商业组织已经大大地落伍了，它们不再能满足我们不断增长的新需要。我们的工业止步不前；我们的海运正在走下坡路；尽管有国家巨额的财政补贴，我们的殖民地仍然无法同外国竞争。前商业大臣克吕皮先生在他最近的一本著作中就明确指出了这种令人忧虑的衰落，但不幸的是，他也犯了那个常见的错误，以为只要颁布了新的法律很容易就可以扭转这种不利的局面。

所有的政治家都抱着同样的看法，这就是我们发展如此之慢的原因。每一个政党都相信，通过改革，所有的罪恶都可以得到纠正。这一信念导致的恶果就是党争和内讧不断，它们使法国成了世界上最四分五裂的国家和无政府主义最大的牺牲品。

然而，似乎还没有人真正懂得这一道理：赋予一个民族重要意义的不是规则，而是个人及其方法。富有成效的改革不是革命性的改革，而是那些点滴积累起来的渐进改良。伟大的社会变革，同巨大的地质变化一样，是通过经年累月的积聚来实现的。德国最近40年的经济发展史雄辩地证明了这一规律的正确性。

许多重大的事件看起来似乎或多或少地取决于运气，但它们确实也遵循积少成多这一规律。比如说战争，生死攸关的战斗无疑在一天乃至更短的时间内就可以完成，但是，那些慢慢积累起来的微小努力，对于胜利来说才是至关重要的。我们自己有1870年的惨痛教训，而俄国人在最近的日俄战争中也尝到了苦头。在对马岛一役中，日本的舰队司令东乡平八郎[6]在不到半小时的时间里就将俄军舰队化为乌有，并最终改变了日本的命运。但正是那些成千上万的、细小而又意义深远的因素决定了战争的胜利。同样，导致俄国人失败的原因也是多种多样的，比如，同我们一样繁文缛节、玩忽职守的官僚机构；虽然耗费巨额资金但质量低劣的物资设备；社会各个层次上的贪污腐败之风；对国家利益普遍的漠不关心；等等。

不幸的是，这些微不足道的小事一时很难暴露出来，它既不能给公众留下什么印象，也不能在选举中给政治家们带来多少利益，自然也就不会受到重视；但是，这些小事积少成多就可能给国家造成重大损失。那些政治家们根本就不把这些"琐事"放在心上，而是放任自流，于是，一系列的小问题日积月累，最终酿成巨大的灾难。

五、民主国家中的社会差异与各国的民主思想

当人们被划分为不同的等级，并且主要是根据出身来区分的时候，社会差异一般被视为自然法则不可避免的结果而被人们接受。

一旦旧的社会划分被破坏，等级之间的差异就变成人为的了，这样，人们就再也不会忍受它了。

平等的必要性仅仅是理论上的，我们看到，在那些民主国家中，人为的不平等在急速膨胀，这些不平等允许人们追求那些显而易见的特权。人们从来没有像今天这样普遍地对头衔和勋章充满渴望。

在真正的民主国家里，比如说美国，头衔和勋章并不能发挥很大作用，造成差异的唯一原因就是财产。只有在

例外的情况下我们才会看到一些年轻而富有的美国姑娘嫁给那些拥有古老贵族头衔的欧洲人。她们这样做是本能地希望通过这种唯一的方式来让一个年轻的民族获得一种传统，以此建立其道德体系。

但是，一般来说，正在美国兴起的贵族制绝不是建立在头衔和勋章的基础上的，它纯粹是财富上的贵族制，这不会激起很大的嫉妒，因为每个人都希望有一天自己也能加入这个行列。

当托克维尔在《论美国的民主》一书中谈到人们对平等的普遍渴望时，他没有意识到他所预言的那种平等将要终结，人们将重新划分等级，这种划分的唯一基础就是人们拥有的美元数量。在美国不存在其他等级，而且，确定无疑的是，总有一天，欧洲也会出现同样的情形。

目前，我们还不能把法国视为一个民主国家，因为它还停留在纸面上。这里我们有必要探讨一下前面曾经提到的那些五花八门的思想，它们在不同的国家里都被冠以"民主"这一头衔。

在谈到真正的民主国家时，我们实际上仅仅是指英国和美国。在那里，民主以不同的形式存在，但它们都遵循着相同的原则——尤其是对各种不同观点的完全宽容；在那里，宗教迫害是闻所未闻的；在各种职业中，真正的优越性很容易显示出来，只要具备必要的能力，任何人无须论资排辈就可以得到某个职位。在这两个国家中，没有什么能够对个人的努力构成障碍。

在这样的国家里，人们相信他们是平等的，因为所有人都认为，他们可以自由地获得某种地位。工人们知道自己可以成为工长，然后是工程师。那里的工程师常常是从下层工作做起，而不是像法国这样一开始就高高在上，他们并不认为自己是由特殊材料构成的，比别人高出一等。在其他职业中，情况大致也是如此。在欧洲国家如此强烈的阶级仇恨，在英国和美国却很少见，个中缘由，不证自明。

民主在法国，除了在演说中之外，实际上并不存在。不公正的竞争与繁文缛节的考察耗尽了人们的青春岁月，但自由职业的大门依然紧闭，其必然导致各阶级之间的隔阂与对立。

因此可以说，拉丁民族的民主纯粹是纸上谈兵，国家专制主义（the absolutism of the state）代替了君主专制主义（monarchical absolutism），其专制程度有过之而无不及；财产的贵族取代了出身的贵族，其特权丝毫未见减少。

君主政体与民主政体之间的差异与其说是实质上的，不如说是形式上的。它们所达到的效果完全取决于人们的精神状态。所有关于政府体系的讨论都是不得要领的，因为这些政府体系本身并没有什么特别的优点，它们的价值总是取决于它们所统治的人民。只有当一个民族发现，决定一个国家在世界上的地位的是每一个个体努力的总和，而不是其政府体系时，这个民族才会走向繁荣昌盛，兴旺发达。

注释

1 朱庇特（Jupiter），统治诸神、主宰一切的主神，古罗马的保护神，即古代雅典的万神之王宙斯。

2 毗湿奴（Vishnu），印度保护之神，是惩恶扬善的大慈大悲之神。当世界要被恶魔毁灭时，他就以某种化身的形态出来救世。

3 安拉（Allah），伊斯兰教信奉安拉为唯一之神，认为除了安拉再没有神，反对信多神、拜偶像。在中国，穆斯林也称安拉为"胡大"或"真主"。

4 谢尼埃（Chenier，1762—1794），法国记者、诗人，他被认为是 18 世纪法国最伟大的诗人，他曾积极参加革命，但反对革命恐怖主义，1794 年在罗伯斯庇尔倒台 4 个月前被处死。

5 帕斯卡（Pascal，1623—1662），法国著名数学家、物理学家和哲学家，著有《思想录》等。

6 东乡平八郎（Togo，1848—1934），日俄战争时日本联合舰队司令，1905 年 5 月，他在对马岛（Tsushima）的战役中重创俄国舰队，取得胜利。

第三章

民主信仰的新形式

一、劳资冲突

尽管我们的立法者们在贸然地进行改革和立法，但是世界的自然演化依然沿着自己的进程缓慢地前进。新的利益产生了；国与国之间的经济竞争越来越激烈；劳动阶级（working-class）开始觉醒，社会各个方面都在出现难以克服的问题，但那些只知道夸夸其谈的政治家们对此却束手无策。

在这些新问题中，最为棘手的问题之一就是劳资冲突问题。这一问题现在变得越来越尖锐，甚至连英国这样的传统国家也不例外。工人们不再遵守那些先前曾经构成他们行动指南的集体合同，动辄就因为一些鸡毛蒜皮的事情而宣布罢工，失业和贫困人口已经上升到一个令人感到不安的比例。

在美国，这些罢工最终会波及所有行业，但这种无节制的罪恶也促使人们提出了一种补救办法。在最近的10年里，工业巨头们组织了庞大的雇主联盟（employers' federation），它能够有力地迫使工人将他们受到的不公正待遇提交仲裁。

在法国，劳工问题由于数量众多的外国工人的干涉而变得更加错综复杂，这也使得我们的人口增长陷于停滞。[1]

人口增长的滞后使法国很难同竞争对手一争高下，因为它们的土地很快就难以承受其众多的居民，根据一条最古老的历史规律，它们将不可避免地要向那些人口密度较小的国家扩张。

同一个国家里的工人及其雇主之间的这些冲突还由于亚洲人与欧洲人之间日趋激烈的经济战而变得更加尖锐。在亚洲，工人要求的工资较低，因而制造出来的工业品也相对低廉；而在欧洲，情况则刚好相反。25年来，我一直

---

[1] 列强人口增长表：

国　家	1789 年	1906 年
俄　国	28000000	129000000
德　国	28000000	57000000
奥地利	18000000	44000000
英　国	12000000	40000000
法　国	26000000	39000000

在强调这一点。派驻日本的前外务大臣汉密尔顿将军早在日俄冲突爆发之前就曾预言日本的胜利，他在一篇文章中写下了这么一段话，由朗格卢瓦将军翻译如下：

> 亚洲人，正如我所看到的，他们能够打破当前白种工人的工作模式，他们甚至将要把白种人驱逐出地球。那些向劳动者鼓吹平等的极权主义者，完全没有想过将他们的理论付诸实践会导致什么样的后果。那么，白种人最终将从地球上消失的命运已成定局了吗？依我浅见，这种命运只取决于一个因素，那就是：我们能不能明智地将那些抨击战争和备战的演讲放在一边，置之不理。
>
> 我认为工人们必须做出选择。考虑到当前的世界格局，他们必须用军国主义的理想来培养自己的下一代，并心悦诚服地接受军国主义所带来的种种代价和麻烦；否则，他们终其一生将陷入一场残酷的斗争，而他们的竞争对手几乎已经胜券在握。只有一种办法能将亚洲人拒之门外，让他们不能自由移民，不能通过竞争降低工资，不能生活在我们中间，那就是剑。如果美国人和欧洲人忘记了他们的特权地位是靠武力来维持的话，那么，亚洲人不久就会实施他们的报复。

我们知道，在美国，亚洲人与白种工人之间的竞争使得他们的涌入已经成为一种民族灾难；在欧洲，这种入侵才刚开始，还没有走得太远。不过，亚洲人移民已经在某些大城市，如伦敦、加的夫、利物浦等建立了重要的居民点。他们的出现总会导致工资降低，由此对当地工人造成的压力已经引发了数起骚乱。

但是，这些问题还没有被提到议事日程上来；眼前的那些问题已经够让人焦头烂额了，我们暂时还无暇顾及其他。

二、工人阶级的发展和工团主义运动

当今社会最重要的民主问题或许源自工人阶级近来的发展，而这种发展正是由工团主义运动或工会运动造成的。

具有相同利益的人的聚集，我们称之为工团主义[1]。几乎在所有的国家里，工团主义都获得了蓬勃发展，以至于我们可以把它看作一种全球性的运动。某些工团组织的财政预算甚至可以与一些小国不相上下，比如，德国的一些组织据说就获得了超过 300 万英镑的捐赠。

劳工运动（labour movement）在每一个国家都获得了不同程度的发展，这种发展表明，它和空想社会主义不同，它不是乌托邦理论家们的幻想，而是经济发展的必然结果。从它的目标、手段及其发展趋势来看，工团主义与空想社会主义没有任何亲缘联系。在《政治心理学》（Political Psychology）一书中，我对此已经做了详尽的解释，因此，这里我只想简要地回顾一下这两种教义之间的区别。

极权主义要求垄断一切工业，并把它们交给国家来管理，这一措施意味着它将在公民之间平等地分配产品；而工团主义则要完全地取消国家的行为，并将社会分解为一些小的行业组织，这些小的行业组织都是自治的。

尽管受到了工团主义者的轻视和猛烈攻击，但空想社会主义者试图忽略二者之间的冲突。不过，这一冲突很快就会变得越来越明显，根本无法掩盖。空想社会主义者至今仍然保留的政治影响将消失殆尽。

如果说工团主义在世界各地的扩张是以空想社会主义的萎缩为前提的话，那么，我再重复一遍，这仅仅是因为这种合作运动——尽管只是传统的一种复兴——综合了现代工业专业分工所带来的某些需要。

不管在什么样的环境下，我们都可以看到工团主义的诸多表现形式。在法国，它还没有像在别的地方那样取得巨大的成功。由于工团主义在法国采取了革命的形式——这一点我们前面已经提到，所以，它落入了无政府主义者的股掌之中，至少暂时还是这样。无政府主义者对工团主义以及其他任何形式的组织本身都不太感兴趣，他们仅仅是想利用新的学说来达到破坏现代社会的目的。无论是社会主义者、工团主义者还是无政府主义者，虽然他们在指导思想上看起来大相径庭，但是，统治阶级（ruling class）的暴力镇压和对他们财产的掠夺使他们有了共同的最终目标，他们也因而走到了一起。

工团主义者的学说与大革命的原则没有任何关系，甚至可以说它在许多方面与大革命是完全对立的。更确切地说，工团主义代表了向集体组织形式的一种回归，它类似于大革命期间被禁止的那些行业协会或社团。因此，工团主义所构成的这种联合正是大革命所谴责的，工团主义坚决反对由大革命所建立起来的国家中央集权。

工团主义对自由、平等、博爱等民主原则没有任何兴趣，工团主义者要求其成员绝对服从纪律，这就等于取消了一切自由。

由于这些辛迪加组织（syndicates）还没有足够的力量相互施加暴虐，所以，它们目前还表现出相互尊重的情感，这勉强称得上博爱。但是，一旦它们强大起来，它们之间的利益对立必然会导致冲突，就像古代意大利共和国时期——比如在佛罗伦萨和锡耶纳——的行会组织那样。到那个时候，目前的博爱很快就会成为过眼烟云，由最强有力的一方施加的专制将代替平等。

这样一种黯淡的前景看来已经为时不远了。新的力量在迅速增长，政府在它面前显得软弱无力，只能通过不断的让步和屈服聊以自保。让步这一可耻的策略一时半会儿或许派得上用场，但从长远考虑则危害甚大。

然而，最近，当矿工协会（Miners' Union）威胁要举行罢工使英国的工业生产陷于停顿的时候，英国政府不得不在无奈之中被迫采取这种妥协退让的办法。协会为其成员要求最低工资保障，但却不受最低工时限制。

虽然这样的要求是不能容忍的，但政府还是同意向国会提出一个议案，批准这样一项措施。我们读一读巴尔富先生在下院所做的沉痛陈述，或许会受益匪浅：

在我们国家漫长而曲折的历史上，她从未遇到过这样一种恶劣而严峻的危机。

我们面对的是一个奇怪而又危险的景象：区区一个团体居然威胁要让一个地区赖以生存的商业和制造业陷于瘫痪，并且，它确实在很大程度上做到了这一点。

在现有的法律条件下，矿工所拥有的力量几乎是无限的，我们见过什么能与之匹敌吗？封建制度下的男爵能实施这样一种暴政吗？有哪个美国的托拉斯组织在行使其合法的权利时能够如此蔑视普遍利益吗？我们的法律、社会组织以及各行各业之间的密切联系已经达到了一种非常完美的程度，但是，同它在还比较粗陋的时候相比，它使我们比我们的先辈们更加容易受到重大威胁，就像我们目前这样……当前，我们正在目睹这一势力的首次示威，如果我们对此稍有疏忽，它将吞噬整个社会……政府对矿工们的无理要求表示屈服，这一态度揭示了某些事实，那些反抗社会的人正在取得胜利。

三、当代一些民主政府
何以会逐渐演变成官僚政府

今天，由民主思想所带来的无政府主义和社会冲突正在把一些政府推向一个难以预料的发展过程，这一过程将使政府最后只能保留一种有名无实的权力。对于这一发展过程，我将简要地指出它的影响。专横的必然性依旧是控制事件发展的主要力量，在它的压力下，政府权力被褫夺的过程自然而然地受到了它的影响。

现在，民主国家的政府是由那些通过普选产生的代表组成的。这些代表投票，通过法律，从他们当中任命和撤换部长，并且临时地行使行政权。这些部长自然是经常变动的，这是投票的要求；由于他们的继任者属于一个不同的政党，所以他们将根据不同的原则进行统治。

乍一看，一个国家被各种势力如此这般地颠来倒去，肯定会失去稳定性和连贯性。然而，尽管存在着种种不稳定因素，一个像法国这样的民主国家的政府却仍然能够有条不紊地运行。对于这一现象，我们该如何解释呢？

对这一现象的解释非常简单，它源自这样一个事实，即那些表面上进行统治的部长们，实际上只能在一个非常有限的范围内治理国家；他们的权力受到了严格的制约和掣肘，仅限于发表一些几乎没人关注的演说，并处理少数无关紧要的事务。

内阁部长这一表面的职权，既缺乏威力，也不能持久，不过是政治家的玩偶罢了。但在其背后，却有一种匿名的力量在暗地里发挥作用，它的权力在行政部门中正在持续增长。这种神秘的力量来自惯例、特权阶层和连续性，正如那些部长很快就会发现的那样，他们根本无法同这一力量抗衡。[1] 在行政机器中，职责被分割得七零八落，以至于一位部长根本就不会发现有什么重要的人物在反对他。他一时的冲动将受到一个由规章、惯例以及法令构成的网络的钳制，因为他随时得利用这一网络，并且，他自己对它所知甚少，因而根本就不敢违抗它。

民主国家政府权力的削弱只会愈来愈严重，我曾经说过这样一条永恒的历史法则：任何一个阶级——不管是贵族、教士、军人，还是普通老百姓，一旦大权在握，它很快就会奴役其他人。罗马军队便是这样，他们最终操纵了皇帝的废立；中世纪的教士也是这样，那时候，国王根本无法与他们分庭抗礼；国民会议还是这样，在大革命期间，它很快就在政府中大权独揽，并将君主扫地出门。

政府的公务员阶层为这一法则的真实性提供了一个鲜明的例证。他们得势以后，就开始变得咄咄逼人，不时发

---

[1] 吕皮克先生在他最近的一本著作中形象地描绘了部长们在自己部门中的软弱无力。他们原先最热心的希望很快将为其部门所麻痹，最后不得不放弃与它的斗争。

出威胁，甚至不惜举行罢工，比如邮差的罢工，紧随其后的还有政府铁路部门雇员的罢工。因此，行政部门的权力在国家中形成了一个小的"国中之国"，并且，如果按照现在这样的速度发展下去，它很快就会成为国家中唯一的权力机构。在一个极权主义的政府中，将不存在其他任何权力者。因此，我们所有的革命都将导致国王权力和地位的被剥夺，以便将权力和地位赋予那些不负责任的、无名而专制的政府雇员阶层。

我们不可能预见所有可能给我们的未来带来阴影的冲突，乐观主义和悲观主义都是我们应该避免的；我们只能说，这是一种需要，它最终会为各种冲突的事物带来平衡。世界平和地按着它自己的道路运行，而不管我们那些振振有词的豪言壮语。或早或晚，我们都得设法使自己去适应环境的变化。困难是如何尽量地避免更多的摩擦，尤其重要的是要摆脱那些空想家们的白日梦。他们虽然没有力量重新建设世界，却总是竭力颠覆世界。

雅典、罗马、佛罗伦萨以及其他许多城市都曾在历史上辉煌一时，但它们最后都成了这些可怕的理论家的牺牲品，无论在什么时候、什么地方，他们所导致的后果都如出一辙，那就是无政府状态、独裁和衰落。

但是，这些沉痛的教训并没有警醒当代为数众多的革命家，由他们的野心所激发的运动将会吞没他们自己，他们却对此浑然不觉。所有这些乌托邦主义者都唤醒了群众心中已然泯灭的希望，刺激了他们的欲望，并且侵蚀了多少个世纪以来慢慢建立起来的对群众构成约束的堤坝。

盲目的群众与少数精英之间的斗争是人类历史上连绵不绝的事实之一，历史多次证明，失去平衡的人民主权的胜利是一种文明行将结束的显著特征。精英从事创造，而平民则倾向破坏；前者一旦失势，后者紧跟着就开始了其钟爱的工作。

伟大的文明要想繁荣昌盛，首先就必须控制住它们所包含的低劣成分。民主的暴政所导致的无政府状态、独裁、扩张以及最终独立的丧失，不只在古希腊才会发生；个人的暴政常常产生于集体的暴政。在伟大的罗马，它完成了第一轮循环，在野蛮人的统治下，它完成了第二轮循环。

注释

1 工团主义（Syndicalism），一种激进的社会政治运动，主张通过直接行动，如大罢工和破坏行为等，实现工会联盟对生产和分配的控制，亦称工联主义。工团主义盛行于 1900—1914 年间的法国，并在西班牙、意大利、英国和拉美国家有相当影响。

结　论

　　我们在本书中研究了历史上重大的革命，但我们特别关注所有这些革命中最重要的一次，即法国大革命。这场革命席卷了整个欧洲达20年之久，其影响至今余音未绝。

　　法国大革命为心理学提供了一个取之不尽的文献资源，人类历史上还没有哪一个时代能在这么短的时间内积累如此丰富的经验。

　　我在各种不同的著作中所详尽阐述的那些原则，无一不可以在这场伟大的戏剧中找到无数的例证，这些原则包括大众心理的短暂性、民族精神的持久性，信仰的作用，神秘主义因素、情感因素和集体因素的影响，以及各种形式的逻辑之间的冲突，等等。

　　大革命时期的议会充分证明了那些众所周知的大众心理学定律：群众冲动而懦弱，他们总是被一小撮领袖控制，并且常常做出同他们个人意愿相违背的行为。

　　保王党人控制下的制宪议会摧毁了古老的君主制；人

道主义的立法议会纵容了九月屠杀，也正是这群爱好和平的人把法国拖入了一场最可怕的战争。

在国民公会当政期间，类似的悖论更是比比皆是。国民公会的绝大多数成员都痛恨暴力；作为多愁善感的哲学家，他们热烈地呼唤自由、平等和博爱，但却是以最可怕的专制而告终。

同样的悖论也出现在督政府统治时期。一开始，议会在意图上是极为温和的，但他们却不断地通过血腥的政变来实现自己的目的；他们希望重建宗教和平，但最终却把成千上万的牧师送进了监狱；他们打算在法兰西的废墟上重整河山，但结果却适得其反，徒然增加了废墟的数量。

因此，在革命时期，人们的个人意志与他们所组成的议会的行为之间存在着根本矛盾。

真实的情况是：投身革命的人常常会受到一种无形力量的支配，使他们身不由己。尽管他们相信自己是按照纯粹理性来行动的，但实际上，他们接受的是神秘主义、情感以及集体要素的影响。他们自己当然不可能认识到这一点，而我们也不过是直到今天才开始理解的。

人的智力随着时代的发展而不断取得进步，也就为人类开拓了一个光明的前景；然而，人的性格、精神的真实基础及其行为的真实动机却很少发生变化。虽然可以暂时将它压制住，但它很快又会再次出现。我们必须接受人类本性原来的样子。

大革命的始作俑者不甘心接受人类本性的事实，在人类历史上，他们第一次试图以理性的名义来改造人和社会。

任何一项以此为使命的事业，从一开始就注定要失败。那些声称能够改变人性的理论家们，必然要动用一种超过以往任何一位暴君的权力。

然而，纵使他们拥有了这种权力，纵使革命军队取得了胜利，纵使他们用尽了严刑酷法和接连不断的镇压，大革命留给人们的却依然是一堆又一堆的废墟，并且最后不得不以独裁统治而告终。

既然经验对于教育人民来说是必不可少的，那么，这样一种尝试就不是一点意义都没有，至少我们可以从中吸取一些教训。没有大革命，我们恐怕很难证明这一点，即完美的理性并不能改变人性，因而，没有一个社会能够根据立法者的意志进行重建，哪怕他们拥有绝对的权力。

大革命是中产阶级为了他们自己的利益而发动的，但它很快就演变为一场大众运动；同时，它也是一场本能对抗理性的斗争，一场旨在推翻那些使野蛮变成文明的种种约束的叛乱。正是借助人民主权的原则，改革者们才试图将他们的教条强加于人。在领袖的引导下，人民不断地干涉议会的决议，并犯下最残忍的暴行。

大革命时期的大众史具有不同寻常的教育意义，它让我们看清了那些赋予大众精神一切美德的政治家们的谬误所在。

另一方面，大革命的历史也告诉我们：一个民族一旦从作为文明之根基的社会制约中解脱出来，放任其本能的冲动，它很快就会故态复萌，再现其祖先的野性。每一场取得胜利的大众革命都是向野蛮主义的一次暂时回归。如果1871年的巴黎公社持续下去的话，就可能再次上演大恐怖的一幕。由于它没有力量杀那么多人，所以它只好将首都的主要纪念物付之一炬。

各种心理力量一旦从那些用以约束它们的枷锁中释放出来，就会发生冲突，大革命就体现了这样一种冲突。大众的本能、雅各宾主义的信仰、古代的影响、欲望、爆发的热情，所有这些因素导致人们陷入了一场长达10年之久的激烈冲突中，在这10年里，法兰西血流成河，为我们留下了一片废墟。

从长远来看，这似乎就是大革命的全部结果。法国大革命是人类历史上绝无仅有的事件，因此，只有借助分析，才能理解和领会这一伟大戏剧的实质，为我们展现不断激励着其主角的动机。在正常情况下，人们受到各种形式逻辑的支配，这些逻辑包括理性逻辑、情感逻辑、集体逻辑以及神秘主义逻辑，它们之间或多或少能够达到一种完美的平衡。但在大变革时期，这些逻辑发生了冲突，于是，人们再也不是他们自己了。

在本书中，我们绝没有低估大革命在争取人民权利方面所取得的某些成果的重要性。然而，和其他许多历史学家一样，我们不得不承认，这些成果是以废墟和流血为代价的；它们本来可以在稍晚的时日里通过文明的自发进程毫不费力地获得。为了赢得这几年的时间，我们经历了什么样的物质灾难和道德瓦解啊！时至今日，我们仍然在承受道德瓦解的后果。载入史册的那些残忍暴行将很难从人们的记忆中抹掉，至少今天还没有。

我们今天的年轻人更愿意采取行动，而不是思考。对于哲学家们枯燥乏味的学术研究，他们不屑一顾：那种连物质的本质特征还没有弄明白的空洞思考，怎么会引起他们的兴趣呢？

敏于行动当然是一件好事，一切真正的进步都是行动的结果，但只有受到恰当指引的行动才是有益的。大革命时代的人都是对行动的重要性确信无疑的人，然而，他们却把幻想作为行动的指南，结果导致他们走向了灾难。

对事实不以为然的行动常常是有害的，它声称要剧烈地改变事件的进程，但人们不能把社会当作实验室中的仪器来做实验。我们所经历的政治剧变向我们表明，为这样的社会错误所付出的代价是极其惨重的。

虽然大革命的惨痛教训是极为明显的，但许多不切实际的灵魂，在他们梦想的刺激下，正在盼望着它卷土重来。极权主义正是这种希望的现代版本，它将是向低级进化形式的一种倒退，因为它抽取我们行为的最伟大的源泉。它用集体的主动性和集体责任取代了个人的主动性和个人责任，从而使人类在价值尺度上倒退了若干个台阶。

在当前情况下，进行这样的实验几乎毫无益处可言。空想家们在追求他们自己的梦想时，也激发了群众的欲望和热情，各个民族每天都在扩军备战。所有人都感到在目前世界范围的竞争中，弱小民族几无立锥之地。

在欧洲腹地，一个可怕的军事大国[1]正在崛起：其力量正在不断增强；它渴望支配世界，以输出其商品。它不久将无力养育本国逐渐增长的人口，它要为这些人口寻求生存的空间。

如果我们继续为国内的明争暗斗、政党纠纷、无聊的宗教迫害以及束缚工业发展的法律所困扰，内耗我们的凝聚力，那么，我们在世界上的优势地位不久就要失去。我们将不得不让位给那些更加团结的民族，他们能够使自己适应自然的必然性（natural necessities），而不是像我们这样妄图开历史的倒车。现在不是过去的重复。虽然在历史发展的细节中充满了不可预见的因素，但其发展的主线却遵循着永恒的法则。

注释

1 勒庞这里指的是德国。

人名、地名译名对照表

A

阿培监狱	Abbaye
艾克斯	Aix
阿尔及利亚	Algeria
阿尔萨斯	Alsace
亚眠	Amiens
阿内·迪堡	Anne Dubourg
安托瓦内特·玛丽	
	Antoinette Marie
安特卫普	Antwerp
阿拉斯市	Arras
阿图瓦	Artois
奥拉尔	Aulard
奥勒留，马可	Aurelius, Marcus
欧索讷	Auxonne

B

巴伊	Bailly
巴尔富	Balfour
巴拉斯	Barras
巴雷尔	Barrère
巴士底狱	Bastille
巴蒂福尔	Battifol
贝尔，皮埃尔	Bayle, Pierre
贝翁内瑟	Bayonnaise
巴约纳	Bayonne
巴齐尔	Bazire
贝多因	Bedouin
贝尔鲁斯	Belzuce
贝尔坎	Berquin
贝桑松	Besançon
俾约-瓦伦	Billaud-Varenne

L

拉布吕耶尔	La Bruyére
拉法夷特	La Fayette
拉罗谢尔	La Rochelle
旺代	La Vendée
拉科代尔	Lacordaire
朗格卢瓦	Langlois
拉波尔特	Laporte
拉维斯	Lavisse
拉瓦锡	Lavoisier
勒德斯尼号	le Destin
勒蓬	Lebon
勒鲁，皮埃尔	Leroux，Pierre
里尔	Lille
利波马诺	Lippomano
利物浦	Liverpoo
隆尚	Longchamps
洛林	Lorraine
路易·布朗	Louis Blanc
路易·菲利普	Louis Philippe
路易十三	Louis XIII
路易十六	Louis XVI
路德	Luther
来库古	Lycurgus
里昂	Lyons

M

麦克马洪，马歇尔	
	Mac–Mahon，Marshal
马德林	Madelin
穆罕默德	Mahommed
马尔泽布	Malesherbes
马拉	Marat
马略	Marius
马赛	Marseilles
莫伯日	Maubeuge
马克西米利安	Maximilien
美因茨	Mayence
蒂翁维尔的梅兰	
	Merlin de Thionville
梅斯	Metz
米亚乌利斯	Miaoulis
米什莱	Michelet
米迪	Midi
米太亚德	Miltiades
弥诺斯	Minos
米拉波	Mirabeau
夏拉布尔夫人	Mme. de Chalabre
莫雷纳	Molinari
蒙日	Monge
蒙塔朗贝尔	Montalembert

勒庞著作一览表

1. *Psychologie des foules*（1895，rééd. PUF，Paris 1981）

The Crowd: A Study of the Popular Mind，Dover Pubns，2002.

《大众心理学》(《群众心理》，吴旭初、杜师业译，商务印书馆，1925;《乌合之众: 大众心理研究》，冯克利译，中央编译出版社，2000）

2. *Les lois psychologiques de l'évolution des peuples*（1894，rééd. Amis de G. Le Bon，Paris 1978）

《民族心理学》(《民族进化的心理定律》，张公表译，商务印书馆，1935; 上海文艺出版社，1991年影印）

3. *Psychologie du socialisme*（1896，rééd. Les Amis de G. Le Bon，Paris 1977）

Psychology of Socialism，Fraser Pub Co，1965.

《社会主义心理学》

4. *Psychologie de l'éducation*（1902）

《教育心理学》

5. *Psychologie politique*（1910）

《政治心理学》,（《政治心理》, 冯承钧译, 商务印书馆, 1927）

6. *Les opinions et les croyances*（1911）

《意见与信仰》(《意见与信仰》, 商务印书馆, 译者和出版年份不详）

7. *La Révolution française et la psychologie des révolutions*（1912，
rééd. Amis de G. Le Bon，Paris 1983）

The Psychology of Revolution，G.P. Putnam's Sons New York，1913.

French Revolution and the Psychology of Revolution，Transaction
Pub，1980.

《革命心理学》(《革命心理》, 杜师业译, 商务印书馆, 1933,
根据日译本转译）

8. *Enseignements psychologiques de la guerre européenne*（1916）

*Psychology of the Great War: The First World War and Its
Origins*，Transaction Pub，1999.

《欧洲战争的心理教训》

9. *Rôle des Juifs dans la civilization*（1900）

The World of Indian Civilization，Tudor Pub. Co，1974.

《印度世界的文明》

除以上著作外, 勒庞还与 Charles MacKay 合著过 *Psychological
Degenerations in the Behavior & Manifestations of the Crowds*，以及
后人选编的 *Gustave Le Bon，the Man and His Works：A Presentation
with Introduction*，Sage Publications。

另据张东荪在《革命心理》中译本的序言中称勒庞亦有物理学
著作, 如《物质之进化》以及《力之进化》等。

译后记

　　勒庞（Gustave Le Bon，1841—1931），法国著名政治学家、社会学家、心理学家。勒庞著作有十数种之多。[1]其中，以研究大众心理的《乌合之众》最为有名，该书曾被译为17种语言[2]，在西方学术界有着广泛的影响。《革命心理学》一书就是勒庞将大众心理学的理论应用于法国大革命的一个最突出的成果，成为法兰西第三共和国时期对大众民主最有力的批评之作，他本人也是法国少有的几个保守主义代表之一。

　　勒庞的著作大多被译为英语，甚至有些著作有几种译本。比如，《革命心理学》一书就有 The Psychology of Revolution（G.P.

---

[1] 具体的著作表请参阅附录，该附录根据网络材料搜集整理而成，主要依据亚马逊书店的书籍列表，附有中文及英文对照。

[2] 根据冯克利为《乌合之众》中译本所做的序言。参见冯克利：《民主直通独裁的心理机制》，载勒庞：《乌合之众：大众心理研究》，中央编译出版社，冯克利译，2000年版，第3页。

Putnam's Sons，1913）和 *The French Revolution and the Psychology of Revolution*（Transaction Pub，1980）两种不同版本。

早在 1920 年，梁启超等人就组织了共学社，在张元济的支持下编了《尚志学会丛书》和《共学社丛书》等两套丛书，译介国外著作，其中就有大量的法国作者的作品。在前后百多种译著中，除了被梁启超誉为"新派哲学巨子"的柏格森的著作外，最多就是社会心理学家勒庞[1]的著作，由上海商务印书馆印行，前后达五种之多，足见中国保守派对勒庞的重视。张东荪以勒庞著作为"枕中秘本"，赞叹勒庞之说"精邃绝伦"，常叹不谙法文，而译书又少，不得知其全貌。

勒庞的这本《革命心理学》激烈地批评法国大革命，否定理性主义，抨击平等，蔑视大众民主以及人民主权，长期以来被我国学术界视为"毒草"。在关于大众心理学的研究方面，勒庞在国际学术界广受关注，而在中国则长期以来，尤其是 1949 年以来，却默默无闻。

在勒庞所处的时代，资产阶级革命的成功使资产阶级走上了历史的前台，伴随着资产阶级走上政治舞台的是无产阶级和劳动人民的觉醒，政治的世俗化倾向得到前所未有的扩张。正像勒庞指出的那样，"群体的这种易变性使它们难以统治，当公共权力落到它们手里时尤其

---

[1] 对勒庞名字的翻译并不统一，还有勒朋、黎朋、勒邦等译法。

如此"[1]。这是资产阶级始料不及的，它给社会政治带来的诸多问题成为政治学、社会学、心理学、历史学研究的焦点。在这一背景下，政治心理学开始出现。与勒庞同时代的沃拉斯提出了按照政治与人性的关系来研究政治的号召。[2]

勒庞早年习医，得博士学位；而他本人又喜欢研究政治与社会，各得其精妙之处，两相结合使勒庞在政治心理学、大众心理学、革命心理学、民族心理学、战争心理学、犯罪心理学诸多领域皆有建树。

勒庞对大众心理的研究工作是具有开创性的，其将心理学理论应用于民主理论的分析还处于起步阶段，很难对人们的政治行为做出令人满意的解释。然而，其开创性的工作虽显粗陋，但其研究问题时所持的新鲜视角、文理兼修的博学却给政治心理学的研究带来一股清风。其政治心理学的研究极大地开拓了政治研究的领域，对后来西方政治心理学乃至政治科学的发展做出了重要贡献。

应该承认，勒庞对大众心理的研究为民主理论的研究开拓了一个领域，那就是对民主主体的心理研究。熊彼特基本上赞同勒庞在群体心理研究上的地位，他认为，勒庞

---

[1]［法］古斯塔夫·勒庞：《乌合之众：大众心理研究》，冯克利译，中央编译出版社，2000年版，第26页。

[2]［英］格雷厄姆·沃拉斯：《政治中的人性》，朱曾汶译，商务印书馆，1995年版，第7页。

"给予作为古典民主神话基础的人性画面沉重一击"[1]。作为一名政治理论家，勒庞更为敏锐地看到了群体心理研究对民主理论的影响。

尽管勒庞宣称自己用的方法是真正科学的方法，但是，他对大众心理的研究常常限于孤立的观察和对历史的总结。勒庞只是用一些极为特别的例子向人们表明了现代组织理论中最为基本的一个原理，即组织的非加和性。在组织中，一加一常常不等于二。这并不是说一定会比二小，对于一个有效的组织来说，常常会产生一加一大于二的结果。这并不像勒庞所认为的那样，"群体中累加在一起的只有愚蠢而不是天生的智慧"[2]。

勒庞的这种分析方法与泰纳学派的国民性、文化心理解释一脉相承。泰纳学派所特有的那种对法国大革命的病态描述，以及这一学派在史实选择上的刁钻和片面在勒庞的这部作品中随处可见。因此，我们看到，由于勒庞对心理分析的过分偏信，他的分析中唯心的成分更多，对事件的分析亦常常陷入一种揣度。比如，勒庞对辛亥革命起因的分析显然是偏颇的。

另外，勒庞的论述中自相矛盾之处亦不在少数。例

---

[1] ［美］熊彼特：《资本主义、社会主义与民主》，吴良健译，商务印书馆，1999 年版，第 380 页。
[2] ［法］古斯塔夫·勒庞：《乌合之众：大众心理研究》，冯克利译，中央编译出版社，2000 年版，第 20 页。

如，他一方面曾将拿破仑视为大革命的继承者，认为拿破仑"巩固了大革命，而不是破坏了大革命"。另一方面他又将拿破仑视为旧制度的恢复者，认为拿破仑称帝后的措施"很大程度上是在重建旧制度"。

勒庞反对法国大革命的暴力。然而，在勒庞那里，我们并没有看到更多的宽容。他甚至要对那些闹事的革命者"斩尽杀绝"，并将这视为"有史以来发现的保护一个社会免受叛乱之苦的唯一办法"。这种对另一种暴力的露骨宣扬让人不寒而栗。

学而不思则罔，对于勒庞原著以及在迻译过程中存在的诸多缺失，相信读者会在思考中付之一笑。如果能有所启发，则更是读者之明。

本书由我和刘训练分头翻译，并互相进行了校对。我的导师徐大同教授一直关心书稿的翻译工作。庞金友、牟硕、刘婵娟帮助审阅了译稿，我的好友、天津教育出版社的王光昭亦对译稿做了审阅工作，向他们的帮助致以诚挚的谢意。尤其是林贤治先生对书稿的翻译给予的肯定和支持使本书的翻译工作得以顺利进行，在此一并致谢。

二○○二年佟德志谨识
天津师范大学政治文化研究所